中国高等教育学会秘书学专业委员会“十一五”规划教材
21世纪高职高专精品教材·现代秘书系列
总主编　范立荣

秘书学概论（第二版）

主　编　杨继昭
副主编　王　林
撰稿人　杨继昭　王　林　姬瑞环
史玉峤　郝全梅　姜　梅
刘　琪　陶学平　邱运华

中国人民大学出版社
·北京·

中国高等教育学会秘书学专业委员会“十一五”规划教材

21世纪高职高专精品教材·现代秘书系列

编审委员会

总　序

本套秘书系列教材紧紧抓住职业教育大发展这一历史机遇，遵照教育部《关于全面提高高等职业教育教学质量的若干意见》中的指示精神，“以服务为宗旨，以就业为导向”，以“高素质，具有动手能力、技术能力和创新能力的应用人才”为培养目标，在编写过程中始终贯彻“贴近学生，贴近职业，贴近社会”的原则，对秘书课程内容进行整合，注重实用，紧跟市场变化，与社会经济发展同步。

本套教材的编写由过去演示型的编写思路转变为模拟职业训练的编写思路，教材编排采用的是螺旋式和直进式的编排方式。前者是将知识分成不同层次，在不同的章节多次出现，逐步加深；后者是体现了知识的系统性和完整性。教材依照新型秘书的知识结构和能力结构，突出职教特点，以“必需”、“够用”为度，量身打造，将行政秘书与商务秘书融为一体，汇知识、技能、情趣于一炉，突出学生主体地位与技能核心地位。

本套教材是群体智慧的结晶，凸显了以下几个特点：

一、定位准确，具有特色

教材树立以能力为核心的秘书人才观，站在市场经济发展的前沿，根据社会对秘书人才的需求，教材在理论上树特色，在系统上创特色，在效果上出特色。可以说，本套教材在“特”字上做足了文章，全面落实科学发展观，真正体现秘书职业教育教学又快又好的发展。

二、系统性强，注重实训

教材是一门学科知识的载体，是实施教学的基本依据。本套教材兼顾秘书发展前景，体现工作内容、能力要求，全面系统地进行了有理论、有技术、有方法的阐述。本套教材强调了实训性，实训是本套教材的主流，这就冲击了传统的重“学”轻“术”，重“知”轻“用”的教育理念。教材以学生为本，案例求真务实，强调毕业与就业“零距离”，上岗就能工作。

三、遵照标准，求实创新

本套教材是遵照《秘书国家职业标准》和《中国秘书岗位资格证书考核大纲》进行编写的。学了本套教材不仅明确秘书应做什么，怎样做，而且有助于考取《国家秘书职业资格证书》或《中国秘书岗位资格证书》。国家已实行学历文凭与资格证书并重的用人制度。资格证书是就业的通行证，是上岗的资格证。本套教材充分反映了秘书工作的最新知识、最新技术，凡是秘书岗位工作中要求掌握的知识与技能，在本套教材中均有详细的指导和介绍。

四、双证教材，办公宝典

本套教材是双重性编写框架，不仅适用于高校专业教学，也可用于培训和自学。教材中将秘书知识和技能贯穿于每一个模块中，重点明确而突出，简明而新颖，易学好用，可作为办公室工作宝典，现用现查。

在编写过程中，我们虽借鉴了国内外秘书职业教育先进教学模式和经典教材，顺应了当代职业教育教学制度的改革趋势，但由于编者水平所限，教材中不足之处，敬请读者批评指正。在此，向广大读者朋友表示最诚挚的敬意。

二〇〇八年七月

第二版前言

秘书学的研究和学科建设工作历经30余年的探索，现已初具规模。目前，我国有相当数量的学者从事秘书学的研究、教学；有相当数量的高等院校开设秘书学专业；成立了全国性的秘书学教学研究的机构，搭建了学术研究的平台。学术界、教育界的不懈努力促成了当前我国秘书事业蓬勃发展，秘书队伍不断壮大。秘书事业的繁荣又促进秘书学理论研究和秘书学专业教育的迅速发展，取得了令人瞩目的成就，2012年教育部本科专业目录中正式列入秘书学专业，秘书学的发展迎来新机遇。但是也应看到，秘书学理论研究和秘书学专业教育状况距其成为一个成熟学科和为社会作出应有的贡献还是存在一定差距：一是秘书学理论的基本框架尚未完全定型，或空泛艰深或浅尝辄止；二是秘书业务体系倾向各自偏好，党政机关秘书和企业秘书人为割裂；三是教材内容模式不统一，有原理实务分开型，也有概述理论详述工作型，前者是理论与实践不能无缝对接，后者全面罗列业务内容却缺少足够的理论支撑。

本教材在2009年第一版的基础上，经过增删整合修订而成。修订工作由唐山学院长期从事秘书学教学、研究的王林老师执笔，共计修订4万余字。修订版的特点：一是采用理论与业务合一的编写方式并努力做到两者并重且紧密关联；二是兼顾党政机关秘书和企业秘书两种类型，尽量寻求两者的共同性和相通性；三是以秘书学理论体系的科学性、完整性为出发点设专章讨论秘书规律；四是对秘书业务各个方面进行必要的归纳整合，将相关的工作内容合并在一章内表述，以便于读者对秘书工作实际进行全面、系统的了解；五是力求教材的系统性与实用性，贴近教学需求。

秘书学科乃至秘书学专业教育都仍然年轻，诸多先辈为其成长和成熟付出了艰辛的努力，作者从中受益弥深，且颇受鼓舞。本人虽非秘书学专长，但为了秘书学科的长足发展以及秘书学教育的更加兴盛，坚持学习和探究，小有心得，弄斧于班门，祈求得到指教，以求后进不断。

杨继昭谨识于唐山学院

2013年11月

目 录

上 编

上编

第一章

绪　论

秘书学是一门综合性的应用型学科，是在秘书工作实践经验逐渐积累、秘书工作不断进步与完善的情况下，于 20 世纪 80 年代应运而生的。秘书学作为一门新兴学科，它仍然处于不断建设和发展当中。它的研究对象是什么，主要研究哪些内容，有怎样的知识体系，有哪些相关学科，发展趋势如何，这些无疑是学习秘书学首先要明确的重要问题。

第一节　秘书学的研究对象与内容

一、秘书学学科的产生及发展

从社会分工的角度看，秘书是一种很重要的社会职业，秘书工作是维持一个社会组织乃至整个国家和社会有序运行，推动社会进步，促进各项事业向前发展的一项不可缺少的重要工作。秘书和秘书活动作为一种社会现象，几乎同人类社会一样久远，从有文字可考的文明时代开始，至今已经有了数千年的发展历程。在秘书活动长期而缓慢的发展过程中，由于受到时空的局限，加之统治阶级的管理措施，秘书人员的工作基本处于自发的经验积累、传统的师徒相承和比较封闭盲目的状态，无缘登上科学殿堂。系统、科学地研究秘书和秘书工作的理论，探索秘书工作发展演进规律的活动，远远滞后于秘书和秘书工作本身。

（一）秘书学学科的产生缘由和基础

秘书学学科产生于20世纪80年代，之所以产生于这一时间，是有社会现实缘由和历史基础的。首先，社会对于秘书人才的刚性需求是促使秘书学学科产生的最大动力。虽然秘书职业历史久远，古代、近现代、当代从事过秘书工作的人员难以计数，但是却没有相应的学科产生，没有秘书人才的培养机构。直到20世纪80年代，随着改革开放和社会分工的深入，社会管理环境日趋复杂，领导决策难度不断加大，对辅助、服务人员的数量、质量提出了新的要求。与之相对，原有的师傅带徒弟的培养秘书方式在人才培养的数量和质量上难以满足要求，需要相应的学科出现，进行系统化的人才培养。其次，计算机技术、办公自动化技术的发展为秘书学科的产生提供了技术基础。计算机技术、办公自动化技术对每个行业均产生积极影响，其中对秘书工作的影响无疑是最大的，其直接影响了秘书工作的环境、方法、思维，为行业注入新的血液，利于学科构建。再次，管理学科的发展、积淀、成熟为秘书学学科提供了部分理论源泉。秘书工作的职能之一是辅助管理，这就要求秘书人员要懂管理的基础知识，在此基础上掌握辅助管理技术。最后，悠久的秘书工作史、丰富的秘书工作案例为学科发展提供了知识素材。秘书学学科的理论发展经历了20世纪80年代初的依据历史工作进行的经验描述、个案分析阶段，90年代的面对现实总结、提高阶段，目前的基于学科发展的综合构建阶段。

（二）秘书学学科产生的标志

衡量一个学科是否产生至少需从人才培养、学术研究方面考察。从人才培养角度看，必须有正规的人才培养机构，进行系统化的人才培养；从学术研究看，需要有学术研究的阵地出现，有相关学者从事研究工作。首先是人才培养方面，20世纪80年代，《光明日报》提出建设新型学科秘书学。1980年初，上海大学文学院（前复旦大学分校）和天津南开大学率先设置了秘书学专业。1982年后，武汉江汉大学等一批地方综合大学和省市职工大学相继设置秘书学专业。由此，秘书人才培养系统化、正规化。其次看学术研究方面，1984年10月，在上海召开了全国“高等院校秘书学教学经验交流会”，建立了全国性的学术机构——高等院校秘书教学研究会（1988年更名为“高等院校秘书学学会”）。1983年起，上海大学文学院创办了《秘书》杂志，兰州大学、甘肃省写作协会合编了《秘书之友》杂志等，产生了学术阵地。以上这些标志着我国秘书学学科的产生。

秘书学是我国秘书工作历史长期发展演变，秘书工作不断进步与完善，秘书工作的实践经验逐渐积累的必然产物。经过30多年的建设和发展，秘书学理论不断丰富和完善。但是，与其他许多学科相比，秘书学毕竟是一门年轻学科，建设和发展的任务仍然十分艰巨。

二、秘书学的研究对象

秘书学是一门科学。那么，这门科学的研究对象是什么？毛泽东同志指出：科学研究的区分，就是根据科学对象所具有的特殊矛盾性。因此，对于某一现象的领域所特有的某一种矛盾的研究，就构成某一门科学的对象。也就是说，科学领域中的各门学科之所以能够相互区别并独立存在，关键在于它们各自具有特殊的研究对象。

秘书学是以秘书和秘书工作为研究对象的一门综合性应用学科。自秘书学产生至今，在秘书学的研究对象问题上，存在多种意见，例如，秘书学的研究对象是秘书工作；秘书学的研究对象是秘书和秘书工作；秘书学的研究对象是秘书、秘书工作和秘书机构；秘书学的研究对象是秘书活动；等等。可谓众说纷纭，尚无定论。这种纷争，正是诸多新兴学科发展过程中的一种常见的必然现象。这说明秘书学正处于建设和发展过程中，秘书学界在秘书学理论研究方面还任重而道远，尚需共同努力，深入探讨，通过研究逐渐取得共识。

无论学者们怎样确定秘书学的研究对象，都是经过充分思考的结果，都有一定的道理。我们将秘书和秘书工作确定为秘书学的研究对象，主要出于这样的考虑：首先，它们是秘书学产生和存在的主要根据。其次，它们是秘书学区别于其他学科的标志。再次，它们是秘书学不断完善和发展的动力。最后，它们具有研究对象方面的不可替代性。

总之，秘书学的研究对象，归根结底是秘书的主体要素和客体要素两个方面。秘书的主体要素是秘书人员，秘书的客体要素是秘书工作。从古至今，在社会组织内部有这样一个群体，他们存在的价值就是为领导者办文、办会、办事，提供参谋和辅助服务。当一系列条件成熟之后，就产生了专门研究这个群体及其所做的工作的一门学科，这就是秘书学。因此，秘书学将秘书和秘书工作确定为研究对象，就是天经地义的选择，这两方面的研究又可拓展出其他更具体的研究对象。

(一) 关于秘书

1. 秘书的含义

秘书是秘书学理论的逻辑起点。离开秘书这个主体，一切秘书工作与秘书学的理论皆无从产生。全面理解和深入认识秘书的概念，是学习和研究秘书学的基本前提。

在中外现代语言中，“秘书”一词的含义不尽相同。如美国全国秘书协会对“秘书”的定义是：高级官员的助手，掌握机关职责并具有在不同上司直接监督下承担任务的才干，发挥积极主动性，运用判断力在其职权范围内对机关工作作出决定。国际秘书联合会给“秘书”下的定义为：“秘书应是主管人员的一位特殊的助手，他（她）掌握办公室工作的技巧，能在没有上级过问的情况下表现出自己的责任感，以实际行动显示出主动性和正确判断的能力，并且在所给予的权力范围内作出决定。”

《现代汉语词典》对“秘书”的释义是：（1）掌管文书并协助机关或部门负责人处理日常工作的人员：如秘书长、部长秘书；（2）秘书职务：如秘书处，担任秘书工作。《辞海》对“秘书”的解释是：“秘书是职务名称之一，是领导的助手。秘书工作是一项机要性的工作，一般单位均设有秘书工作部门或秘书工作人员。”

在现代社会生活中，秘书普遍被指称为一种职务名称，并且分布在社会的各个领域和不同层次之中。我们认为，对“秘书”的定义可以这样表述：秘书是在各级各类社会组织中辅助领导机构、领导者或私人办文、办会、办事的参谋和助手，是职务名称之一。

这一定义既具体指明了秘书人员的服务领域、服务对象、工作内容和工作性质，又从广义上说明了秘书是人类社会生活中的一种特有的职业，对整个社会管理具有不可低估的影响。

也有研究者认为，“秘书是职务名称”只是一种狭义的解释，也有许多单位的管理机关，并未设置秘书职务，却有若干从事秘书工作的人员，他们的职务名称多数为职员，或由此派生的科员，或衍变的干事，或表示其地位的主管、助理等。依此说法，秘书可以分为狭义与广义两种解释。狭义的秘书，是指专门为某一位或某几位领导配备的向领导提供近身服务的人员，正式明确了他们的秘书职务，一般称之为“专职秘书”。广义的秘书，是指在单位和秘书部门即办公厅、室工作的除工勤人员以外的所有工作人员，他们向领导提供秘书性质的服务，但并未明确秘书职务，一般称之为“办公厅、室工作人员”。广义秘书和狭义秘书都在秘书部门工作，工作性质相同，内容相近，主要区别在于因分工不同而致秘书“名分”有无。

2. 秘书的种类

秘书就像教师、医生、律师一样，已经成为一种社会职业。在不同国家、不同社会制度和不同历史时期，因其职责范围不同，工作内容繁简各异，加之秘书部门内部的分工存在粗细之别，使得秘书的种类越来越多、越分越细。

（1）从秘书的工作性质划分，有行政秘书、机要秘书、事务秘书、信访秘书、外文秘书、会议秘书等。

行政秘书是机关首长的重要助手。他们协助首长工作，参与公务讨论，代表首长处理某些公务，列席某些会议，辅助领导决策，执笔起草重要公文等。就其工作性质而言，实际发挥着领导的“参谋”、“智囊”的作用，有人把他们形容为领导的“外脑”是很贴切的。

机要秘书可谓首长的“贴身助手”，主要负责首长办公处的保密工作和管理首长的文电材料，并承担首长交办的其他工作，为领导工作服务。

事务秘书一般指较大机关中，负责总务、后勤等工作的秘书人员，其中的生活秘书则仅为较高级的领导人和高层机关设置。

信访秘书是指各级党政机关、社会团体、企事业单位中专门辅助领导处理和解决人民来信、来访问题的秘书人员。认真负责地搞好秘书工作，有助于领导干部和领导机关“耳聪目明”，及时获取工作的反馈信息，克服官僚主义，进一步做好工作。

外文秘书是一种特殊职业。他们主要为领导同志做口头或书面翻译工作，不仅要求他们翻译速度快，还要求准确。他们是领导同志在外交场合或外事活动中的重要辅助人员。

会议秘书是领导人和领导机关召开的各级各类会议中负责承办、组织和协调服务的秘书人员。在党代会、人代会、政协会议等规模较大的会议上，以及在国际会议或重要年会上通常专门设置会议秘书机构，专事“办会”工作。

（2）从秘书的来源与服务对象划分，可分为公务秘书和私人秘书。

公务秘书是指在机关、团体、部队、企事业单位中由组织、人事部门选派的担任秘书工作的干部，他们在编制上属于该单位干部。在我国有一部分专为高级领导干部服务的秘书，他们也是由相应的组织部门选派并经领导者本人同意后担任的。这种秘书同样纳入干部编制。此种秘书工作明显属于公务行为，而非个人或私人行为，因此不能将其误称为“私人秘书”。

私人秘书是指由私人出资雇聘并为私人服务的秘书。近年来，随着我国改革开放形势的迅猛发展，特别是我国加入WTO之后，私营企业和外资企业逐渐增多，企业领导者们无一例外地需要聘请大批专门秘书人员。随着人事制度的改革，人才流动趋势日益明显，再加上我国已经开始实施的秘书职业证书制度，许多具有良好的知识背景和娴熟的专业技能的较高素质人员，应聘担任了私人秘书。可以确信，社会分工中的私人秘书队伍将逐渐扩大。

（3）从秘书职能的层次划分，可以分为初级秘书、中级秘书、高级秘书三种类型。

按照国家秘书职业标准的有关精神，初级秘书主要从事操作性服务工作，如打印文件、谈话速记、迎来送往、电脑操作、接听电话等。这是机关日常事务中大量的、经常性的、必不可少的工作。初级秘书的工作虽然简单，却能使领导机关和领导者从纷繁事务中解脱出来，避免或减少办理具体事务过程中的许多漏洞。配备初级秘书，是维护机关工作正常运转的基本条件。

中级秘书主要从事辅助管理和部分操作性事务。例如，筹办会议；协调各部门的职能活动；办理文件；协助领导发布各种指示并检查落实情况等。中级秘书在协助领导办文、办会、办事的过程中，要协调好组织内外的各种关系，注意从全局利益出发，在领导活动中积极发挥拾遗补缺的功能。

高级秘书是指秘书部门的负责人、首脑机关的专职秘书等。他们在高层领导人身边从事高级参谋和助手工作。在高层政府机关、规模较大的企业和社团内部，配备有高级秘书。高级秘书与初级和中级秘书相比，参谋、协调性质的工作更多，操作性工作相对较少。这就需要他们具备很高的综合素质，要精通秘书业务，具有综合指挥、协调的才干和独当一面的管理能力。

上述各类秘书，按不同的分类方法，互有重合，如中级行政秘书、高级行政秘书等。而且这些类别，多数是为了研究的方便而划分的，不一定是专门的职务名称，既不是职位的标示，也不是确定资格的依据。如果一个单位的秘书部门可以按上述分类标准区分秘书人员，其秘书的含义一定是指广义上的。

（二）关于秘书工作

1. 秘书工作的概念

秘书工作是一个外延宽泛的概念，也是一个不断发展的概念。在不同国家和不同历史时期，对秘书工作概念的界定存在许多差异。从见诸各类著述中关于秘书工作的多种定义可以看出，有的表述近乎对秘书工作任务的罗列，使人感觉过于细碎烦琐；有的表述则走向另一个极端，失之笼统抽象。总之，众说不一，差异颇大。

我们认为，秘书工作的概念可以这样表述：秘书工作是以为领导决策及其实施和领导机关工作运转服务为宗旨，通过办文、办会、办事等工作为领导者提供参谋和辅助服务的活动。

这一概念主要包含下列几层意思：

（1）揭示了秘书工作的根本目标。举凡秘书人员所做的任何一项本职工作，从本质上说都是为领导服务，这种服务又总是围绕领导者履行职责的各项活动来进行的。如果将领导者的主要职责概括为决策和指挥，那么秘书工作就是为领导者决策服务，为领导者组织实施决策的工作运转服务，这是秘书工作必须明确的根本目标。

（2）指出了秘书工作的基本职能。秘书工作综合性强，涉及面广，影响力大，履行的是“不管部”的职能。与其他工作相比，秘书工作的突出特征就是围绕领导工作的需求而活动。这类活动的基本职能可以分为两个方面：一是出主意，当参谋；二是干事情，做助手。其中参谋职能是通过干事的过程体现的。正因为如此，人们形象地把秘书人员称为领导的“外脑”和“左膀右臂”。

（3）说明了秘书工作的主要内容。秘书工作内容丰富，千头万绪。但其主要内容可归纳为三个领域，即办文、办会、办事。做这样的归纳，便于探讨秘书工作的规律性，明确工作重心，加强检查与指导，防止出现“眉毛胡子一把抓”的情况。

2. 秘书工作的范围

秘书工作的职责范围极为广泛，工作内容复杂多样。为了便于比较全面地认识秘书工作，根据不同标准，秘书工作的范围可以做两种表述。

（1）按照秘书工作的不同性质，可包括以下三个方面：

1）智囊性工作。这是指秘书人员在领导周围从事辅助决策、调查研究、综合协调、公务咨询、提供方案等智囊性的工作，是秘书部门的一项重要职责。这主要是由高级秘书承担。

2）程序性工作。这是不同层次的秘书工作中最为普遍、所占比例最大的工作职责，具体分为：文书处理、会议服务、收集信息、反映情况、编写简报、文件摘要、办理信访、公务督查、电话值班、接待服务等。这是秘书人员日常工作的重要组成部分，工作程序相对固定，日复一日，年复一年，运转不停。切实做好这些工作，是整个秘书工作平稳运行的基础。

3）临时性工作。秘书部门是机关内部综合性的办事机构，它除了承担繁重的程序性工作外，还要承担临时性工作，完成领导者随时交办的任务。这类工作随机性强，无法预料，因而没有规律性可言。要真正做好临时性工作，需要秘书人员具备较强的灵活应变能力。

（2）按照秘书工作的不同业务，可包括以下两种类型：

1）通用性秘书工作是指我国党政机关的秘书工作，具有较强的政治性、综合性和从属性。科学化程度较高，用于指导工作的理论原则、技术规范、操作方法相对比较成熟。通用性秘书工作对专门性秘书工作具有一定的指导和示范意义。

2）专门性秘书工作是指党政机关之外的其他行业的职业化秘书工作，其内容受行业特色的影响，具有突出的技术性和业务性特征。例如企业秘书工作、涉外秘书工作、司法秘书工作、商务秘书工作、科技秘书工作、教学秘书工作等。随着我国秘书队伍不断朝着职业化方向发展，专门性秘书工作在我国秘书工作中将占有重要地位。

（三）关于秘书机构

秘书机构是秘书开展工作的基础环境，是秘书工作分工合作的最基本单元。秘书机构的人员配置、制度构建、环境设备等也是秘书学的研究对象。

1. 秘书机构的含义

秘书机构一般称为办公室、办公厅、秘书处、综合处等，这些称谓不是地理概念，而是组织概念。秘书机构包括人、制度、环境、设备等要素。关于秘书机构的含义学术界说法不一，但核心内容基本一致。具体可以分为广义的秘书机构和狭义的秘书机构两类。广义的秘书机构指具有参谋助手、沟通协调、督促检查等功能，并为领导工作和机关工作服务的办事部门。如：机要处、门卫、信访办等。这样的秘书机构一般在高级别的行政单位和企业设置，这类组织由于涉及的工作内容较多，分设一些其他机构来分担秘书机构的工作。狭义的秘书机构指负担文牍工作，并直接为领导人工作服务的综合办事部门。如：文书科、秘书科、办公室、办公厅等。这类秘书机构工作职能有两个特点，一是工作的业务性较强，指秘书工作的综合业务强，其工作内容具有综合性，区别于广义秘书机构中的某些专业机构工作内容的单一性和专业性；二是狭义的秘书机构为领导提供辅助、服务更加直接，与领导联系更加紧密。从目前人才培养的角度看，我们主要针对狭义的秘书机构培养秘书人员，因此本教材的内容主要以狭义秘书机构为主。

另外，在日常工作中，还会接触到一些举办大型活动、大型会议所设的工作机构。这些机构往往冠以秘书名称，如：××会议秘书处、××会展秘书处等。有专家认为此为临时性秘书机构。而我们认为，这些机构的职能与秘书机构职能区别较大，又因这些机构的设置与秘书机构的设置目的不同，因而不能算作学科意义上的秘书机构。

2. 秘书机构的组织结构类型

从目前我国不同层次、行业的组织秘书机构设置情况看，主要有以下三种秘书机构类型：

一是综理制秘书机构，即依据工作需要，只设置一个综合办公辅助机构，在办公辅助机构内部再按工作分工分设一些不同的专业科室（见图 1—1）。这样的秘书机构类型主要设置在中等规模组织或职能相对单一的组织，如一般的处级行政、事业单位，高校等。

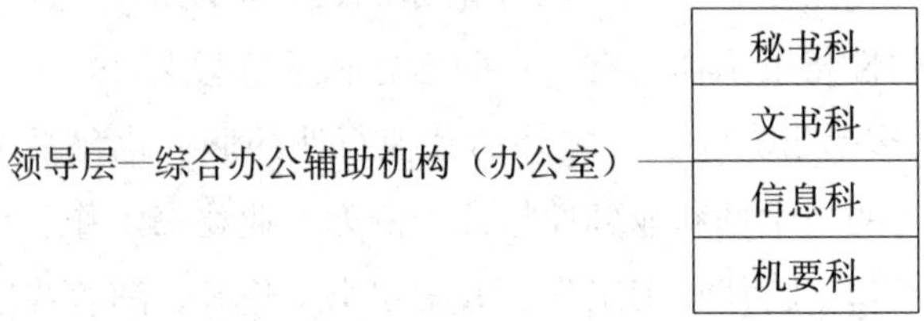

图 1—1

二是分理制秘书机构，即根据领导工作的需要，在设置秘书机构（狭义）的同时又设置与其平级的其他秘书机构（广义），如：调研、档案、信息、信访、文书、督察、机要等（见图 1—2）。这样的秘书机构设置方法适用于高级别的行政组织。

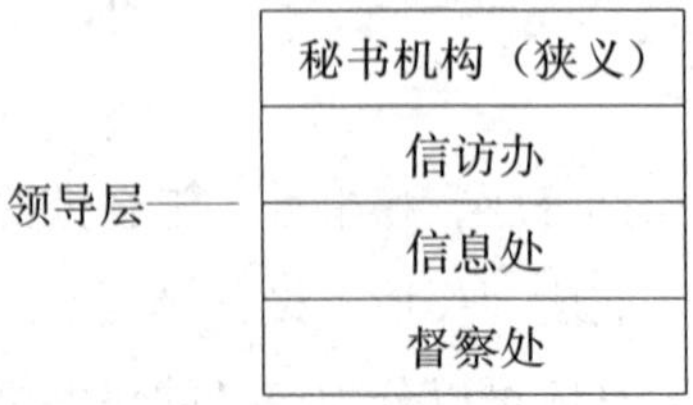

图 1—2

三是单一制秘书机构设置，即所谓一人班。这样的秘书机构只配备一名秘书为领导提供综合辅助和服务。从人员数量意义说，这并不是秘书机构，但是除了人员数量多少与秘书机构有差别外，其具备秘书工作的制度、环境、设备等秘书机构的其他要素，因此也应视为秘书机构。这样的秘书机构适用于小型、低级别组织或组织内部的部门设置。

3. 秘书机构的建设

秘书机构是组织的内部机构，担任为领导服务、辅助的要务，又是沟通上下的纽带、联系左右的桥梁。秘书机构的工作状况对组织的工作效果、有序运转起关键作用，因此要重视、加强对秘书机构的建设。一般讲，秘书机构的建设包括人员建设、制度建设、环境建设三部分内容。队伍建设要注意的问题是，要做到保持相对稳定，提高综合素质，优化队伍机构三个方面协调建设，这三方面相互联系，彼此制约。优化队伍结构是保持队伍稳定的先决条件，提高机构内人员的综合素质是优化队伍结构的必由之路。然后是制度建设。秘书机构的制度建设包括工作制度和管理制度两个方面。对于那些程序性的工作，这些工作往往反复出现，内容稳定，这就要求建立相应的工作制度，如接待制度、用印制度、用车制度等。按制度工作，防止工作的随意性。管理制度包括秘书的录用、考核、奖励、升降、培训、交流等制度和按工作岗位制定工作责任制，即目标管理制度。秘书机构的环境建设包括文化建设、设备建设。良好的秘书机构文化利于机构工作的开展，先进的设备有利于机构工作效率的提高。

三、秘书学的研究内容

秘书学的研究内容是由研究对象决定的。概括而言，秘书学的研究内容主要包括以下诸方面。

(一) 秘书学基本理论的研究

秘书学基本理论是比较概括的说法，实际应包括秘书学自身的理论以及秘书与秘书工作的理论等方面。尽管秘书学具有突出的实践性特征，它的每一项研究成果都是实践的呼唤使然。但是，秘书学无疑是一门学问，需要构建自己的理论体系。

秘书学自身理论的研究，可以分为基础理论研究与应用理论研究两个层面。基础理论即秘书学自身的理论，例如秘书学的研究对象、学科属性、知识体系、相关学科、研究方法等；应用理论即专门秘书活动的理论问题，例如涉外秘书、企业秘书、司法秘书、社团秘书、私人秘书等具有突出行业特色的秘书活动的专门理论。

秘书与秘书工作理论的研究，包括秘书与秘书工作产生与发展规律，秘书与领导的关系，秘书工作的特性、职能、工作规程、发展方向以及秘书业务中的应用理论研究。

秘书学理论体系的构建，是一项十分艰巨的系统工程，需要秘书学研究者发挥群体优势，协同配合，重点突破，循序渐进地进行。这方面的研究工作尽管已经取得不少成果，但是还有大量问题需要探讨。

（二）秘书队伍建设与管理的研究

秘书队伍泛指从事秘书工作的各类人员组成的群体，既包含领导者的专职秘书，也包括在机关组织中从事秘书性工作的集体秘书，还包括为机关工作服务的非专职秘书工作人员。他们是秘书实践活动的主导要素，没有秘书人员，也就谈不上秘书实践活动。毫无疑问，这支队伍的状况对完成秘书工作的各项职能具有决定性的影响。那么，秘书人员怎样才能更好地担负起自身职责，应当具备怎样的智能素养，掌握怎样的活动艺术，如何选用、考评秘书人员的工作业绩，如何建设和管理好这样一支队伍，是秘书学研究的重要内容。

（三）秘书业务及其方法的研究

秘书业务是秘书实践活动的客体要素。秘书人员的参谋和助手作用，最终是通过秘书工作这个载体来实现的。秘书人员的价值也是依赖一系列具体的秘书业务来体现的。脱离了秘书业务，秘书人员就形同虚设了。

秘书学必须将秘书业务作为重点加强研究，秘书业务包括文件撰制、处理与运转规律、会务工作、信息调研、督促检查、信访接待、公关协调、公务活动安排、机关日常事务管理等。应当看到，在丰富多彩、生机勃勃的秘书工作实践领域，形成了许多宝贵的经验教训，需要给予系统、科学的梳理和归纳，大量感性材料急需上升到理论高度进行抽象、概括和说明，以便找出规律性的东西，从本质上深刻地认识秘书工作。

（四）秘书工作应用技术的研究

随着科学技术的迅猛发展，大量先进的技术设备涌入各行各业的实践领域。特别是随着办公自动化的实现和网络应用技术的日益普及，必然引发秘书工作技术方法与手段的一系列变化，落后的手工操作技术将逐渐被先进的自动化技术所取代，秘书工作的技术含量将越来越高。因此，秘书学还应研究秘书人员为做好本职工作所需要的基本技术和技能。如微电脑技术、现代通信技术、网络应用技术以及复印、打字、缩微、摄影等技术手段。运用先进的技术设备支持秘书工作已经变成现实。

（五）中外秘书工作历史的研究

我国的秘书工作历史悠久、源远流长。今天的秘书工作是昨天的秘书工作的继续，我国的秘书工作是世界秘书工作的一部分。在秘书工作发展的历史长河之中，留下了丰富的历史遗产，其中不乏宝贵的历史经验和优良的传统作风。无论是从我国秘书工作还是从世界秘书工作来说，无论是对某一个地区的秘书工作还是对某一段历史时期的秘书工作来说，无论是从秘书思想还是从秘书活动的某一个侧面来说，都有许多富有价值的东西，我们要运用马克思主义的认识论和方法论，进行挖掘、整理和研究，批判地继承和借鉴，实现古为今用、洋为中用。这无疑是秘书学艰巨而长期的历史任务。

应当指出的是，秘书学的研究内容不是固定不变的。相反，随着人类社会实践的发展和科学技术的进步，秘书工作领域会不断地涌现出许多新情况、新问题，尤其是在秘书工作的方法与手段方面、秘书学与其他学科的互相渗透与影响方面，还会有许多值得研究的问题，这势必促使人们不断拓宽视野，深入思考，进一步丰富秘书学的研究内容。

四、秘书学的研究任务

在科学园地中，各门学科之所以能独立存在，其主要原因，首先在于各学科的研究对象不同；其次在于各学科的研究对象有着自身固有的产生与发展规律。认真研究并正确地揭示学科研究对象及其规律，就构成了学科的研究任务。

秘书学的研究任务包括下列几个方面：

（1）以辩证唯物主义和历史唯物主义为指导，深入探讨秘书工作的发展规律，批判地继承秘书工作的历史遗产，认真地总结历史的经验教训，为指导秘书工作的实践服务。这是秘书学研究的根本目标和核心任务。

（2）科学地阐明秘书工作的本质特性、职能，并对秘书工作的实践经验给予理论上的概括、提炼和升华，得出规律性的认识，进而增强工作的自觉性，减少盲目性，这是秘书学研究的重要任务。

（3）正确地揭示秘书工作与领导工作之间的关系，提高辅助管理的工作质量与效率，清除不利于领导工作的各种因素，努力适应领导工作的要求，这是秘书学研究的重要方面。

（4）科学地说明秘书人员的从业要求和成长途径，为培养和造就大批高质量的、满足社会主义现代化建设事业需要的秘书人才创造条件。这也是秘书学研究的重要任务之一。

（5）建立和完善中国特色的秘书学理论体系，这是秘书学研究过程中的一项极为艰巨的任务。

（6）探索秘书机构建设的路径，使秘书机构的设置更加符合组织工作运转的需要，更加有利于领导工作的开展，提高秘书机构的工作效率，是秘书机构建设研究的重要任务。

第二节　秘书学的学科特征与学习原则、研究方法

一、秘书学的学科特征

秘书学是一门综合性的应用学科，其研究范畴主要是秘书与秘书工作及活动规律。这

就决定了秘书学具有下述几个方面的学科特征。

（一）秘书学的实践性特征

秘书学的实践性很强，其理论来源于实践工作，又用于指导工作实践。实践是秘书学理论的源泉与理论研究的归宿。秘书学的基础理论或应用理论都不能脱离秘书工作实践，否则秘书学就会成为无源之水，无本之木。反过来讲，秘书学的研究成果，必然要应用于秘书工作实践，指导秘书工作实践，并通过实际应用接受实践的检验，在应用中汲取营养，在检验中发现问题，从而推动秘书学理论的进一步发展、完善和升华。

由此可见，秘书学不同于社会科学领域的文、史、哲等传统学科，它的突出特征就在于实践性。它的产生土壤是秘书工作实践，它的发展动力源于秘书工作实践，它的研究目的是提高秘书工作质量和效率，它的根本价值在于揭示秘书工作的客观规律，促进秘书工作的发展。既然秘书学具有突出的实践性特征，那么，秘书学研究只有贴近秘书工作实践需要，深深扎根于秘书工作实践这块沃土之中，在实践中寻求秘书学研究的方法途径，秘书学研究才有生命力，才能结出丰硕成果。

（二）秘书学的综合性特征

在当代科学发展的过程中，由于研究内容的综合或分化，往往产生许多新兴学科。任何一门应用学科总要融合与吸收其他相关学科的知识，因而使其自身具有了综合性特征。秘书学作为一门新兴的应用学科，具有很强的综合性特征。首先，体现在操作理论层面。它吸收运用了诸如决策科学、管理科学、信息科学、系统科学、领导科学、写作学、公共关系学等学科的理论和方法。其次，体现在它融合了许多相关学科的研究成果和知识。当代的管理学理论为秘书学的发展提供了一定的理论基础，秘书学又吸取了社会学、公共关系学的相关理论。最后，体现在它的研究领域与许多学科相交叉或在某些内容上相包含。正是由于秘书学兼容了许多学科的理论、方法、知识、内容，才使得它从创立之后，理论体系不断发展，适应各行各业秘书工作实际需要的功能逐渐增强，初步形成了既有秘书学原理研究，又有秘书实务研究；既有通用秘书学研究，又有专门秘书学研究；既有概论性的科目，又有分支科目的日益丰富的理论体系。

秘书学的综合性特征，对于秘书学自身的繁荣和发展是有益的。但是，不能因此而丧失秘书学的“边界”，搞虚假繁荣，甚至把相关学科生拉硬拽地圈进秘书学的学科体系当中。那样的话，即便是一番热心和好意，也可能结不出好果，甚至会造成混乱，有碍秘书学的繁荣和发展。

（三）秘书学的发展性特征

秘书学是一门正在发展中的学科。这里所说的发展，不仅仅是因为它正处于方兴未艾的状态，只有不断发展才能逐渐成熟，还因为它本身就是一门随着时代的进步和科学技术的突飞猛进而不断发展的学科。从秘书工作的发展过程中我们可以看出，秘书学的发展是与社会发展相适应的。社会对秘书学的要求，是秘书学发展的动力与指向。发展性是秘书学的重要特征。试想，秘书学产生至今不过几十年时间，能够有如此充满生机的研究氛围，取得大批的研究成果，能够在秘书专业教育方面表现得有声有色，培养出一大批深受用人单位肯定的专门人才，都与它的发展性特征关系密切。

秘书学的发展性特征与其研究对象的特点相关。秘书工作是直接辅助领导工作的，领导工作和领导活动的发展性，必然要求秘书工作勇于开拓创新。秘书工作是一种辅助性的管理活动。在计划经济时期，各级管理组织主要进行内部事务管理，管理活动带有明显的封闭性特点，全国就像一个大工厂，各单位如同工厂内部的一个车间，都依赖行政命令办事，秘书人员主要履行“笔杆子”和“内部事务大管家”的职责。在市场经济条件下，各级各类管理组织必须适应外界环境的变化情况，管理活动无不体现竞争机制。秘书人员的辅助管理范围急剧拓展，既要辅助领导加强内部事务管理，还要适应瞬息万变的形势，辅助领导综合处理大量外部交往、综合协调、信息处理等一系列重要事务。秘书工作实际上站到了管理工作的前沿位置。随着信息化社会的到来，秘书工作面临着前所未有的发展良机和不进则退的严峻挑战。这些变化，要求秘书学研究必须紧跟时代的脚步，提倡创造性思维，突出发展性特征，从研究手段、研究方法、思维方式、思想观念等多方面适应形势发展的要求，决不能封闭自己。学术研究的封闭，必然导致学术之树的萎缩干枯。

秘书学的发展性特征，将为秘书学的成熟、发展和不断创新，赢得更加宽广的空间，而它自身的地位也会更加名副其实。即便秘书学发展到了比较成熟的时候，它仍然要在新的发展层面上改革创新，依靠发展性获取生机和活力。我们坚信，经过艰苦的探索，秘书学的独立的理论体系一定会形成，其学科和学术地位将最终得以确立。

二、秘书学的学习原则与研究方法

（一）秘书学的学习原则

秘书学学习的原则和方法是由学科性质和研究对象的特点所决定的，必须符合新兴学科发展的一般规律和要求。秘书学的学习应遵循以下原则：

（1）必须坚持理论联系实际的原则，密切结合中国秘书工作的实际情况，从实践中提取精华，上升为理论；反对从理论到理论，为理论而理论，不顾实际情况地冥思苦想，“设计”出一些脱离实际的公式、定律。

结合我国秘书工作的实际进行秘书学的学习与研究，并不排斥学习和借鉴其他国家秘书工作和秘书学研究的先进经验。学习人家的目的是为了丰富我们的知识，取长补短，借鉴有益的东西，而不是简单地“拿来”，照搬照抄。特别要注意学习和借鉴发达国家先进的管理思想和现代办公技术，提高我们的辅助管理水平，丰富我国秘书学的内容，改进我国的秘书工作手段。

（2）必须坚持科学的态度，用马克思主义的世界观和方法论指导秘书学研究，立足于我国秘书工作的历史和现状，创建具有中国特色的社会主义秘书学。

（3）必须坚持开拓创新的精神，善于总结、提炼秘书工作的经验和教训，注意发现新问题、新情况，在创新中求发展。

（二）秘书学的研究方法

秘书学的研究方法可谓多种多样，见仁见智。我国学者董继超先生提出的秘书学研究方法是比较有代表性的，具体如下：

（1）事实积累法。即研究者首先必须占有大量的科学事实材料，然后以此为基础，对材料进行整理分析，从中抽象出秘书学的理论。我国的秘书活动在历史文献中记载颇多。新中国成立以来积累了大量的秘书工作和秘书制度方面的经验材料。广泛收集历史和现实的第一手材料，以此为依据开展秘书学研究，是行之有效的研究方法。

（2）经验分析法。即从已占有的事实知识出发，对研究对象进行比较分析，使其成为有条理的、较系统的、具有某些联系的经验知识。要对经验知识进行深入分析，从局部和整体两个方面抽象出秘书活动的一般规律，概括出秘书学的理论知识。

（3）案例研究法。就是通过对大量客观性、代表性的具体的秘书活动案例进行比较、分析、综合和归纳，从中抽象出秘书活动的一般规律。案例一般包括背景、起因、经过和结果等要素。要采取多种方式广泛搜集案例，包括正面案例和反面案例。要根据案例编写的原则和研究工作的需要，编写具有应用价值和理论价值的秘书工作案例，还要对案例进行分析、比较，提炼出案例所体现的经验教训，从中加以科学地抽象，形成秘书学的理论知识。

依据秘书学的发展性特征，新的、科学有效的研究方法一定会出现。对此，应该是坚信无疑的。

三、秘书学与相关学科的关系

任何一门学科的产生、发展与完善，不仅有社会需要作为原动力，而且各学科之间互相融合、互相渗透、互相促进的趋势，也发挥了很大作用。秘书学自 20 世纪 80 年代产生发展至今，同样离不开许多相关学科的支持与影响。要想让秘书学这棵学术园地的新苗尽快成长为参天大树，就必须不断学习和借鉴其他相关学科的成果。

（一）秘书学与行政管理学的关系

行政管理学是研究行政管理活动及其规律的一门科学，主要研究行政原理、行政组织、行政领导、行政法规、行政监督和机关管理等内容。其中对机关管理的研究，与秘书学的研究内容产生了交叉。

机关管理就是对组织系统内部的综合办事机构，即办公厅（室）管理的研究，主要是针对秘书机构和秘书工作的研究。由此可以看出，行政管理学的研究内容包含着秘书学的研究内容。由于研究内容存在的部分交叉，使得行政管理学与秘书学的关系尤为密切。可以说，秘书学是行政管理学的分支，行政管理学是秘书学的母体。秘书学的建设和发展，为行政管理学拓宽了研究领域，注入了更多的活力；行政管理学的建设和发展，为秘书学提供了更加宽厚的理论依据，增加了丰富的知识来源。

（二）秘书学与领导科学的关系

秘书学与领导科学具有极其密切的关系。这是因为，秘书与领导、秘书工作与领导工作关联紧密。秘书是为领导工作服务的，秘书工作的成绩体现在领导工作的成绩之中。因此，秘书学和领导科学就自然而然地实现了“手牵手”。

领导科学是研究现代领导活动规律和方法的一门科学。它与秘书学有着不少相互交叉、重叠和融合之处。秘书学中阐述的参谋、协调、信息、督察等内容，必须符合领导科学原则和规律，才能更好地为领导工作服务；领导科学中阐明的科学决策理论，决策的程序和方法等内容，与秘书学中阐明的辅助决策的有关内容应当相互协调。所以，秘书人员认真学习领导科学的有关知识，有助于更加深刻地理解领导活动的内在规律要求，更加自觉地担负起为领导决策服务的职责。

（三）秘书学与公共关系学的关系

公共关系学是研究公共关系活动及其规律的一门边缘学科，它涉及管理科学、行为科学、传播学、社会学、心理学等多门学科。

秘书学与公共关系学在某些方面存在交叉关系，如两者都要研究辅助领导决策、沟通管理信息、调查研究、协调关系等。由于秘书人员经常承担公关任务，甚至临时充当公关人员的角色，因此应当熟悉和学习一些公共关系学知识，在解决一些具体问题的时候可以适当借鉴一些公关技巧和方法。但是，秘书学与公共关系学在研究对象、研究领域、知识体系等方面存在明显的差别，不可相互混淆。

（四）秘书学与文书学的关系

文书学是研究文书与文书处理工作的规律以及原则与方法的一门学科，它是伴随着档案学的创立而形成的，至今已经发展成为一门独立的学科。

秘书学与文书学的关系极为密切，这是因为秘书学与文书学在研究对象和研究内容之间具有一定程度的交叉和重叠。文书工作人员包含在秘书工作人员之中，文书部门包含在秘书部门之中，文书工作包含在秘书工作之中。秘书学与文书学之间存在包含与被包含的关系，但是区别也很明显。文书学注重从微观方面研究文书与文书工作，重点在于研究文书的特点、功能与保管，文书处理的程序与具体方法等；秘书学则是从宏观方面研究文书与文书工作，重点在于研究文书的撰写、办理、运行和功能等。

（五）秘书学与公文写作学的关系

公文写作学是研究公文文体及其写作规律与方法的一门应用学科，属于写作学的分支科目。它以提高机关公文的写作质量，更好地满足组织和领导信息沟通的需要为宗旨。

秘书学的研究内容里面，包含着公文写作的内容。这是因为代领导人或组织草拟文稿，“以文辅政”是秘书人员的经常性工作，是秘书人员发挥参谋助手职能的重要体现。秘书人员应当作为第一流的文章写作能手。因此，秘书学历来注重培养秘书人员的公文写作能力。

秘书学除了与上述学科有密切关系外，还与社会学、心理学、信息论、系统论等众多学科和理论体系有不可分割的联系。正如任何一门科学都不是绝对独立的一样，秘书学与众多学科的联系，是必然而必要的。这是秘书学综合性特征的根源，也是秘书学发展性特征的根源。

正确认识秘书学与相关学科的关系，具有重要意义。对于秘书人员而言，可以使他们更加自觉地学习和借鉴相关学科的知识，拓宽知识视野，建立起适应秘书工作需要的知识结构和过硬技能。对于秘书学的建设与发展而言，其意义更加明显。那就是使人们认识到，任何一门科学的发展和完善，都不可能单兵独进，而是需要吸收和借鉴相关学科的研究经验和理论成果。如果排除其他学科，仅就秘书学研究秘书学，秘书学的研究活动不仅难以深入下去，甚至根本不可能建立起具有真正科学意义的现代秘书学。

人类社会实践活动在不断发展，秘书学研究和秘书工作实践必将随着社会实践的发展而发展。我们期待着知识经济时代和信息社会条件下，秘书学的研究氛围更加宽松，秘书学的学科地位更加为人们普遍认同，我们将为此而努力。

思考练习题

1. 试述秘书学的研究对象。
2. 试述秘书学的学科特征。

第二章

秘书工作的起源与发展

我国秘书工作历经数千年的发展沿革，具有丰富而宝贵的历史遗产。今天的秘书工作是历史的秘书工作的发展和延续，学习和研究秘书工作不能割断历史。深入了解我国秘书工作的发展变迁，总结秘书工作的历史经验，探索秘书工作发展规律，不仅对于做好新时期的秘书工作具有重要借鉴意义，也是秘书学研究的重要内容和责无旁贷的任务。

第一节　秘书活动和秘书工作的起源

一、秘书活动产生的社会历史根源

秘书工作不是从来就有的，而是人类社会发展到一定阶段的产物。早期的秘书活动、现象具有秘书工作的一些特点，然而早期的秘书活动还不能称为秘书工作，因为这些现象、活动与秘书学学科的理论符合度较小，与真正意义的秘书工作相似性太小，到国家秘书形成后，秘书工作才正式确定。秘书活动的产生是需要条件的，如何确定这个条件对判定秘书活动的源头至关重要。要确定秘书活动产生的条件，必须与秘书的职能联系，即辅助管理全面服务。领导产生后才可能出现辅助管理行为和服务需要，领导产生的前提是社会群活动的产生。因此，有领导的社会活动的出现是秘书活动产生的条件之一。秘书活动又需工具、手段，这个工具、手段在历史上应为文字。由此，秘书活动产生的社会历史根源包括两个方面：其一是社会组织领导部门的出现；其二是文字的产生和使用。它们在秘书活动形成过程中发挥了不同的作用。

（一）社会组织领导部门的出现是秘书活动产生的社会基础

秘书工作是一项辅助性工作，是不能脱离领导工作而独立存在的。因此，只有人类历史上出现了社会组织以及社会组织中的领导工作，才会产生秘书和秘书工作。社会组织是秘书活动产生所不可或缺的社会基础。

人类最早的社会组织是原始人群。原始人群的社会结构极为简单，不需要领导部门，自然就不可能形成秘书和秘书工作。经过人类的漫长演变，社会发展到了氏族公社时期。氏族公社的社会结构也相当简单，氏族首领在管理内部事务时，基本上是聚众商议，当场决定，无须秘书人员辅助行事。

当我国社会发展到部落联盟的昌盛时期，即黄帝时代，社会生产有了一定发展，社会事务门类增多，公共管理事务逐渐复杂起来。为了加强社会事务的管理，黄帝开始设置官职分管有关事务，由此形成了部落联盟的领导机构。黄帝则是这个领导机构的核心人物。社会组织的领导机构与领导人的产生，为形成具有辅助性质的秘书活动奠定了社会基础。因此学者们判断，传说中的黄帝时代就有了秘书活动的萌芽，应当是合乎事理的。

（二）文字的产生和使用是秘书活动形成的直接推动力

人类早期，主要靠口头语言交流思想、传达信息。但是由于语言“不能传于异地，不能留于异时”，人类祖先发明了诸如结绳、刻契等许多记事表意方法，后来逐渐创造了记录语言和思想的符号系统——文字。它克服了早期语言及其他记事表意方法的局限，为记录思想、传递信息提供了便利条件。文字的产生是人类社会进入文明时代的主要标志。社会组织的领导机构和领导者，用文字记录管理活动，发布政策命令，制定规章制度。文字的产生和使用，使得社会事务管理活动发生了巨大变化。最早辅助领导者制作和处理文书、办理日常事务的人员，就是早期的秘书人员。

由此可见，文字的产生和使用是秘书活动赖以形成的重要社会历史根源，它对古代秘书工作的形成发挥了直接的推动作用。

二、秘书活动的萌芽

我国自黄帝时代起至夏朝建国，大约经历了400年时间。这期间，秘书工作已经开始萌芽。

从黄帝到尧舜时期，原始部落联盟有了很大发展。联盟首领身边辅助者的数量也在增加，并逐步有了大体的分工。

处于萌芽阶段的秘书活动，大致包括以下几个方面：

第一，记言记行的史官活动。根据古籍记载，黄帝时期，除设置六相外，还设置了专门记录言行的官职，陪伴黄帝左右，记录言行，汇编成册，以便备忘、信守。传说仓颉、沮诵、孔甲等就是当时的史官。仓颉、沮诵负责记录黄帝的言行，孔甲为黄帝作法戒之辞。这些记言记行的史官实际就是黄帝身边的文字工作助手，是最早的秘书工作人员。史官的出现是秘书工作萌芽的标志。

第二，听取意见的信访活动。黄帝以后，随着部落联盟的继续发展，公共管理事务更加繁忙，秘书活动增加了新的内容。根据古籍记载，尧在位时期，为了广泛了解民情，曾于庭前设置“进善旌”（一面旗帜），让百姓站在旗下，进谏言事，即向他提出对于政事的建议和评论。一时间，进善言治理天下者很多。尧还根据舜的建议，在阶前树立了一根木柱，让百姓在木柱上书写意见，批评首领的过失，以修明政治，此木称为“诽谤之木”。舜即位后，仍天天到“进善旌”、“诽谤木”下，倾听百姓意见。后来舜因公务繁忙，又于庭前设置“敢谏之鼓”，如有击鼓者，即出来接见，听取意见。可以说，利用“进善旌”、“诽谤木”和“敢谏之鼓”等形式征求人民群众的意见和建议，是我国官方信访工作的开端。

第三，上传下达的纳言活动。舜在位时，设置九官治理天下，命令龙任纳言官。《尚书·舜典》载：“帝曰：龙，朕……命汝作纳言，夙夜出纳朕命，惟允。”意思是说，命令龙不论白天黑夜，需要时就宣布他的命令，忠实地向他汇报民情，不让散布谣言、干坏事而使百姓震惊的人胡作非为。《史记·五帝本纪》中孔安国注云：“纳言，喉舌之官也，听下言纳于上，受上言宣于下，必信也。”可见，纳言发挥了上传下达沟通信息的作用，并开始了早期人类的调查研究工作，这已经是具有秘书性质的工作，纳言是那个时候的秘书官员。

总之，我国黄帝到禹的时代，以原始部落联盟为主要形式的社会组织发展到了昌盛时期，部落首领和联盟首领的领导活动逐渐变得繁重起来。社会的发展进步和领导任务的加重，呼唤专门为领导活动服务的秘书人员，秘书工作产生的一系列社会历史条件已经基本具备。因此，这时出现了秘书工作的萌芽，距今有四千多年。从此，秘书工作以其与生俱来的辅助领导职能，成了社会组织内部领导与管理活动的不可缺少的一项重要工作。

三、秘书工作的形成

随着社会生产力的发展，阶级和阶级压迫的产生，原始的部落联盟逐渐演变成为国家机器。大约在公元前 21 世纪，我国进入了奴隶制社会，从此，国家秘书工作正式确立了。

夏朝是我国的第一个奴隶制国家，是由最后一个部落联盟首领——禹的儿子启在夺取权力，废除禅让制之后建立的。夏朝开国后，为了加强和巩固其统治，建立了以国王为核心的，由国王和辅臣组成的一整套国家结构。国家机器的正常运转，需要秘书人员承担大量辅助性工作。

夏朝的左史、右史、巫祝、遒人、秩宗等均为秘书人员。左史、右史负责记录国家重大活动和国王言行，掌握机要史料；遒人掌管王命的传达发布；巫祝和秩宗是国王与鬼神沟通的桥梁和使者，主掌占卜、祭祀等宗教活动，是国王身边举足轻重的秘书人员。

夏朝已经有了公务文书和文书工作。由于夏朝是在废除禅让制基础上建立的，损害了维护禅让制者的利益，因而遭到激烈反对，使得战争频繁。当时公文内容主要是讨伐敌方的战争动员令。例如《尚书》中收录的《甘誓》、《胤征》、《汤誓》等，都是战前以国家君主名义发布的讨伐檄文，它们的格式基本相同：首先谴责敌方违背天命，罪恶深重；接着说明己方秉承天意，予以征讨剿灭；最后是鼓励将士英勇杀敌、宣布赏罚等内容。从行文角度说，文字简要、中心突出、要言不烦、态度鲜明、富有气势和感染力，已经是一种比较规范的古代公文了。这些情况说明，具有国家意义的秘书工作，已经在夏朝正式确立了。

夏朝作为我国国家秘书工作的起始时期，为秘书工作的发展和进步奠定了不可缺少的重要基础。

第二节　历代秘书工作概况

我国是世界文明古国之一，有着悠久灿烂的历史和文化传统。如果说我国的历史是一条绵延不绝的长河，那么，秘书工作无疑是这条长河的重要组成部分。数千年来，秘书工作随着历史的发展而不断演变，其工作内容由简单到复杂，日益丰富；其工作机构由比较单纯到相对完备健全……这些情况很值得深入研究和认真总结。本节旨在对我国（商周时期至清朝中期）秘书工作产生、发展、变化的基本情况理出一条线索，以期使读者有个简要了解。

一、商周时期的秘书工作

（一）商朝的秘书工作

商朝是我国奴隶制社会的第二个朝代。从公元前 17 世纪商汤灭夏建商，至公元前 11 世纪中期周武王伐纣建周，共有 600 年左右的历史。从大量的考古发掘和丰富的历史研究成果可知，商朝的秘书工作在夏朝基础上有了较大发展。

经过专家们对河南安阳小屯村出土的大批甲骨文书的考证和研究，确认它们是殷商后期（公元前1300年—公元前1100年）王室活动以及其他各方面活动的历史记录，客观地反映了商朝政务活动的情况。甲骨文书的出土，不仅为研究商朝的政治、经济、军事、文化、宗教等提供了大量珍贵的历史资料，也在客观上展现了商朝秘书工作的历史面貌。

根据有关文献记载，参见学者们对甲骨文书的研究成果，我们对商朝的秘书工作扼要介绍如下：

（1）中央朝廷的秘书工作分工明确。如“六太”之官中，太宰，是商王的近身助手，总管机要事宜（后来发展为宰相或丞相）；太史负责起草商王命令，发布文告，类似国王的秘书长；太宗负责宗庙祭祀事宜；太祝主持礼仪会务；太卜掌管记录占卜情况；太士承办敬神事务。此外，专门设立史官的官署——太史寮，这相当于国家的中央秘书工作机构，负责商王的册命和祭典等事宜，长官为太史，下辖不同层次、不同分工的史官，各司其职，分别负责书刻占卜文辞，记录王室活动，起草公文文书，安排祭祀仪式，协助商王操理政务。实际上，商朝的史官就是最早的秘书工作者。

（2）秘书人员（即史官）在制作文书和记录活动时，要在文书上签署名字，以示起草或记录人员对文书的负责。这说明，商朝统治阶级在利用文书管理国家政务方面，已积累了一定的经验。这种文书签名制度一直流传演变至现在。

（3）在文书制作和处理方面已有初步规制。一篇完整的甲骨卜辞，大致包括前辞、命辞、占辞、验辞四个部分。前辞记录占卜的时间和占卜人；命辞记录询问事项；占辞是卜问的结果记录（吉凶情况）；验辞是日后应验事实的结果，可见，当时文书的作者、内容、时间都已经齐备。而文书的制作过程大致包括取材、锯削、刮磨、钻凿、灼兆、刻兆、书辞、涂辞、刻辞九道工序。整个制作过程严格认真，不得有丝毫怠慢。

（4）在文书整理与保管方面出现了整理成册和集中归档保存的做法。

综上所述，我国殷商时期国家的秘书工作已经初具规模，国家机关已经广泛使用了官文书作为管理政务的工具，秘书工作机构和人员分工，已经成为国家机构的重要组成部分，在秘书工作管理方面，已经建立了初步的管理制度，这对秘书工作的进一步发展具有重要而深远的影响。

（二）周朝的秘书工作

周朝建立以后，随着社会的发展，政权机构和政治制度比商朝更加完备，秘书工作也有了相应的发展，主要表现在下列几点：

（1）国家中央机关的秘书工作分工更加明确，出现了“卿事寥”和“太史寥”并列的情况。“卿事寥”主要管理朝廷政务，其中部分官员担任政务秘书工作；“太史寥”是为王室服务的秘书处，负责为国王起草文告，宣读敕命，谏议政事，掌建邦国法典，管理文书、图书、档案等重要事宜。

（2）巫史分离，史官地位升高，已经不像商朝时只托鬼神以陈政事。史官主要通过起草文书和记录政事的方式，协助国王管理军政大事，成为西周王室和地方政府重要的秘书官员；巫只掌管祭祀、占卜事宜，成为司礼机构，地位下降。

反映周朝典章制度的《周礼》一书中，有了关于史官起草文书的记载。据该书所载，周王室有史官，各诸侯国亦有史官。周朝有八种官职，其中“六曰史，掌官书以赞治”。汉朝郑玄注：“赞治，若今起草文书也。”可见史官的任务就是起草文书，这正是秘书工作者的重要职责。周朝的史官有着明确细致的分工，如《史通·史官建置》所载，周有六史，即大史、小史、内史、外史、左史、右史。其分工情况是：大史掌国之六典；小史掌邦国之志；内史掌书王命；外史掌书使乎四方；左史记言；右史记事。这些职掌均相当于现今秘书工作的内容。周朝凡官署都设有史官，办文辅政的秘书工作相当普遍。

（3）文书工作领域有了新的发展。主要表现在：第一，文书种类增加了，出现了“诰”、“誓”、“命”等国王对诸侯使用的命令性文书和其他一些专用文书。第二，文书结构复杂了。命令性文书有一定的程式要求，前后包括有好几节内容，文字表达更完备。第三，文书保管工作更加严密，副本存档的制度出现了。无论是王命文书还是专用文书都有正副本之分，有些文件制成几份副本，王命文书在颁行后，将正本交给受命者，另录副本保存在王室以备查考。这对积累和保护史料起到了很好的作用。西周还出现了公文用印制度，强化文书的权威性和可信度。

夏、商、周正值我国的奴隶制社会，与漫长的封建社会相比较，此时的秘书工作仍然属于早期阶段，发展比较缓慢，但是毕竟为以后的秘书工作奠定了一个良好的基础。

二、秦汉时期的秘书工作

秦始皇统一中国后，建立了中国历史上第一个高度中央集权的君主专制国家和一整套为君主专制服务的国家机构。受国家政治制度的制约，秘书工作出现了许多新的变化。在中央，设丞相府和御史大夫寺，丞相府是辅助皇帝处理国家政务的最高行政机关，总管朝廷议事和上奏，收阅处理公文，颁发皇帝诏令，保管重要档案。丞相是全国最高行政长官，是皇帝的参谋、顾问和大管家。御史大夫寺是中央监察机关，御史大夫相当于皇帝的秘书长，即统率众“史”的官，“受公卿奏事，举劾按章”，“掌图籍秘书”。从丞相府和御史大夫寺的职能特点来看，这些机构实际上就是皇帝的中央秘书工作机构。在地方，实行郡县制。分别在郡县、监察系统和军事组织也配备了秘书工作人员。如在各郡县设有丞官，负责辅助政务和起草文书事宜；在监察官员身边，设有主簿等秘书人员；在将军幕府设有长史、主簿、掌书记等，负责秘书工作。

汉代政治制度及其秘书工作体制基本承袭秦朝。汉初，丞相府和御史大夫寺仍负责综理国政，具有中央秘书机构的职能。汉武帝执政后，削减了相权和御史大夫的权力，皇帝避开丞相府，内廷保管文书的“尚书署”成为皇帝身边掌管章奏文书的机要秘书机构。西汉末年，御史大夫的皇帝秘书长职权也被“尚书署”取代，御史大夫寺遂成为专司监察的机构。东汉光武帝时，改“尚书署”为“尚书台”，“出纳帝命，为王喉舌”，实现了“政归台阁”。“尚书台”的长官称“尚书令”，担负皇帝秘书长职责，总揽军国政令。

秦汉时期，皇帝颁布的文书有制、诏、策、戒四种，臣僚上达皇帝的文书有奏、章、表、驳议四种。这些文书在使用方面有着严格而明确的规定，反映了封建帝制时代森严的等级关系。此时还建立了比较规范的秘书工作制度，例如抬头制度、避讳制度、文书书写格式的规定、文书校勘制度、文书传递制度、用印制度等旨在显示和维护皇帝特权的一系列制度。

在秘书人员的使用和管理方面，一改先秦时期史官世袭制的做法，采用了任命、察举、征召、辟除等多种形式，并形成了对秘书性官吏的考核办法。

此外，在书写材料方面，开始采用纸张和毛笔。特别是纸张的发明和使用，对改进秘书工作和促进人类文明的进步发挥了巨大的作用。

值得在此顺便说明的是，在中国历史上，“秘书”一词始见于汉代。据《汉书·叙传》记载：“游博学有俊才……与刘向校秘书。每奏事，游以选受诏进读群书。上器之能，赐以秘书之副。”意思是说，由于皇帝赏识游的博学和才干，便把秘书（宫中秘藏书籍）的副本赐给他，这是君主给予臣子的珍贵礼物。《汉书·刘向传》记载：“而上方精于诗书。观古文，诏向领校中五经秘书。”《汉书》的作者班固就曾经任兰台史令，典校秘书。又《晋书·荀勖传》载：“得汲郡冢中古文竹书，诏勖撰次之，以为中经，列在秘书。”

以上所谓“秘书”均指藏于朝廷内不对外宣泄的秘籍，即秘藏之书。此外，古代的“秘书”也用来指谶纬之书。如《后汉书·郑玄传》载，郑玄在给儿子的信中说他青年时“时睹秘书纬术之奥”。正如《说文解字》中所注：“秘书，谓纬书。”由此可知，最初的“秘书”一词是用来指物，即指秘而不宣的书籍，与今天的概念完全不同。

随着历史的发展，“秘书”的含义逐渐由指物转向指人，即指国家机关的一种官职。东汉桓帝时，首设“秘书监”，负责掌管图书典籍，相当于国家图书馆馆长。魏晋南北朝之际，先后设有“秘书监”、“秘书令”、“秘书丞”、“秘书郎”等，均属文官职称，并开始司掌机要之事。隋唐两代的“秘书省”，正式成为中央朝廷的行政机构，分别“典司经籍”（《隋书·百官志》）和“掌邦国经籍图书之事”（《旧唐书·职官二》），并为后世封建王朝所沿袭。

总之，秦汉时期是我国封建社会秘书工作的确立时期，秘书工作机构和秘书工作人员的设置以及秘书工作的各项制度，都是在适应中央集权的国家政治制度的基础上产生的。这也为整个封建社会的秘书工作奠定了基础。

三、魏晋南北朝时期的秘书工作

魏晋南北朝时期，中国社会处于严重分裂与动荡状态，战乱不断，朝代更迭频繁。尽管历史演变情况异常复杂，但每个朝代建立时，都设置秘书工作机构，秘书工作从未断过。这也客观地说明了秘书工作在人类社会发展进程中具有不可缺少的重要作用。

综观这一时期中央朝廷的官制情况，其重要特点之一，就是皇帝的秘书机构和秘书职官变化不定。公元216年，汉献帝封曹操为魏王，曹操即将东汉桓帝初设的“秘书监”改为“秘书令”，掌管文书事宜。曹丕称帝时，又将“秘书令”改为“中书省”，设“中书监”、“中书令”，担任皇帝的秘书长职务，负责起草诏令及其他机要文书，掌管奏议事项。同时把原来作为皇帝秘书机构的“尚书台”改为“尚书省”，使其权力受到削减，成为执行机构。两晋时期以及南朝各代，仍有“中书省”这个机构，职掌同前。其间，还在“中书省”下设有“中书舍人”，承担了皇帝的部分秘书工作。

上述秘书机构和秘书职官极不稳定的情况，正是统治阶级内部权力之争的反映。封建皇帝唯恐皇权受到威胁，因此对任何执掌军国大权（包括辅助其政务的秘书长）的官员都留有戒心，不得不通过变动机构与职官的手段来分散或削减政务主持者的权力，或者使他们互相牵制，以便驾驭。秘书工作正是在封建皇帝须臾不离、高度重视又倍加警觉、唯恐皇权受到威胁的特有历史条件下发展运行的。

四、唐宋时期的秘书工作

唐朝是中国封建社会中政治、经济、文化的鼎盛时期，其秘书工作在整体上也有了较大的发展进步。在朝廷，实行中书、门下、尚书三省制。根据唐朝制度，三省机关各有分工。中书省负责草拟皇帝诏令，按皇帝意图掌决策权；门下省负责审议文件，掌封驳权；尚书省负责处理文件，作为行政管理机关掌执行权。正所谓“中书出令，门下审议，尚书执行”。尽管三省长官均是辅佐皇帝发号施令的宰相，各有一套办事机构，但他们的共同目标是向皇帝负责，维持封建君主专制制度的运行。三省的工作性质决定了其自身都是皇帝的秘书机构。在三省官员中，唐朝初期的中书舍人曾很受重用，因其直接靠近皇帝，故尽管是中书令的下属官员，其实权却不亚于中书令，“掌侍奉进奏，参议表章”，“凡诏，旨，制，敕及玺书、册命，皆按典故起草进画。既下，则署而行之”。中书舍人实际成了专为皇帝起草诏令文书，辅助宰相处理军国政务的秘书。由于其权势日重，难免威胁皇权，令皇帝不太放心，于是从唐玄宗朝开始，设置翰林学士院用翰林院士代替了中书舍人的职责。所以说，翰林学士院可算是唐朝皇帝直接控制的一个特殊的中央秘书机构，翰林学士成了皇帝近身的高级顾问和秘书。

宋代的政权机构实行军政分立制度。行政系统秘书工作承唐旧制，由三省共同执掌，以中书省为主。仍设中书舍人、翰林院学士，职责亦如唐朝。其军事系统的秘书工作从属于枢密院。在枢密院长官之下设有属官“都承旨”和“府都承旨”，担负枢密院秘书官员职责。

特别值得介绍的是，唐宋时期的秘书工作制度已经相当系统和完备，从文书拟制起草直至移交工作均有一套严格的制度，且均以法律形式加以规定。现根据《唐律疏议》和《庆元条法事类》的记载，将唐宋两朝形成的有关秘书工作制度加以归纳：(1) 公文一文一事制度。(2) 公文用纸制度。(3) 公文折叠制度。(4) 公文拟制和誊写制度。(5) 公文引黄和贴黄制度。(6) 公文签押、用印和判署制度。(7) 公文封装和编号制度。(8) 公文收发登记和催办制度。(9) 公文移交制度。(10) 文书工作保密制度等。这一套规章制度对后来的秘书工作产生了积极的影响。对这些制度的得失情况和实行情况很值得进行认真的分析和研究。

五、明清时期的秘书工作

明、清两朝是我国封建社会的晚期。为了巩固皇权统治，统治阶级建立了一套比以往任何时期都更加庞大、严密的国家机关系统和政治制度，其中秘书工作机构更趋完备，数量有所增加，而皇帝对秘书机构的控制也更加严格。

(一) 明朝的秘书工作

明朝初年仍设中书省，置左、右丞相，辅助皇帝综理国政。由于丞相权力日重，朱元璋感到皇权受到威胁，遂于洪武十三年（公元 1380 年）罢丞相职，废中书省，由六部尚书分理国政，直接隶属于皇帝，这使皇帝大权独揽。因皇帝不胜繁忙，于是选调一些翰林学士在新设的文渊阁、文华殿等办公机构内，辅助皇帝收阅奏章，批发文稿，按皇帝旨意办事。明成祖时，以文渊阁作为诸大学士值班之所，“命内阁典机务、诏册，制诰皆属之”，这是明朝设立内阁的开始。为便于办理政务，内阁下设中书科、诰敕房和制敕房，负责缮写书办诰、敕、制、诏等文书。内阁设置之初，阁臣只是面奉取旨，批签奏章的权力仍在皇帝手中。明朝宣德年间，皇帝开始命阁臣杨士奇等在各衙门所进的奏章上，以一纸拟出初步处理意见，附在奏章上一并进呈皇帝最后裁决。这种做法类似现在公文处理中的“拟办”环节，当时谓之“票拟制度”。从上述对明内阁的产生原因、机构设置、基本职能和票拟制度等方面的介绍，可知明内阁实质是明中央朝廷的秘书机构。

朱元璋废中书省后，为确保朝廷政务的正常处理，增设了吏、户、礼、兵、刑、工六科作为皇帝的秘书机构。“六科”的职责是，“凡制敕宣行，大事覆奏，小事署而颁之；有失，封还执奏”。其具体工作包括以下几类：（1）内外奏章送到后，分类抄出，参验稽考后交给对口的部，并驳正其违误。（2）每日早朝时，六科轮流派一名官员，在殿廷左右，记录圣旨。（3）各衙门的题奏本状和封旨发落事件，早朝时由六科掌科官一同到皇帝面前进呈。（4）六科每日收到各衙门题奏本状，奉有圣旨者，要各具奏目，送司礼监交收。（5）六科每日收到各衙门题奏本状，要逐一抄写成册，五日一送内阁，以备编纂。（6）各衙门奉旨处理的事件，五日一注销，以检查其是否延误。

从六科的工作职责来看，它们既是辅助皇帝办文的秘书机构，又是对六部拥有封驳纠弹权力的专门监察机关。皇帝依靠六科处理各种奏章文书，来实现对六科的联系和控制，并检查六部是否按期执行皇帝命令和按时承办文书。六科具有秘书工作机构的性质是十分明显的。

明朝中央机关的秘书工作机构还包括“通政使司”。这是明朝廷的总收文机关，总的职能是“掌受内外章疏，敷奏封驳之事”。具体职掌有：（1）“出纳帝命”。（2）接收陈情、建言、申诉冤枉或检举不法案件。（3）开诉臣民实封递入的信件，节写副本，上奏皇帝。（4）官方公文的勘核。（5）机密事宜随时入奏，各类公文的月终类奏，岁终通奏等。由此可见，无论内外大小衙门向皇帝上奏的文书都必须通过通政使司，它成了君臣上下、中央与地方联系的枢纽，对保证明朝国家机器正常运转起着重要作用。

明朝建立了比较完备的国家公文体系并颁发了这方面的法规，这也是秘书工作进一步发展的重要表现。明朝的公文划分为皇帝诏令文书、臣工上奏文书、官府行移文书、专用文书四大类。其中，皇帝诏令文书有：诏、诰、制、敕、册、谕、书、符、令、檄 10 种；臣工上奏文书有：题、奏、启、表、笺、讲章、书状、文册、揭贴、制对、露布、译 12 种；官府行移文书分为上行、下行、平行三类。上行文有咨呈、呈状、申状、牒呈、牒上 5 种；下行文有照会、札付、下帖、故牒 4 种；平行文有平咨、平关、平牒 3 种。明洪武十五年（公元 1382 年），在全国颁发了《行移署押体式》和《行移往来事例》，这是两个有关官府文书程式、使用范围和行文关系的立法性条例。此外，又于洪武十七年（公元 1384 年）规定了公文用纸规格。这些立法和规定，标志着明代秘书工作有了进一步的发展。

（二）清朝的秘书工作

清因明制，在秘书工作领域同样如此，只是稍有变化。总括而言，朝廷的秘书工作机构设有内阁、军机处、奏事处、通政使司、六科以及六部中专掌文秘档案工作的机构等。

其中内阁在名义上是综理国政的中枢机构，但其权力已不及明朝时，只是为皇帝办理公开发布的或一般下行的文书。真正涉及军国大政、机密事宜的文件，在康熙年间，由设在内廷的“南书房”参办撰述。在雍正年间，为应付青海紧急军务设立了“办理军机事务处”（简称军机处），这本来是一个临时性机构，但因其地处内廷，有利于日处深宫的统治者处理政务，遂逐渐演变成直接承命拟旨，经办一切重大政务的中枢机构，实际成为皇帝内廷的办公厅和全国政令的策源地。由于在军机处任职的军机大臣皆受皇帝亲重，“掌书谕旨，综军国之要，以赞上治机务，常日值禁厅以待召见”，使内阁的实权逐渐转移到军机处，“南书房”撰拟谕旨的职能也被军机处取代，由满贵族组成的议政王大臣的议政制度名存实亡。军机处最终成为辅助皇帝统治全国的最得力的精干、高效、保密性强的秘书机构和机要中枢。

在清朝中央秘书工作机构中，除内阁和军机处外，还有仿明制而设立的“通政使司”、主要承担皇帝内收发工作的“奏事处”、专司稽查催办工作的“稽查钦奉上谕事件处”、“六科”等，不一而足。

清朝皇帝颁发的诏令文书、臣工上奏文书和官府行移文书在名称、种类、格式等方面，以及秘书工作的有关制度，主要沿袭明制，但适应清朝政权的特点，有所发展和变化。此处不再详述。

在我国古代秘书工作发展沿革的历史进程中，总体情况是以后代继承前代的制度和做法为主，创新为辅。这是与整个中国封建社会进程长期发展缓慢的特点相吻合的。这种特点造成了整个秘书工作在缓慢的状态下演进和发展，少有突破性的飞跃发展。

第三节　现代秘书工作概况

一、中华民国临时政府时期的秘书工作

1911年10月10日，孙中山领导的辛亥革命，推翻了中国2 000余年的君主专制制度，1912年1月1日在南京成立了中华民国临时政府。中国秘书工作发生了一系列巨大变化，发展到了一个新的阶段。主要特点是：

（1）政府秘书机构的设置以及秘书人员的选用、培养等，吸收借鉴了西方秘书工作的有益经验，初步纳入法制轨道。根据《中华民国临时政府组织大纲》的规定，临时政府实行总统制，共设九个部。总统府下设秘书处，秘书处下设总务处、军事组、外交组、电务组、官报组、收发组六个分支机构；参议院下设秘书厅；各部机关设政务厅（相当于部办

公厅）。总统府设秘书长一人，由大总统直接任命。秘书处在秘书长的领导下工作。上述秘书机构分别下设若干具体办事部门和专职秘书人员，分掌各项具体的秘书业务。在地方，各地方政府机构、省都督府也都设置秘书机构，由秘书长负责都督府秘书工作。省以下有府、县两级地方政权，均设有秘书人员处理文书和日常事务。这使得秘书机构和秘书人员及其职能从古时的名不副实或半遮半掩，转变成名实相符和职能公开。

（2）对秘书工作进行了一系列改革。第一，在公文名称方面，清除封建糟粕，提倡民主平等思想。1912 年初颁布的中国历史上的第一个《公文程式条例》，规定了新的公文文种，即令、咨、呈、示、状及其使用范围，废除封建王朝时代使用的制、诏、诰等公文文种。第二，规定消除公文语言中的封建等级观念，废除封建社会公文中的“大人”、“老爷”、“奴才”等说法，一律称现任职务名称，普通民众则称“先生”或称“君”。这种用语上的变化，也是秘书工作进步的表现。第三，规定凡对外发文必须盖印、签名，强化了机关发文的责任意识和权限区别，增强了公文的权威性。第四，改变公文末尾日期的标写方法，将原来用天干地支纪年的方法改为公元纪年法。

（3）简化文件办理程序，提高办文效率，及时传递公文。

中华民国临时政府，是中国历史上第一个资产阶级的民主政权。它虽然存在时间不长，但是它的秘书工作却开创了中国近代国家秘书工作的先河，较之古代秘书工作是一个根本性的创新。它的一系列制度和做法，都为后来的时代所承袭。

二、国民政府时期的秘书工作

国民党统治时期，国民政府的秘书工作有了较大的发展，有了比较完备的秘书机构和制定了许多有利于秘书工作规范化的规章制度，表现在：

（1）从秘书机构的设置来看，从中央到地方各级政府都设立专门的秘书机构，配置大量专职的秘书人员，形成了一个自上而下的秘书群体。

在中央，国民政府的政权体制实行“五院制”，即“立法院”、“行政院”、“司法院”、“考试院”、“监察院”，五院共同对国民政府负责，其中“行政院”是政务中枢。国民政府设文官处掌管政府秘书工作。五院各自设有秘书处，设秘书长一人和秘书若干人，负责本院的秘书工作。国民政府的各部都设有秘书处，负责部长交办的各项机要事宜以及处理日常事务和公文往来。

在地方，各省及其所属各厅、局和专署、县一级政府机关均内设有秘书机构，配备秘书人员，分理各级政府的秘书工作。县以下的区、乡则配置秘书人员。军事机关、企业、社会团体都设置秘书机构或配备秘书人员，掌理相应的秘书事务。社会名流则雇用私人秘书，为其提供辅助服务。

国民政府在实际运行当中，一直以集党、政、军大权于一身的蒋介石为核心。1932年设立的侍从室是蒋介石的秘书机构。它的主要职能是负责与办公厅及中央国家机关的联系，掌管机要，传达蒋介石的指令，提供各种辅助和服务。1938年1月，侍从室被以法律形式确定为蒋介石直接掌管的机要秘书机构，直接为蒋介石发号施令、控制全国军政要务服务，直到1945年抗战胜利后才宣布撤销。

(2) 在秘书工作运作上，加强秘书工作制度和规范的建设，倡导行政效率改革运动。1928年6月，国民政府颁布了《暂行公文格式新办法》，整顿公文文风，强调公文要分行、分段、使用标点符号，要以白话文行文；随后又制定了公文程式，确定了新的行文关系与行文规则。后来还颁布了《公文改良办法》、《处理案件注意要点》等旨在加强秘书工作管理的规章制度。1933—1947年，先后开展了"行政效率运动"、"行政三联制"、"文书工作竞赛运动"等旨在提高秘书工作质量与效率的改革运动。这些制度、措施和改革活动，有的对于加强秘书工作发挥了一定作用，有的没有得到真正的贯彻执行，有的被淹没在官僚主义、形式主义、文牍主义的恶习中，有的适得其反，带来了行政效率的重大滑坡。

三、民主革命时期中国共产党秘书工作

(一) 建党初期的秘书工作

中国共产党从诞生之日起，就开始了自己的秘书工作。董必武同志曾回忆说，不能以现在的条件去想象那次开会（指中国共产党第一次全国代表大会）时的情形，那是在秘密条件下召开的，代表也就是会议的秘书人员和会场服务人员。由此可知，在党的早期并没有立即成立秘书工作机构，也没有设置专门秘书人员。在中共"一大"上，毛泽东同志既是代表又是秘书。从我党有关史料中可以看出，最早出现"秘书"字样的是1923年。这年4月，毛泽东同志担任中央局的秘书（相当于秘书长职务），参加中央的领导工作，并负责文件起草、处理、保管和会议记录工作。同年6年，在党的"三大"上通过了《中国共产党中央执行委员会组织法》，其中规定了党中央秘书（实际上是秘书长）的职责："秘书负本党内外文书及通信及开会记录之责任，并管理本党文件，本党的一切函件须由委员长及秘书签字。"从此，党中央建立了正式的"秘书"制，毛泽东同志在党的"三大"上即担任中共中央局委员和秘书。1926年7月，党的四届三中全会决定设立中央秘书处，"总揽全党的技术工作"（特指党的文书处理、档案保管、交通工作、保密制度及对敌斗争手段，如密写文件、传递信息等），秘书处下设文书科、交通科、会计科、出版分配科、翻译科等，分理具体工作；此外在各省委也设有秘书处或秘书科，其他机关也大多设立了秘书部门。党的秘书工作形成了一定的规模。

党早期使用的文件主要有会议决定、决议、会议记录、中央通告、宣言、通知、报告、信函等。撰写文件讲究开门见山，反对空洞的虚文，文件处理过程中已有分类编号和登记手续。由于党处于白色恐怖包围之中，保密工作事关党的存亡，所以在秘书工作中，从文件书写、传递到保管方面均有严格规定，许多文件采用药水密写或用代号、暗语等手段隐蔽行文内容。

1931 年 11 月，在中国共产党领导下，在江西瑞金召开了第一次全国苏维埃代表大会，正式成立了苏维埃中央政府和地方政权。从此，在苏维埃中央政府和省、县、区、乡各级苏维埃机关逐步建立了秘书工作机构，配备了相应的秘书工作人员。这一时期党的秘书工作领域有了重大突破，即创建了密码电报通信并在中央局和红军中建立了机要工作机构。此后，在党领导的秘书工作中，处理电报成了最主要的业务。秘书工作在通信手段上的发展和进步，为党和革命武装赢得革命战争的胜利作出了突出的贡献。

（二）抗日战争时期党的秘书工作

抗日战争时期，党中央于 1937 年重设秘书处（红军长征中，为精简机构，中央的秘书处、文书科等被撤销，只保留机要科以便行军作战中的无线电联系和指挥），1938 年中央决定，在区委以上党委均设秘书部门，以便管理文书、会计等工作。边区政府所属厅、局、处和专区、县各级政府均设秘书室，掌管机关秘书工作。由于抗战时期处理电报仍是秘书工作办文的中心任务，所以在党和军队系统建立了较完备的机要工作机构，高级领导同志和中央各级重要机关始设专任的机要秘书，并规定了他们的具体职责。在整个抗日战争时期，建立了许多新的秘书工作制度，例如电报签批制度，文件传阅制度，文件登记、编号和批阅批办制度，文书存档制度等。此外为适应抗日民族统一战线的工作需要，在党内和根据地抗日民主政权内，重点对旧式公文进行了改革创新，统一和改进了公文名称、使用方法和格式，颁布了《陕甘宁边区新公文程序》。所有这些，为以后时期秘书工作的进一步发展奠定了重要基础。

（三）解放战争时期党的秘书工作

解放战争时期，革命形势在全国迅速发展，中华人民共和国成立在即，党的秘书工作发展到一个新的历史阶段。这一时期秘书工作发展的主要特点如下：

（1）秘书工作机构逐步健全和加强。1945 年日本投降后，中共中央成立了书记办公室（1947 年中央机关撤离延安时撤销，1948 年中央迁到河北省平山县西柏坡后重设，任务同前），协助书记处理文件、电报、会议和其他日常工作。办公室下设机要科，负责处理文件电报。机要科是后来的中央办公厅机要室的前身，机要室又是现在的中央办公厅秘书局的前身。在地方，随着解放区的巩固和扩大，政府组织机构也逐步完备。各大行政区政府始设秘书厅，由秘书长主管。1948 年 8 月，晋察冀与晋冀鲁豫两边区政府合并成华北人民政府，下设秘书厅综理政府的秘书工作，秘书厅设秘书长一人。北平市人民政府成立后，设立了秘书长领导下的秘书厅，秘书厅统一领导管理秘书处、行政处、人事处、新闻处、调研室等部门的工作。这种秘书工作机构的设置方式，为中华人民共和国成立后省、市级秘书工作机构的建立提供了有益的借鉴。

（2）文书处理工作日趋系统化、科学化。随着电报数量猛增，各机要译电部门逐渐有了专门“办报”的人员，并成立了“办报”的专门机构，在工作中形成了登记、编号、批办、复写、分送、催办、清退、归档等工作环节。受此影响，中央机关的文书处理工作也形成了一套较为完善的工作程序。其中收文过程一般要经过阅文、批办、登记编号、分类、复写、送阅、整理、归档等程序；发文过程一般经过拟稿、审批、传阅、签发、登记编号、送发、收退、整理、归档等程序。在新老解放区，也已建立了比较完备、系统、科学的文书处理制度和有关的秘书工作程序。这些做法为中华人民共和国成立后党和国家统一制定有关文书处理方面的规章办法提供了宝贵的经验。

（3）文件种类和行文关系逐步统一。在党的组织系统内和解放区人民政府之间，文种的使用有了相对一致的规定。上级对下级的文种有令、训令、指令、指示、决定、布告、批复、通知、通报、通令等；下级对上级的文种有呈、报告、请示；平行机关或不相隶属机关之间的文种有公函、信和快邮代电（电）等。在实际工作中，计划、统计、会计、司法等专用文件也大量出现。在行文过程中，实行一报一事制度（即后来的一文一事制度），并明确规定了主报和抄报的具体做法。上述文种的使用方法和有关的行文规范为中华人民共和国成立后党和国家机关使用的公文名称及推行有关制度奠定了直接基础，有的沿用至今。

以上所述，是对我国秘书工作历史的简要回顾，难免挂一漏万。了解这条历史长河的源流，从大量的历史遗产中汲取有益的营养，对我们做好秘书工作无疑是很有必要的。

(四) 新中国成立后、改革开放前的秘书工作

中华人民共和国成立后，我国进入了人民当家做主的新时代。党和国家机关对秘书工作极为重视，秘书工作作为国家机关工作的重要组成部分，走上了迅速健康发展的道路。新中国成立初期，总结和吸收了解放区秘书工作的经验，逐步建立起新中国统一的秘书工作制度。第一个五年计划阶段，秘书工作有了进一步的发展，确定了文书工作、档案工作的基本原则，初步开展了档案学和文书学的研究。1958 年以后，秘书工作一度受到影响，出现了不注意研究秘书工作业务的倾向。

综合新中国成立后、改革开放前的秘书工作，有以下几点明显的发展：

（1）秘书工作制度的统一和进一步完善。新中国成立后，随着我国秘书工作的发展，

工作制度逐步得到了统一。1951 年 9 月，政务院发布了《公文处理暂行办法》。这个文件对公文处理工作的要求做了比较全面具体的规定。1955 年 1 月经中央批准，颁布了《中国共产党中央和省（市）级机关文书处理工作和档案工作暂行条例》。这一条例更加明确了秘书工作的性质和意义，全面统一规定了秘书工作的基本原则、任务、组织、工作程序和具体办法，使全国的秘书工作更加完善。

（2）建立文书部门立卷制度。1956 年发布《国务院关于加强国家档案工作的规定》，决定在文书工作方面，全面推行文书处理部门立卷，以建立统一的归档制度。这一措施的实行，推动了文书工作特别是档案工作的发展。

（3）初步开展了对文书档案工作的理论研究。1952 年，中国人民大学在党中央、国务院的关怀下，创办了档案专修班，建立了中国特色的档案学。由于文书和档案有着密切的联系，文书学也相继问世。1959 年，黑龙江和广西两地召开了秘书工作会议，对于秘书部门的领导体制、秘书部门的工作特点，都做了理论联系实际的论述，使党和国家的秘书工作向着科学化的方向迈出了较大步伐。

（4）加强秘书工作队伍的建设。1951 年 7 月，政务院召开了全国秘书长会议，作出了《关于各级机关秘书长和不设秘书长的办公厅主任的工作任务和秘书机构的决定》，指出秘书长和办公厅主任的工作性质是"参与政务，管理事务"。还要求每个秘书工作人员认清自己的工作是政府工作的一个很重要的部分；要把个人工作兴趣、个人事业完全结合于人民利益之中，坚守岗位埋头苦干；要养成任劳任怨的工作态度和谦逊谨慎、细密的工作作风。

"文化大革命"期间，党和国家的秘书工作受到了严重破坏，特别是秘书工作的研究陷入停顿瘫痪状态。改革开放之后，党和国家的秘书工作才逐步恢复正常。

四、改革开放后秘书工作的发展

党的十一届三中全会以后，随着全党工作重点的转移，社会发生了重大变化，秘书工作也有了全新的发展。

（一）秘书工作的服务领域变化

随着社会的转型，传统的"单位"模式逐渐式微，各种性质的社会组织大量涌现，如企业组织由传统的全民所有制"国营"，改变为国有、集体、民营、合资、外商独资等多种所有制并存，上市与非上市并存，股份有限责任与无限责任并存等。不同性质和不同形态的社会组织，其运行模式有很大不同，秘书机构设置、秘书工作内容、秘书职责任务也有一定的区别，秘书工作由模式化向个性化发展。

(二) 秘书工作的任务内容调整

传统的秘书工作内容随着服务领域的扩展而有较大的调整。除党政机关秘书工作外，其他社会组织的秘书机构很少承担督察、信访等工作任务。随着社会发展对决策科学化要求的提高，信息服务成为秘书工作的重要方面。随着社会交际需求的增强，沟通协调的任务也越来越大。

(三) 秘书工作手段的改善

科学技术的发展，大大改善了秘书工作手段，计算机技术、印刷技术、信息传递技术、音频和视频技术等现代科学技术的普遍应用使秘书办公条件有了天翻地覆的变化，秘书工作效率极大提高，秘书作用也随之有突出的提升。

(四) 秘书工作质量与效率大大提高

随着秘书教育的兴起和发展，经过严格的专业教育和训练的大批高素质人才陆续走上秘书工作岗位，这对于秘书工作的规范化，对于提高秘书工作质量和效率，是有十分重大的意义的。

思考练习题

1. 秘书工作产生的条件是什么？如何理解？
2. 我国的秘书工作有哪些优良传统？

第三章

秘书工作的职能

当前，社会对领导工作科学化的要求越来越高，秘书工作的地位和职能作用受到了进一步重视。其根本原因在于，秘书工作适应了人类社会发展的客观需要，在各级各类组织的领导活动中，具有独特的地位和不可缺少的作用。正确理解和认识秘书工作的职能作用，对于卓有成效地做好秘书工作意义重大。

第一节　秘书职能概述

一、秘书职能的含义

职能是人、事物和机构应具有的作用和功能。秘书职能应指在组织的运行过程中，履行辅助管理和综合服务职责所发挥的作用和总体功能。秘书以独特的工作内容在组织的管理工作中来促进组织工作顺利开展，辅助领导工作，提高领导工作效率和决策水平。因此，秘书职能的履行以秘书工作的有效开展为基础，以辅助、服务领导为指向。秘书职能宏观上包括秘书工作方向、秘书活动范围、秘书工作原则和秘书工作作用。

秘书职能与秘书实务和秘书业务有区别也有联系。秘书实务指秘书工作内容和方法，秘书业务指与专业性相联系的具体操作层面的技术问题。因此，秘书职能以秘书实务和秘书业务为基础，秘书实务以秘书职能为导向，秘书业务水平对秘书职能的发挥有决定意义。

二、秘书职能认定

秘书工作是因领导工作需要而存在的，是组织工作的一部分。要科学、准确地阐明秘书工作的职能，必须将秘书工作放在领导工作和组织工作领域来观察和认识，必须考察秘书工作的功能，不能孤立地就秘书工作谈秘书工作职能。

(一) 秘书工作在领导工作中的辅助功能

自从人类社会出现领导活动以后，秘书人员（秘书性人员）和秘书工作（秘书性工作）就随之产生了。秘书工作的产生并非偶然，而是统治阶级和领导群体为了满足工作运转的必然要求。它的历史使命要求它始终不渝地服从和服务于统治阶级和领导群体，始终围绕统治阶级和领导群体的需要，处于辅助地位，突出一个“辅”字。这种与生俱来的特定地位，要求秘书人员在处理解决任何问题的时候，都只能根据领导者的指示与需求去做，决不允许代替领导者作出决定。即使是秘书工作对某些问题提出了解决方案，但这些方案也只有经过领导机关权衡确定后，作为领导者的决定去执行，而不是作为秘书工作的决定去执行。必须强调指出，对于整个领导工作而言，决定权只能由领导群体或领导者个人行使，秘书工作机构或秘书人员只能站在辅助的位置上行使职能，既不能缺位，也不能错位，更不能越位。当然，强调秘书工作的辅助地位，并不是否认它的重要价值。在现代社会管理活动中，越是强调科学管理，越是讲究决策的科学化，就越需要强化秘书工作的辅助职能。无论是领导者还是秘书人员，都应当正视这一点。

(二) 秘书工作在组织工作中的枢纽功能

在任何具有一定规模的机关、团体或企事业单位内部，都设置综合职能部门和专门职能部门。其中综合职能部门（按机关规模、层次的不同，称办公厅或办公室等）也就是我们所说的秘书工作部门或中枢部门，即秘书机构，它最靠近领导，处于机关的心脏部位。它是整个机关工作能够正常运转的必要条件和组织保障。它所承担的各项任务正是秘书工作的基本内容。可以说，只有秘书工作井然有序，高质量、高效率地运转，才能够实现整个机关工作的各项职能，做到上情下达、下情上达、左右协调、步调统一，并带动专门职能部门同步运转。这种枢纽与核心地位，决定了秘书工作的重要作用。当然，在明确秘书工作枢纽与核心地位的前提下，也应认识到，秘书工作还承担着专门职能部门无法承担的大量琐碎的事务性工作，即人们通常所指的“不管部”的职能。因此，从辩证角度来看，秘书工作又处于为整个机关工作服务的地位。这种双重地位，使秘书工作对机关工作的影响既十分深刻，又相当广泛。

（三）秘书在组织中的服务和窗口功能

秘书机构工作内容广泛，被称为“不管部”，即职能部门职责以外的工作秘书全部参与或承担。在承担的这些工作中，大部分是服务性工作。秘书工作服务领域广泛。“三服务”的时代性解释应为，为领导服务、为各职能部门服务、为所有员工服务。秘书工作的服务使组织的工作顺利开展，使领导的工作提高效率，为决策工作提供铺垫。秘书工作窗口功能的发挥依赖于秘书服务功能的发挥。秘书工作必须发挥对内、对外的窗口作用，外单位的人员认识、评价组织往往从秘书人员、秘书机构开始。秘书又是对内树立形象的窗口，需要搭建起领导与下属的沟通桥梁。需要强调的是，秘书工作的窗口功能绝不只体现在秘书服务方面，秘书工作的辅助管理、辅助决策等工作内容亦时时体现秘书工作的窗口功能。

第二节　秘书工作职能的内容

秘书围绕领导工作的开展履行职能，秘书的职能一般包括两个大类：参谋智能辅助、办公事务辅助。

一、秘书参谋辅助职能及其实现

古今中外的秘书工作，尽管时代不同，国度各异，其工作方式和手段各具特色，但都有一个共同点，即根本职能是为直接领导机关和领导活动提供参谋服务。这种根本职能不是秘书人员争取或自封的，而是从领导机关设立秘书工作产生的那一天就赋予的，是人类社会发展的历史所确定的。

（一）秘书参谋职能是领导工作开展的必然要求

秘书工作的参谋职能，是在秘书工作运行过程中体现的。深入秘书工作内部进行分析，可以发现，秘书工作的参谋职能主要是辅助决策，即发挥智谋性的参谋职能。

纵观秘书工作产生与发展的历史可见，无论是奴隶制时代，还是封建帝制时代，国家统治者都挑选许多博学多才的秘书人员，俸职左右，以供己用，以备所需。这些人或记载统治者的言行，起草文书；或“总理收受天下文书，掌承天子助理万机”；或草拟对奏章的处理意见，由皇帝最后定夺；或秉承皇帝旨意，“掌书谕旨，综军国之要，以赞上治机务。常日值禁庭以待召见。”总之，他们是利用自身的才智，通过各种活动，充当着统治者的参谋和顾问的角色，辅助统治者实现对国家的统治。

现在，党和政府正在团结和带领广大人民群众，全面贯彻落实中共十八大精神，继续推进改革开放和现代化建设事业，加快全面建设小康社会的步伐。新的时代和艰巨的历史使命，不仅对领导者和领导工作活动提出了更高的要求，而且也需要秘书部门充分发挥自身优势，积极为领导提供有价值的建议，为领导决策提供辅助。现实要求我们建设好一支德才兼备、乐于奉献、聪明智慧的秘书队伍，积极行使参谋助手职能，为各级领导机关和领导者的工作活动提供直接的优质高效的服务，以确保领导决策的科学性、管理的高效化，使组织工作高质量、有序地开展。

(二) 秘书工作参谋职能的实现

秘书工作的参谋职能不是抽象存在的，而是包含在秘书工作具体的内容中、过程中，并通过大量具体的秘书工作来实现的。

第一，协助领导处理各种事务，在事务工作中实现参谋职能。

领导机关工作的正常运转，少不了要应对大量纷繁复杂的具体事务。秘书部门的一个重要职责，就是协助领导处理各种日常事务，保证领导机关与领导活动能够高效运转。事务性工作是任何机关都无法回避的。例如，公务往来或会议上使用的大量文稿需要有人撰写和处理；围绕召开各种会议需要大量的组织管理工作；工作中的许多问题要通过采集信息和调查研究才能解决；推进工作过程中有许多环节会出现矛盾，需要有人进行协调处理；还有办理接待和信访、接听电话、值班工作等，这些工作要耗用大量时间和精力，这些工作是秘书部门的基础性工作，也是秘书部门的最大量、最频繁的工作内容。秘书部门为领导者办好这些工作，就等于当好领导的“左右手”，就是对领导工作的最有效的服务，可以使领导人从烦琐的事务中解脱出来，集中精力和时间处理全局工作或研究解决重大政策性问题。事务工作需要讲究方法，讲究科学理论指导，秘书在从事事务性工作中，可以发挥主观能动性，实现参谋职能。事务工作为秘书人员的参谋职能实现提供了熟悉领导工作内容的条件，为秘书人员提供了获取信息的途径，为秘书人员提供了发现问题、解决问题的时机。因此，参谋职能以事务工作为基础。

第二，辅助领导制定正确的决策，实现智能性参谋职能。

改革开放以来，中央党政领导十分重视秘书部门的工作，提出了在做好日常各项事务性工作的基础上，要大力加强和发挥参谋作用的要求，多为领导工作出主意、想办法，加强信息调研和督察工作，为领导决策的科学化提供有效的服务。参谋职能不是抽象存在的，而是渗透在办理包括各类事务性工作的过程中的。特别是在调查研究、信息处理、公务督察、综合协调等工作过程中，秘书人员根据了解和掌握的有关情况，随时向领导提出工作建议，提供决策的参考信息和依据，或回答领导提出的有关问题，为领导机关的决策活动“出谋献策”。另外，秘书的辅助决策还体现在辅助领导对一项工作决策进行系统化的辅助，这一系统化的工作包括前期的信息调研、决策方案的制定、组织专家对决策方案的论证、方案实施中的跟进信息收集及改进方案一系列的工作。秘书人员必须了解领导的需求，熟悉系统决策的过程，掌握系统决策的步骤。

由此可见，秘书工作的参谋和助手职能，是就秘书工作的整体性能而言的，它渗透并体现在秘书人员为领导办文、办会、办事等大量、具体的工作过程中。离开实实在在的具体工作，秘书工作的参谋和助手职能也就自然成了泡影。正如薄一波同志在一篇文章中指出的那样：“各级办公厅（室）秘书工作人员要做好为领导服务的工作，归结到一点，就是要切切实实当好领导的参谋助手。这个参谋和助手不好当，讲空话不行，搞花架子不行，必须通过一件件具体的有成效的服务工作来实现。”

二、秘书办公事务辅助职能及其实现

秘书承担组织、领导的日常办公事务工作，这类工作是秘书工作的基础工作。秘书办公事务辅助概括起来包括办文、办会、办事、环境整理四方面的工作。

（一）秘书办公事务辅助职能是组织有序运行的需要

秘书办公事务辅助职能实际是领导管理工作的延伸。领导担任组织的管理工作，秘书的办公事务辅助职能是辅助领导管理的职能，我们可以把它叫作秘书的辅助管理职能。秘书这类职能的有效发挥能缩短领导管理的层级，缩窄领导管理的幅度，极大减轻领导的管理压力，推进领导管理的深入化、精细化。秘书办公事务辅助工作的特点有以下两方面：一是工作量大，这类工作从数量比例大约占秘书总体工作量的 2/3，从处理工作花费的时间看，占秘书工作时间的一半以上，这类工作如办文、办会等；二是琐碎、不系统、有突发性。秘书办公事务辅助所做的工作大多是“小事”，如印章管理、日程安排、用车安排、接待安排、接打电话等，事情虽不及辅助决策事情大，但影响却很大，不能轻视。言其不系统、有突发性是说，一个组织经常会有计划之外的事情，辅助处理这些事情的机构当然是秘书机构。这种工作的突发性频率在秘书机构比其他职能部门高得多，没有可供参考的数据，随机性很大，秘书人员须有随时做“灭火器”的准备。

（二）秘书办公事务辅助职能的实现

第一，办文职能的实现。秘书办文包括文书撰拟、文书处理、文书保管等程序。撰拟文书从语言方面讲要用语实用、简洁、庄重，这是文书特定的文体要求，因为文书是处理公务的工具，是管理的手段；从文章写作的角色定位看，文书撰写属于代言写作，要求了解代言者的情况，包括语言风格、目的、要求、组织实情等。从法规的角度讲，文书一经发布代表的是整个组织，因此文书作者代言的应该是组织，实际工作中领导采用民主集中的方法，将组织意愿集中，领导又是组织的法人代表，因此形式上讲文书撰写者代表的是领导；从写作文书的过程看，作者必须掌握写作要领，掌握文书体式、格式要求，做到文种使用规范，表达规范，格式规范等。文书处理工作包括收发文的处理两个环节，秘书人员必须掌握各环节的工作内容和工作要求。文书保管是文书结束了现行的功用后，将其保存用于备查考的工作，要求保存数量齐全，系统有序、安全。

第二，办会职能的实现。会议工作通常言办会，指做好会议的组织、安排、管理、服务工作。会议是实施领导的重要工具，是领导贯彻民主集中制，实现决策民主化、科学化的必要手段，是各级领导贯彻政策、布置任务、沟通信息、协调行动的有效方法。在办会工作中秘书人员必须熟悉会议要素，掌握会议程序，善于组织会议，善于会中服务。另外，除了组织的常规管理工作的会议，组织会召开一些招商会、展销会、联席会等会议。召开这些会议的目的不是出于管理工作的需要，而是为了宣传组织、联系朋友、推进合作。这就要求秘书人员除了有组织一般会议的能力外，还要有较高的策划能力，能够制作质量较高的会议方案。

第三，突发性工作的处理。所谓突发即不可预测的事件，也可指灾变性事件。这类事情往往是唯一的，对于秘书工作来说又是多样的，事前难以有合理的处理方案，要做到一预防、二沟通、三及时。做到平时防火、防电、防盗等，发生问题后要及时与领导及相关职能部门沟通，领导作出指示后要及时进行处理，以免耽误时机。

第四，秘书办公事务辅助要求秘书人员有耐心、有责任心加上细心。面对条理性差，繁杂、琐碎的日常办公事务工作，秘书人员只有具有耐心、责任心、细心才能出色完成。

思考练习题

1. 秘书参谋职能的实现途径有哪些？
2. 秘书如何实现办公事务辅助职能？

第四章

秘书工作的内容、性质、特点、规律

秘书工作有广义和狭义之分。广义的秘书工作，是指各级各类机关的秘书机构（广义）所做的全部工作，即办公室人员根据领导者综合辅助性服务的需要所承担的明确、规范和稳定的职责。狭义的秘书工作是指秘书机构（狭义）承担的，直接为领导提供辅助、服务的业务工作。

秘书工作的内容，受国家政权性质和社会发展水平的影响。社会的发展，特别是生产力的进步，必然引起秘书工作内容和工作方式的调整和变化。当代秘书工作内容与古代相比差别很大，即使与新中国成立之初相比，也有不少变化和调整。当然，由于机关级别和类型不同，秘书工作的内容也不尽相同。凡是级别层次高的机关，秘书工作内容广泛，分工细致，各项工作的专门化特点比较明显；而在基层单位，秘书工作任务繁重，但是人员编制少，分工不很细致，秘书人员具有“多面手”的特点。

本章将从广义和多层面的角度，将我国各级各类组织秘书工作的基本内容简介如下。

第一节　秘书工作的内容

秘书工作的主要内容归纳起来有以下几方面：第一类是事务性工作，包括处理信件、接听电话、收发公文、回复 E-mail、整理报纸杂志、收发传真、接待访客、安排上司约会、差旅安排等；第二类是管理性工作，包括办公室管理、财物收支、撰写公文、文书管理、会议操作、设备采购等；第三类是沟通支援性工作，包括客户服务、媒体应对、公关策划、对外应酬、其他领导临时交办的事项。概括起来：秘书工作可分为办文、办会、办事和“三服务”。按工作的工作主体又可分为秘书机构工作、秘书机构领导工作和秘书人员的工作。

一、秘书机构的基本工作

秘书机构在组织中处于承上启下的地位，是组织正常运转的枢纽，一般称之为办公厅、办公室，将其负责人称为秘书长或办公室主任。

秘书机构的工作任务分为两大部分：一是政务服务，是指办文、办会、文档管理、代拟文稿、综合协调等。二是事务服务，主要是大量的后勤服务保障工作。

言其是秘书机构的工作，是说这些工作由秘书机构承担，秘书机构的领导根据其内部分工和职责再安排相应的人员。第一类工作主要是辅助管理工作，第二类工作主要是服务性工作。明确秘书机构的工作，是秘书机构的设置、人员配备和分工管理的前提。由于秘书机构的特殊重要地位，决定了其工作影响面广，综合性强，关系重大，影响着一个组织工作的整体面貌。因此，加强秘书机构的科学管理，是组织管理工作的重要内容。

二、秘书机构负责人的工作

秘书机构负责人通常称为秘书长、办公室主任。秘书长和办公室主任兼有秘书工作领导人和秘书人员的双重身份。根据 1951 年中央人民政府批准颁发的《中央人民政府政务院关于各级政府秘书长和不设秘书长的办公厅主任的工作任务和秘书工作机构的决定》，各级政府机关的秘书长或办公厅主任主要承担以下任务：

第一，协助首长综合情况、研究政策、推行工作；

第二，协助首长密切各方面的工作关系；

第三，协助首长掌管机关内部的统一战线工作；

第四，协助首长掌管保密工作；

第五，掌管机要工作；

第六，主持日常行政事务（包括公文处理、会议组织、检查和督促政府决议的执行等事项）；

第七，掌管机关事务工作。

此外，秘书长还承担人民信访工作和业务刊物与统计报表管理工作。

秘书长和办公室主任的工作任务，可以归纳为“既要参与政务，又要掌管事务”两个方面。其中第一至五项工作是协助首长完成的，带有比较明显的参与政务性质；第六项、第七项工作则主要是掌管机关日常事务，具有明显的事务性特色。这些规定，虽然是针对我国秘书工作高层领导者和领导机构而言的，但是却为全国秘书部门应当承担的主要工作内容确定了基本格局，直到今天仍是各级、各类秘书机构负责人工作内容确定的重要依据。

改革开放后，党和政府对办公厅的重要作用给予了高度重视。1990 年 1 月，新任中共中央总书记江泽民在在全国各省、自治区、直辖市党委秘书长座谈会上发表重要讲话。他明确指出："办公厅处在承上启下的地位，在党的工作部门中具有特殊的地位和作用，它工作好不好对党位乃至全党的工作影响很大。办公厅至少有这样一些任务：一是为领导提供情况（供决策参考）；二是领导决策以后协助贯彻实施；三是对党委决策前后出现的一些矛盾协助领导进行协调，还要做好文件把关；四是承担处理领导机关的一些日常事务……由此可见，党委要实施领导，没有办公厅的服务是不行的。"他还强调："办公厅工作十分重要，党对办公厅工作有很高的要求"，指出"各级党委要用好办公厅，办公厅也要积极主动地发挥作用"，"各级党委要关心办公厅，办公厅也要继承和发扬自己的优良传统"，特别强调指出："如果一把手充分发挥秘书长的作用，信任他，放手让他工作，你就可以腾出手来抓更大的事。"

江泽民同志的重要讲话，高屋建瓴地指出了办公厅的重要地位与任务，对于如何加强党政秘书工作自身的建设，正确发挥秘书工作的职能作用指明了方向。

三、秘书人员工作的主要内容

（一）撰拟公文

撰拟公文，即根据领导人意图和领导班子的决定精神起草公文或在领导人主持、指导之下，起草领导讲话稿。

撰拟公文是秘书工作的传统职能。古代领导者使用秘书的一个主要原因，就是需要秘书协助处理文书事务。在纸张产生之前，公文曾经以甲骨、金属、竹木片、缣帛等为载体材料。尽管当时的公文较为简短和精简，但是制作公文也是一项专门业务，需要专人掌管。纸张大量流行以后，特别是随着封建统治者的政务活动日益频繁，各级政权机构的文书大量增加，文书处理的专业性越来越强，已非一般官员所能处理，因而产生了专门为领导者起草各种文书的翰林型秘书，并出现了专门办理文书的机构。现代社会，领导者的公务更加繁重，需要公文和领导发表讲话的场合几乎无所不在，这就使得撰写公文成了秘书的一项极其重要的日常工作。要知道，公文具有发布政令、传达意图、沟通情况、凭证记载等重要功能，撰拟公文是一项非常严肃的工作，要以高度的责任心对待。同时，起草领导讲话稿正是为领导当参谋、做助手的直接体现。秘书人员要从发文的必要性、合法性、真实性、可行性等诸多方面当好领导的参谋。

（二）办理公文

办理公文，简称办文，是围绕公文的形成、处理、管理所进行的全部工作。它反映了公文在机关内部处理的全过程。

办理公文是所有秘书工作的一项最经常、最大量的基础工作内容。由于机关的规模不同，层次各异，公文处理的分工情况有粗有细，但从公文处理工作的规律出发，大致都可分为发文处理和收文处理两类。发文过程包括拟制、核签、缮印、校核、发出、立卷、归档等主要环节；收文过程包括签收、分送、拟办、批办、承办、催办、注办、立卷、归档等主要环节。无论发文和收文，都要按照党和政府颁布的公文处理条例、法规和标准办理，分工合理、责任明确，确保公文处理过程的严谨、规范、优质、高效，为公文发挥应有的效能创造条件。

搞好公文处理工作，对于保证公文质量和提高办文效率，确保公务信息的流畅运转，更好地为领导工作服务具有极为重要的意义。

（三）办理会务

会议是一种重要的领导工作形式，是实行民主决策与科学管理的必要手段之一。办理会务，简称办会，即机关秘书工作或临时设立的会议秘书机构办理与会议有关的各类具体事务，宗旨就是为领导人开好会议作会前、会中和会后的各种综合辅助性服务。办会过程主要应当做好以下几个方面的工作：一是议题的协调与安排，即与各方面协调联系，把应拿到会上讨论决定的事项预先收集形成文件形式，再将其中已立题的成熟文件交给主管领导，决定是否提交会议讨论；二是会议的统筹安排，即从总体上安排好会议的各个方面事宜，如会议时间、地点、议程，参加人员，会场布置，设备准备，会议人员编组等；三是会议文件材料的印发、传递、清退、立卷、归档等；四是会议期间的各项服务；五是会议善后工作，如整理会议记录、编写简报和会议纪要、督促检查会议决策的落实等。

会议只是解决问题、推进工作的一种手段，而不是目的，不能为了开会而开会。因此，秘书工作要辅助领导，切实加强会议的科学管理，注重改进会风，提高会议质量与效率，精简不必要的会议，要真正让领导者和机关干部从高耗低效的“会海”中解脱出来，多深入基层，解决实际问题。

（四）调查研究

调查研究即围绕中心工作，针对当前领导关心和急需解决的有关问题，调查了解有关情况，并分析研究，写出调查报告交给领导机关或领导人。这是发挥秘书工作参谋、助手职能，直接为领导决策服务的一项重要工作。

概括而言，每搞一项调查研究，都应注意做好三个阶段的工作，即调查准备、调查实施和调查总结收尾。准备阶段要根据领导工作的需求确定调查题目，拟制提纲；实施阶段要注意选准调查对象，采用多种方式，广泛搜集、认真整理、深入研究调查；总结首尾阶段就是对调查研究工作进行整体分析，在第二阶段工作的基础上，写出调查报告。要保证调查研究的质量，必须讲究科学的态度，即运用马克思主义的立场、观点和方法，尊重人民群众，坚持实事求是，重视收集第一手资料，力戒主观和片面地看问题。

（五）信息工作

秘书信息工作，就是按照党政领导机关工作的要求，采集与处理信息，为领导决策和实施决策而服务的一项工作。领导者和领导机关所需要的信息十分广泛，概括来说，凡是领导工作中需要掌握的各种动态、情况以及实际工作领域带有苗头性、倾向性的问题，都需要收集并及时反馈给领导部门。这些信息对各级领导机关作出科学决策具有重要参考价值，是科学决策的基础。开展信息工作应具备必要条件。首先要建立和健全信息网络，这是搞好信息工作的基础；其次要建立一支德才兼备、思路开阔、反应敏捷、文笔过硬、有较强的观察和分析问题能力的信息员队伍；最后要实现信息工作手段的现代化，以便快速传递和处理信息。开展信息工作应确保信息的收集、加工、存储、输出、反馈等基本环节的工作质量。

（六）督察工作

这是领导授权的为推动决策落实而服务的一项工作。督察的实质，是通过了解执行者对领导决策的执行办理情况，反馈给领导者，再由领导者根据反馈信息采取对应措施，引导执行者去实现决策目标。这项工作是针对领导机关长期以来存在的下达决策多，检查落实少，或只有决策没有检查，致使党的方针政策落不到实处等问题而采取的一个重要举措。督察工作的主要内容可以分为三个方面，即对党的路线、方针、政策和党政机关工作部署落实情况的督促检查；对领导人批办件承办情况的督促检查；对文件和会议事项的督促办理。督察工作的具体做法主要有催办检查、实地调研、日常查办、综合反馈等形式，这些具体方法归结到一点，就是“向下了解情况，向上反映情况”，这是督察工作的最基本的方式。

（七）协调工作

协调工作即在领导授权的范围内，同协调对象进行协商、沟通情况、统一认识、消除分歧、解决矛盾，促进领导工作及其他各方面工作和谐、有序地运转，最终实现领导工作的预定目标。对秘书工作而言，协调工作的任务相当艰巨，可谓无时不有，无处不在，哪里有矛盾，就要到哪里协调，协调工作的内容极为广泛。从协调对象划分，有对上的协调（即对领导者之间和领导机关之间的协调）；有对下的协调；有同级之间的协调；有上下级双方的协调；有同属部门的协调；有业务工作的协调；等等。其中最常见的是业务工作的协调，例如会议协调、公文协调、公务活动协调、事项协调等。总之，凡是与领导决策和指导工作有关事项的协调，均属于秘书工作的业务范围。开展协调工作时，可以利用的方式有电话协调、送文上门协调、登门拜访协调、请人进门协调、召开会议协调等。秘书人员应努力做好协调工作，净化领导者的工作环境，为领导做出科学的决策并贯彻实施决策而“铺路”、“搭桥”。

（八）信访工作

信访工作是处理人民来信和接待人民来访工作的总称，是各级党政机关、企事业单位、社会团体的秘书工作的一项经常性的重要工作。收到人民来信，要及时拆封，认真阅读，搞好摘记，准确交办，按“分级负责，归口办理”的原则妥善处理或转交有关部门办理。有人民来访时，要热情接待，认真听记，恰当处理。一系列的历史和现实经验都证明，做好信访工作有助于沟通领导机关与人民群众的联系，获得大量反馈信息，体察民情，广开言路，接受人民群众的批评监督，了解国家各方面工作的成败得失，进一步把各项事业办好，把各方面工作做好。

（九）公务接洽

就是办理领导机关、平行单位、下级组织与本机关联系公务事宜的接洽工作。这是党政机关、企事业单位、社会团体均不可缺少的一项工作，是作为机关“窗口”的秘书工作经常性的重要工作内容。公务接洽的质量如何，对于树立机关的形象、提高机关工作质量和效率、辅助机关领导处理日常工作具有很大影响。公务接洽工作的内容广泛，头绪纷繁，归纳而言主要是：承办处理各机关单位直接派人或通过电报、电话形式来本机关商洽或联系的公文事宜，包括协助联络公务，安排领导人接见，答复询问，落实承办单位，解决来访者食宿、交通等事项。为确保公务接洽顺利进行，秘书人员应忠于职守、认真执行交接班制度和请示报告制度，做好值班日记和电话记录；同时要熟悉领导者情况，与有关部门保持密切联系；此外，还应掌握“迎来送往”的常规，善于处理人际关系。

以上所述，仅是这些工作的梗概。此外，管理日常事务、机要保密、文书立卷与归档、领导公务活动安排、领导临时交办事项等，也都属于秘书工作范畴，都应当以认真负责的态度保证质量、切实完成好，因篇幅所限，不再一一叙述。

第二节 秘书工作的性质和特点

关于秘书工作的性质，学术界有多种说法，例如：政治性、机要性、事务性、辅助性、服务性、综合性、从属性、智能性、随机性、全面性、突击性、中介性等。早期学者王千弓对秘书工作性质的看法是：被动性与主动性的统一；事务性与思想性的统一；机要性与群众性的统一；经常性与突击性的统一；综合性与专业性的统一。常崇宜认为秘书工作的性质为：智力与非智力性；同领导的高度一致性；工作内容的广泛性。事物的性质分为本质属性和其他性质。本质属性即事物本身所固有的性质，是物质必然的、基本的、不可分离的特性，又是事物某个方面质的表现。秘书工作的本质属性是秘书工作区别于其他部门工作的特殊之点。秘书工作可以分为本质属性和其他性质两类。

一、秘书工作的本质属性——辅助性

确定秘书工作的本质属性要从秘书工作产生的源头、根源考究，要结合领导活动的开展及领导活动对秘书的需求考察，并依据相关理论确定秘书工作的本质属性应为辅助性。秘书工作与其他工作的本质区别，在于它从属于一定的领导机关或领导者，并为领导工作提供综合辅助性服务。为了简便起见可表述为：综合辅助性服务是秘书工作的本质属性。无论是党政机关、社会团体或企事业单位，还是社会名流，谁设立秘书，秘书工作就为谁提供综合辅助性服务，古今中外，概莫能外。

（一）秘书工作本质属性确定的依据

将综合辅助性确定为秘书工作的本质属性理由有三：

首先，看服务的含义。按照《现代汉语词典》解释：服务是“为集体（或别人）利益或为某种事业而工作”。秘书工作正是这样一种工作，其天职就是为领导工作服务。它没有丝毫自身利益，完全彻底地为领导工作的需要而存在，古今中外都一样。

其次，看服务的性质。秘书工作为领导工作提供的服务，既不同于机关其他部门，更不同于一般服务行业，而是带有突出的综合辅助性质。体现在：第一，秘书工作的内容广泛。起草文稿，提供信息，调查研究，公务督察等，其他业务部门职责范围之外的所有事务，都属于秘书部门职责，是名副其实的“不管部”。第二，秘书服务领域广泛。既要为

上级领导和本单位领导服务，还要为各职能部门、下属单位及广大群众服务。而且机关层次越高，活动领域越广泛，综合性特征就越明显。第三，秘书部门是信息“加工厂”。要对来自机关内外大量信息进行分析、归纳、概括、综合，为领导机关总揽全局、科学管理和正确决策提供各类宝贵资料。

最后，看综合辅助性服务对秘书工作的决定性影响。

回顾历史不难发现，秘书工作是人类社会发展到一定阶段的产物。社会组织对于综合辅助性服务的客观需要，呼唤了秘书工作的产生。这种需要是社会不断发展的必然要求，不以人们的意志为转移。

当氏族部落联盟发展到昌盛时期，秘书工作应运而生。此后秘书工作就担当了为领导者提供综合辅助性服务的职能，并一直发展至今。

在奴隶制时代，神权统治大行其道时，“巫”和“史”通过占卜方式辅助国王进行决策与管理。到了封建社会时期，秘书人员直接为封建帝王草拟文书、处理奏章，参议朝政，是提供综合辅助性服务的主要群体。

随着社会的发展进步，秘书人员成了领导机关内部事务的“管家”、“秀才”和“笔杆子”。在当今的信息社会，领导工作内容和方式不断更新并逐渐复杂，领导者在处理各类事务的过程中，对辅助决策和管理的要求逐渐提高。秘书人员更成为领导者和领导机关实现领导职能的不可缺少的辅助力量，是领导者智力和体力的延伸，是提高领导工作质量和效率的助推器。

总之，由于领导工作需要综合辅助性服务，秘书工作恰恰满足和适应了这种需要才能够发展至今。假如秘书部门或秘书人员担不起综合辅助性服务的重任，它就失去了存在的价值；一旦秘书部门在辅助服务的过程中越俎代庖，也就丧失了原本的意义，其命运便可想而知。可见，综合辅助性服务是秘书工作产生和不断发展的决定性因素。

（二）秘书工作本质属性的表现

秘书工作本质属性——辅助性表现在：第一，所有秘书工作都要围绕领导工作展开。领导工作涉及哪里，它的工作范围就要扩大或延伸那里；第二，秘书能与领导共同研究问题，能提出各种解决问题的方案，但只有发言权而无表决权，更无决定权；第三，秘书人员在处理任何问题时，一般只能根据领导的意图和指示的精神办理，不能超越职权范围自作主张，自行其是；第四，随着社会的发展进步，秘书人员辅助内容不断变化。

（三）综合辅助性服务的突出特点

第一，贴近领导核心。秘书人员不是领导，但是他们最贴近领导核心；秘书工作不是领导工作，但是却最直接地为领导工作服务。秘书人员始终要围绕领导工作这个核心开展工作，任何时候都不能游离这个核心。这一特征是机关内部其他人员和其他部门不具备的。第二，参谋而不决断。秘书人员要站在领导角度考虑和处理问题，要有强烈的超前意识，想领导之所想和所未想，急领导之所急和所未急，发挥聪明才智，多为领导工作出谋献策。但是，秘书工作与领导工作界限分明。秘书具有参谋职能，领导行使决断权力。秘书人员必须站在辅助的位置上履行职责，只能参谋，不能决断。第三，辅助而不擅权。秘书人员的基本职能是当好领导的参谋和助手，没有属于领导要求之外的特殊职责。他们须臾不离地周旋于领导者身边，为他们服务；又置身于领导者和被领导者、上级和下级、这个组织与那个组织之间，遵照领导意图和授权工作。他们的一切工作都旨在辅助领导权力的运行，而无从凭借手中的权力去工作。越位和擅权向来为秘书工作之大忌。

二、秘书工作的其他性质

秘书工作除了具有辅助性这一本质属性外，还具有一般特征，即由本质特征所决定的为各类秘书工作所共有的性质。我们认为，秘书工作具有很强的政治性、典型的从属性和明显的事务综合性等一般性质。

（一）政治性

秘书一词，本身就含有秘密的意思，与政治密切相关。秘书部门紧靠权力中心，处于机关的核心要害部位，是机密中心。特别是重要领导机关的秘书人员，直接掌握很多机密，常有很多人围着他们打听消息。他们的言行举止对领导工作具有重大影响，甚至直接关系党和国家利益的安全。因此，秘书人员要有高度的政治警惕性，严格遵守保密纪律。

秘书工作的政治性，可以从几个方面说明：

从工作对象和目标来说，在阶级社会中，秘书工作总要为实现国家政权的政治目标服务。如今，秘书工作要为贯彻执行党和国家的路线、方针、政策服务，为实现党领导全国人民全面建设小康社会的宏伟目标服务。这是秘书工作承担的光荣政治使命。

从工作内容上说，秘书工作主要是为领导决策和决策的执行服务。拟写文件，要有极强的政治观念，确保在政治方向、政治立场、政治观点上的正确性，切实发挥文件的政治指导功能；调查研究、辅助决策、综合协调、政务督察、处理信访等各项工作，都围绕机关政务活动展开，都需要具备强烈的政治责任感，必须从政治角度考虑问题。

秘书工作的政治性根源于秘书工作不是纯粹的业务技术工作，是体现、执行、贯彻领导意图的工作。表现在其特殊的地位，中央办公厅曾指出，秘书岗位有“三个特殊”：工作岗位特殊：领导近身人员，是领导中枢的辅助部分，处在影响全局的特殊位置；工作任务特殊：领导的助手和参谋，虽然没有决策权，但要参与决策过程；工作影响特殊：秘书部门是承上启下、沟通左右的枢纽，是领导机关的门面和窗口。

总之，在阶级社会和人类进入信息时代后，窃密与反窃密的斗争将比以往任何时候都更加激烈、复杂。斗争实质上是政党之间、国家之间、军队之间、经济部门之间进行政治斗争的重要表现。正因为如此，领导机关在选拔和任用秘书人员时都非常慎重，要求政治上绝对忠诚可靠，坚定不移地与党中央在政治上、思想上保持高度的一致性，始终如一地贯彻执行党的方针、政策。秘书人员要保持清醒的政治头脑，时刻牢记秘书工作极强的政治机要性特点和直接所肩负的重要政治使命。

（二）从属性

从属性是由秘书工作的特定职能地位及其与领导工作的关系决定的，这是秘书工作一般特征中最典型的一点。秘书部门和秘书人员只能从属于领导者和领导机关。

认识秘书工作的从属性特征，应当着重把握以下几点：

第一，从秘书工作产生与发展历史来看，自从秘书工作产生之日起，就一直从属于一个统治集团、一个社会组织、一个领导群体或一个领导人，其服务对象始终是领导者和领导活动。没有领导者，就不可能有秘书；有秘书的地方，必然有领导者；是领导需要产生了秘书，而不是有了秘书再去安排和录用领导。因此，秘书从属于领导，秘书工作服从领导工作需要，是秘书活动的基本规则。

第二，从秘书与领导关系的本质来看，领导居于权力的核心，是权力的主体与主宰，因而处于主导地位；秘书居于权力的边缘，是权力的从体和助手，并非真正掌握权力，因而处于从属地位。一旦秘书人员产生了权力欲，必将引发秘书与领导关系的震荡和失衡。

第三，从秘书工作的地位来看，它历来不能脱离领导工作需要而独立存在，总是设立在机关内部，处于领导者和领导机关周围，根据领导工作的需要开展工作，决不能代替领导做出决定或做出与领导意图相悖的工作。

上述内容，说明领导工作与秘书工作是主从关系，秘书工作具有典型的从属性特征。秘书人员要认清角色，找准位置，自觉服从和服务于领导工作。

（三）综合性

秘书部门是综合部门，源于领导工作的全面性。第一，工作内容广泛，是“不管部”。第二，服务领域广泛，强调“三服务”：为领导服务、为各职能部门服务、为所有员工服务。第三，秘书机构是信息“加工厂”。要对来自机关内外大量信息进行分析、归纳、概括、综合，为领导机关总揽全局、科学管理和正确决策，提供各类宝贵资料。秘书部门是各级领导的办事机构，为领导者办事是秘书工作的基础职能。这就使秘书工作带有明显的事务性特征。

秘书工作的综合事务性工作都是围绕领导活动展开的。例如：有大量的日常程序性工作，收发文件，文字处理，接待来访，会议服务等，即属于此类工作；大量的突发性、非程序性的工作随机出现，秘书人员毫无准备；领导交办的临时性工作；其他部门不管的事务；等等。这些事项看起来是小事，但是常常与许多重要工作相联系，弄不好就可能造成很大影响，甚至给全局工作带来难以挽回的损失。这是因为，综合事务性工作经常与领导政务紧密相连，不能有丝毫松懈怠慢，正所谓“秘书工作无小事，小事要当大事办”。秘书人员要从做好具体工作入手，培养勤奋、踏实、严谨、细致的工作作风，努力提高办事效率。

三、秘书工作的特点

性质是事物的本质，是内涵概念；特点指人或事物所具有的独特的地方，事物特点即事物的表征、标志等，性质与特点是不同概念。秘书工作的性质是对秘书进行高度概括后得出的抽象观点，秘书工作的特点是秘书工作表现出的外在特性，特点在个案秘书工作中能体现出来。秘书工作的特点有：

（1）角色多重性。秘书的基本角色是辅助管理者，是领导的近身助手，是配角。但是在特定的时间、地点和场合，秘书又可以由配角转化为主角，由被动转化为主动，发挥主观能动性。当然，这不意味着秘书可以反客为主，自以为是，而必须深刻认识秘书的角色内涵，摆正自身位置，恪守职场规则，扮演好自己的职业角色。秘书的职业角色具有多样性，这是由秘书职责的多样性决定的。秘书应当具有角色转换的四位方式，从实际需要出发，自觉地转换好不断变化的角色，更好地发挥角色职能，胜任秘书工作。秘书应集以下角色于一身：第一，助手角色。秘书工作的性质，决定了秘书首先是组织或领导的助手，承上启下，沟通左右，衔接内外，履行各方，起着不可或缺的纽带作用。第二，写手角色。写作是秘书工作的一项极其重要的内容。写作能力也往往被视为秘书的看家本领，写作各类讲话稿，草拟各种文书甚至撰写新闻稿件，都是秘书的“家常便饭”。第三，公关角色。秘书在组织中扮演着重要的公共关系职业者的角色。秘书形象不仅仅代表其个人，还代表领导的形象和整个组织的形象，工作中应该努力为本组织广结良缘，以形成有利于组织发展的广泛社会关系的网络和环境。

（2）职能活动中介性。所谓“中介性”，是指一事物的运动全过程都介于其他两种事物之间，它的发生、发展都受到其他两种事物的制约。秘书活动本质的中介性的基本含义是指秘书活动主体处于中介地位，在“线性”管理体系中，秘书机构始终处于“领导集团”、“下属单位”之间；秘书人员始终处在决策者、执行者之间；在横向协作关系中，秘书机构始终处于所有“职能部门”的枢纽地位；秘书人员始终充当所有职场人员的“联络员”的角色。

（3）作息边界模糊性。这里的作是工作时间，息是休息时间，又包括时间点和时间度两层含义。秘书工作的作息边界模糊性包括显性的模糊和隐形的模糊两种情况。显性的作息时间模糊体现为，秘书对节假日，难以正常地享有；秘书不能按照组织的正常上下班点上下班。另外，秘书的隐性加班较为普遍。例如信息收集的常规化，文章撰写的突击化，对这些工作秘书人员往往在非组织内的工作场所进行，具有隐性特点。

（4）工作绩效潜隐性。秘书的工作开展是以领导工作为中心的，秘书的大部分工作是为领导服务的，秘书的工作又是为其他部门、人员服务的。秘书的工作绩效包含在领导的工作绩效中，包含在职能部门的绩效当中，包含在组织员工的绩效当中。然而，很难以数据、文字衡量秘书在这些绩效中的作用，这就造成了秘书工作绩效的潜隐性。

四、秘书工作性质、特点的意义

认识秘书工作的性质、特点，不只是出于秘书学研究的需要，对于秘书人员树立角色意识来说，具有重要的启迪意义。

（1）要有服从意识。由于领导工作与秘书工作是主辅关系，秘书人员就要充分认清职业角色，自觉服从领导指挥，围绕领导工作的目标和要求，调节秘书部门的行为。不能因为有了贴近领导的特殊地位，就以为具有了领导职权，甚至以“二首长”自居，不愿服从领导指示。从工作关系和职能地位上讲，秘书就是秘书，领导就是领导，秘书必须服从领导，要一心一意地为领导工作、服务。

（2）要有全局意识。由于领导工作直接涉及全局利益，秘书人员就必须具有全局意识，要站在领导工作的角度观察和思考问题，胸中装着“一盘棋”。特别是在从事某一项专门工作或解决某一个具体问题时，更要从有利于全局发展的眼光看问题、提建议、定预案，注意此项工作给全局带来的影响。立足具体工作，时刻从全局着想，才能适应领导工作的需要。

（3）要有创新意识。在科学技术突飞猛进和知识经济迅速兴起的21世纪，领导决策逐渐由经验决策转变为科学决策，秘书人员必须提高参谋水平。参谋的基本内容，就是要在新形势、新任务面前，为领导出新主意，想新办法，不能用陈旧的思维方式和工作方式去面对日新月异的客观世界。为此，在实践中要大力倡导创新意识，提高创新能力，以创新作为开展“三服务”的不竭动力。

（4）要有奉献意识。秘书人员把工作中的大量时间和精力用在了“幕后”——为处于“台前”的领导人的工作活动作准备。然而，他们却很少得到夸奖。比如，历尽艰辛调查研究，成果却反映在领导拍板决策的方案里；通宵达旦撰写文稿，赞许的掌声全送给了领导等。殊不知，这正是秘书工作的可贵与崇高之处。它自产生之日起就注定成了“为人做嫁衣”的工作。因此，秘书人员要增强奉献意识，甘当无名英雄。要知道，领导工作的成就，本身就包含着秘书工作的成就，领导报告赢得的掌声，就是对秘书人员的最高奖赏。

（5）要有学习意识。秘书工作的综合辅助性特点，要求由高素质的秘书人员来承担。秘书人员要有强烈的学习、进取意识，努力学习秘书专业知识和相应的专门知识，学习领导科学、管理科学、决策科学、信息科学，具备比较广博的知识，特别是要学习和掌握现代化条件下的秘书工作技能。要树立终身学习的观念，不断提高自身素质，努力使自己成为适应领导工作需要的“T”字形人才。

（6）要有独立的人格意识。秘书人员必须按照领导意图办事，这是由秘书工作从属性特点决定的，但这不是对秘书人员独立人格的制约。秘书人员必须处理好工作的从属性与人格独立性的关系。工作中既要按照领导意图行事，又要保持独立的人格。有些秘书人员明知领导者在利用职务之便，侵吞国家财产和人民利益，严重损害党的形象，却睁只眼闭只眼，甚至助纣为虐，最终与领导者一起滑向犯罪的泥潭。这样的结果，虽然不能排除领导者的责任，但是与这些秘书丧失独立人格不无关系。秘书人员在任何时候都不能丧失独立的人格意识。

（7）要有贯彻领导意图的意识。领导工作的内容，就是秘书人员辅助服务的工作内容。领导工作的纷繁复杂，造成了秘书工作的千头万绪，大量工作需要秘书部门协调、承办和推动运转，但是，渗透在一系列工作活动中的最核心的内容是贯彻领导意图。要知道，领导意图是秘书人员思维的基点，是秘书工作的直接依据。离开领导意图，秘书工作就要迷失方向和目标。所以，秘书人员必须有贯彻领导意图的意识，不仅要领会领导意图，还要善于补充完善和创造性地贯彻领导意图。

此外，效率意识、信息意识、保密意识、法制意识等，都是做好秘书工作所不可缺少的角色意识，于此不必赘述。

第三节　秘书工作的规律

辩证唯物主义认为，规律是事物发展过程中本身所固有的本质的必然的稳定的联系。毛泽东指出，不论做什么事，不懂得那件事的情形，它的性质，它和它以外的事情的关联，就不知道那件事的规律，就不知道如何去做，就不能做好那件事。由此看来，认识并掌握客观事物的规律，对于做好一项工作是极为重要的。那么，要高质量地完成秘书工作各项任务，就必须正确揭示和深刻认识秘书工作的普遍规律和特殊规律。这也是秘书学的一个重要的基本理论问题。

一、秘书工作的普遍规律

(一) 秘书工作普遍规律的确认

在一切秘书工作实践中，领导者对综合辅助性服务的需求，与秘书人员提供综合辅助性服务的水平之间的矛盾，是秘书工作的基本矛盾。这一矛盾反映了秘书职能活动中服务与被服务双方之间所固有的、本质的、内在的、稳定的联系，贯穿于秘书工作发展过程的始终，决定了秘书工作的性质和宗旨。

在秘书工作的基本矛盾运动中，秘书人员的服务水平与领导者的服务需求之间，经常呈现“不适应—基本适应—再不适应—再基本适应”这样一个循环往复的运动轨迹。但是，每一次循环都使秘书工作水平得到了新的提高，推动秘书工作向前发展，并为领导工作开拓新局面提供了更加有利的条件。这个矛盾运行的基本轨迹，正是秘书工作规律持续发挥作用的直接结果。

无论秘书工作的环境、条件、体制、手段、方式以及具体的工作内容发生怎样的变化，秘书人员的服务水平必须与领导工作的需求相适应，这一本质要求永远不会改变。它实质上是一切秘书工作中不以人的意志为转移的，具有普遍意义的基本规律，也可称为秘书工作的普遍规律。

这个规律可以简单地表述为：秘书人员的综合辅助性服务水平，必须适应领导工作的需求，是秘书工作的基本规律，即普遍规律。

(二) 秘书工作普遍规律的内在含义

(1) 领导工作对综合辅助性服务的需求，是秘书工作赖以存在的客观基础。

按照辩证唯物论的学说，秘书人员的综合辅助性服务与领导者对综合辅助性服务的需求之间，实际上就是一种供求关系的矛盾。领导工作的“需求”始终处于支配和主导地位，是矛盾的主要方面，秘书人员的“供给”处于矛盾的服从和次要地位，是矛盾的次要方面。领导工作的“需求”是秘书人员的“供给”，即秘书工作赖以存在的客观基础。因此，秘书人员必须尽一切力量，适应领导工作的需求，否则就失去了存在的意义。

(2) 秘书工作是高质量的综合辅助性服务，是领导工作正常开展的必要条件。

领导工作对综合辅助性服务的需求是一个特定的概念。这种需求严格限定在公务活动范围之内，主要是指领导者在实施领导行为过程中，需要秘书人员辅助完成的那些公共事务。这是完全正当、合理和必不可少的公务需求；而不是领导者在公务范围之外，随意提出的满足私人或私欲的需求。在社会化大生产的历史环境中，在充满激烈竞争的市场经济形势下，领导工作的领域不断拓展，面临的矛盾和问题逐渐呈复杂化趋势。这无疑给每一个领导者实施正确领导提出了更高要求。高质量的综合辅助性服务，是领导工作正常开展的必要条件。

（3）不断满足领导工作对综合辅助性服务的需求，是改进秘书工作的根本动力。

领导机关设立秘书部门的根本目的，是出于领导工作对综合辅助性服务的客观需求。由于这种需求具有不断强化的趋势，必然向秘书部门的服务水平提出高标准和严要求，这必定推动秘书工作向新的水平迈进。站在秘书工作角度来说，在满足领导工作需求的过程中，会获得有关自身工作的大量反馈信息，找到影响服务水平的症结所在。所以，不断满足领导工作需求，是改进秘书工作的根本动力。

（4）领导者对综合辅助性服务的满意程度，是检验秘书工作水平的主要标志。

领导者对综合辅助性服务的需求，是客观存在的。这种需求的期望值“没有最好，只有更好”。从秘书工作的价值来看，一切活动旨在保证领导职能的正常行使；其所有成绩都包含在领导工作当中，而不能记在秘书的功劳簿上。成绩大小不由秘书说了算，而取决于领导对秘书人员提供服务的满意程度。领导者越满意，领导工作绩效越明显，秘书工作的价值就越大。

揭示秘书工作普遍规律的根本目的，是深刻认识领导工作和秘书工作的密切联系。秘书人员要在深刻认识这一普遍规律的基础上，正视秘书工作的服务水平与领导工作的服务需求之间的矛盾，明确秘书工作的重要价值，努力实现“供给”与“需求”相适应，自觉地投入到为领导工作提供优质服务的无上光荣的事业之中。

二、秘书工作的特殊规律

秘书工作的特殊规律是指在秘书工作具体业务中呈现的规律，实际上是秘书工作普遍规律的具体表现。掌握秘书工作的特殊规律，有助于完成秘书工作的具体任务。

（一）秘书参谋活动的规律性

秘书的参谋活动，以出谋献策为手段，以辅助领导决策为目的。秘书部门在行使参谋职能时，应当注意以下一些规律性认识：

（1）秘书参谋职能寓于为领导办事的过程中，必须与完成秘书工作的具体任务紧密结合。

（2）秘书参谋方向必须服从和服务于领导决策需要，与决策目标保持同一性。

（3）秘书参谋内容必须与领导决策需求相一致，围绕领导工作的中心内容开展参谋活动。

(4) 秘书参谋方法必须与领导决策特征相适应，以便提高参谋质量与效率。

“谋而不断”是秘书参谋活动的根本准则，要切记秘书人员的本分，不要越俎代庖。

(二) 办公室日常运转的规律性

办公室是领导者和领导群体的办事机构，是秘书工作的主要场所，属于机关工作的综合职能部门，处于中枢地位。办公室的工作既有随机性、灵活性的一面，又有程序性、稳定性的一面。在日常运转工作中，以下一些规律性认识值得重视：

(1) 办公室的头等大事，是辅助领导完成中心工作。不能让中心工作淹没在日常事务性工作之中。

(2) 办公室日常工作的运转，要增强质量和效率意识。这是提高领导工作质量和效率的重要突破口。

(3) 办公室日常工作，力戒文牍主义和事务主义，要有利于领导工作的有效运转。

(4) 优化办公室环境氛围，增强办公室的凝聚力和向心力，是保证秘书工作优质高效运转的重要因素。

(三) 秘书写作活动的规律性

秘书写作，是秘书人员的一项经常性工作，体现了秘书人员“以文辅政”、发挥参谋和助手作用的重要职能。在秘书写作实践中，经过人们逐渐总结和摸索，形成了以下一些规律性的认识：

(1) 秘书人员的知识、能力、素质水平，要与“以文辅政”的职能相适应。

(2) 秘书人员的思想观点，要与领导者的思想意图相统一。

(3) 秘书写作的内容，要与领导工作的要求相合拍。

(4) 秘书起草文稿的风格，要与领导者风格、个性相协调。

(5) 秘书起草文稿的表达，要与领导立意相吻合。

秘书写作是“受领导之命，代机关立言”的公务行为。因此，写作行为和文稿质量，必须以符合领导工作需求为宗旨。高质量的公文文稿，对于推动领导工作，实现领导职能起着举足轻重的作用。

此外，在秘书调研、公务督察、综合协调、会议服务、信息服务、信访接待等秘书专项活动中，也包含着各自的规律性。秘书人员要透过纷繁复杂的工作内容，不断探索、揭示和掌握秘书工作的内在规律，并自觉用于指导实践活动。唯其如此，才能从秘书工作的“必然王国”进入到“自由王国”，在多姿多彩的秘书工作领域中，自由翱翔，纵横驰骋，实现秘书人员的价值。

思考练习题

1. 秘书人员工作的主要内容有哪些？
2. 如何理解秘书工作的本质属性是辅助性？
3. 秘书工作有哪些特点？
4. 秘书工作普遍规律的内在含义是什么？

第五章

秘书工作的指导思想和基本原则

在全面建设小康社会和推进现代化建设事业的历史进程中，各项工作都要以马列主义、毛泽东思想、邓小平理论和“三个代表”重要思想为根本指导思想。同时，各行各业还需要确定具有行业特色的指导思想。认识秘书工作的指导思想，首先要了解秘书工作的原则和要求。秘书工作的指导思想与基本原则，是在总结实践经验，加强自身建设过程中逐步形成的，对推动秘书工作的改革与发展发挥了重要作用。

第一节　秘书工作的指导思想

一、“三服务”指导思想的确立

中共十一届三中全会之后，党和国家工作的重心转向改革开放和社会主义现代化建设上来。在全面推进经济体制改革的同时，政治体制改革也提到了全党工作的重要地位。遵循精简效能原则，提高科学管理水平，强化主动服务职能，增强信息处理意识，改进机关作风等一系列新的思想观念和改革举措，带来了党政机关及其他社会组织在领导体制、组织形式、工作方式等方面的深刻变化。作为综合辅助领导工作的秘书部门，受到改革大潮的洗礼，在如何适应形势发展要求，如何发挥参谋助手作用，如何提高工作效率等许多重大问题上，在原有基础上迈开了改革发展的步伐。

秘书工作的改革与发展，不仅体现在对业务工作领域提出了新的更高的要求，更重要的是，在指导思想层面实现了新的跨越，其重要标志就是1985年1月，在中共中央办公厅召开的全国秘书长、办公厅主任座谈会（简称“85·1”座谈会）上，确立了新时期秘书工作的指导思想和具有重大实践意义的改革方针。

在“85·1”座谈会上，时任中共中央办公厅主任的王兆国同志，明确指出：中央办公厅的指导思想是围绕党的总目标、总任务，做好“三服务”，即为中央服务，为中央各部门和各省、自治区、直辖市服务，为人民服务。其中直接的主要的是为党中央领导工作服务。这里讲的是中央办公厅工作的指导思想。但是，这个思想很快被全国各级各类办公厅和秘书部门所接受。

由于各级各类办公厅和秘书部门的具体地位与任务不同，对秘书工作指导思想的理解和提法，可以结合实际情况适当变通。

根据我国秘书工作的实践经验，在不违背“85·1”座谈会根本精神的前提下，我们把秘书工作的指导思想表述为：围绕党的总目标、总任务，做好“三服务”，一是为领导、领导机关服务；二是为与本机关相关的各个部门机关服务；三是为人民群众服务。为了简便起见，可以称之为“三服务”的指导思想。目前，秘书学界已经普遍接受了这种说法。

“三服务”的指导思想，揭示了我国社会主义新时期秘书工作，特别是党政秘书工作的根本宗旨，体现了党和国家对秘书工作的根本要求，提供了秘书工作不断改革与完善的根本动力，指明了秘书工作健康发展的根本方向。“三服务”指导思想的确立，是我国秘书工作发展史上的重要里程碑。

二、“三服务”指导思想的基本内容

“三服务”的指导思想，是一个有机整体。从内在逻辑上看，其基本内容包括秘书工作的根本方向和秘书工作的根本任务两个方面。

（一）秘书工作的根本方向

围绕党的总目标、总任务开展服务工作，是秘书工作的根本方向。

秘书工作为领导工作服务是天经地义的事情。但是，领导工作内容涉及各个方面，不同时期、不同历史条件下，工作内容及其侧重点有很大区别。对怎样确保秘书工作沿着正确方向发展，怎样协调秘书工作与领导工作的关系，“三服务”的指导思想中作出了明确规定。即围绕党的工作的总目标、总任务，履行各项服务职责。这是带有方向性、决定性意义的问题。很显然，迷失或偏离这个根本方向，秘书工作就有可能干扰领导工作，分散领导注意力，以致给领导工作帮倒忙。所以秘书部门必须具有大局意识，要时刻与党的总目标、总任务保持一致。

(二) 秘书工作的根本任务

做好“三服务”是秘书工作的根本任务。秘书工作的服务内容具体分解为下述三个层面。

1. 为领导和领导机关服务

我国秘书工作的领导体制，规定了各个层次的秘书部门和秘书人员都直接对本机关领导层负责，是本机关领导人或领导群体的直接办事机构和工作助手。因此，秘书部门最直接、最主要的工作是为领导和领导机关服务。这集中体现了秘书部门的从属地位。比如，按照本机关领导部署参与对大事、要事的调查研究；搞好本机关领导批示事项的督检工作；传达贯彻各项方针政策，了解检查落实情况；对来自各方面的信息进行综合分析和摘编，提供给直接领导；根据领导工作要求开展对上下、内外的各种综合协调工作；为直接领导撰拟文稿；安排领导活动等。这些方面的服务，亦即秘书人员履行自身职能的过程。服务的成效直接影响着本机关领导人和领导群体的工作运转状况。

2. 为与本机关相关的各个部门机关服务

这是秘书部门和秘书人员的重要职责。秘书部门虽然不存在上下级之间垂直领导与被领导关系，但秘书部门的服务对象，即各机关之间却分别存在隶属关系、业务指导关系、平行关系等。它们之间必然存在相互沟通、交流信息、彼此协作配合的需求，秘书部门很自然地要承担为与本机关相关的各个部门机关服务的职能。这些服务内容非常广泛。主要包括：办理上级领导批示要求查办的有关事项，并及时报告办理结果；贯彻落实上级机关下达的指示、决定，及时反馈信息；经常向上级领导机关报送信息。同时，还要为下级机关、平级机关及其领导者提供大量信息和资料方面的服务，及时通报有关情况，交流经验，承办下级向本级领导机关的请示或报告事项，以及办理同级机关函商的有关事宜。

3. 为人民群众服务

这里所说的为人民服务与前面谈到的为领导服务是密切关联的，是完全一致的。各级党政机关，从中央到基层都要为人民服务。各级领导都是人民公仆，他们手中的权力是人民赋予的，他们工作的根本目标和长远规划，毫无例外的是为人民群众谋利益。他们行使权力，履行职责，就是为人民服务。因此，秘书部门所承担的为领导工作服务的职责，归根结底，也就是为人民服务。这与党政机关工作的根本宗旨完全一致。但是，把为人民群众服务列入“三服务”范围，并非多此一举，还有着特定的意义。这是因为，各级秘书部门都承担着一些直接与人民群众具体利益息息相关的工作。例如，接待与处理人民群众来信来访，倾听人民群众的呼声；对人民群众普遍关心的问题进行调查研究，为领导机关处理这些问题提供依据；直接为人民群众排忧解难；办理应由秘书部门负责的有关事项等。

这些工作都直接面对人民群众，直接关系到人民群众的切身利益，秘书部门要担当领导机关与人民群众沟通的桥梁，要敢于为人民群众说真话，善于为人民群众办实事，要与损害人民群众利益的行为作斗争。

“三服务”的对象和内容虽然划分了三个层次，但它们之间没有高低贵贱之分，是相互依存、密切联系的有机整体。秘书人员要充分认识“三服务”的重要性和一致性，切不可只顾为直接领导服务，而忽略为上级、下级领导服务和为人民服务，应把工作的立足点和着眼点放在“三服务”的整体上，对三个层次的服务工作统筹兼顾，才能真正体现“三服务”的指导思想。

三、“三服务”的基本要求

一切服务性的工作，均有相应的服务规则与基本要求。秘书部门“三服务”的基本要求就是优质服务。秘书人员的首要任务，就是为领导者和领导工作的高效运转提供优质服务。

那么，秘书人员如何实现优质服务呢？其基本要求如下：

(1) 要实现优质服务，必须准确把握领导在不同时期的中心工作和重点工作，深刻理解当前工作的目的与意义。如果对这些情况不闻不问或不甚了了，“只顾埋头拉车，不顾抬头看路”，那么为领导工作服务就缺乏针对性，或者出现服务错位现象，直至帮领导倒忙，妨碍领导工作的开展。为此，秘书人员必须认真学习领会党和国家的方针政策和上级指示、决定精神，细心听取领导意见，留心观察领导群体研究的工作，掌握领导班子的重要决策事项。

(2) 要实现优质服务，必须对服务对象即领导者情况了如指掌。既要熟悉领导个体情况，也应了解领导群体情况，包括领导班子的构成、分工，领导者的工作制度、风格与习惯等。以一个县委为例，该县委办公室的主要工作是直接为县委书记和县委领导班子服务。要实现优质服务，必须了解以下情况：第一，县委领导班子成员的数量，他们的姓名、性别、学历、年龄以及家庭状况等。第二，县委书记、副书记、常委们的分工情况。谁主持全面工作，经济、政法、农业、工业、科技文教、财务后勤、党务人事等谁来分管，如对这些情况不甚了解，有了问题很难及时、准确地反映给分管领导，甚至会“抓瞎”。第三，领导集体的工作、学习制度情况。怎样安排？有无固定例会？平时和节假日如何值班？等等。第四，班子成员的工作习惯。各有哪些特点？有什么活动规律？秘书人员对这些问题心中有数，工作起来才能条理分明，从容应对，才能进一步做到有预见性，适应领导工作的要求。

(3) 要实现优质服务，必须熟悉本机关及内部组织机构的职能、机构设置及其负责人状况，特别要了解各职能部门工作运转的基本规律。同时，要具有强烈的公共关系意识。秘书人员要通过自己的努力来树立并维护办公部门的良好形象，并擅长与各部门建立良好的协作关系。这有助于根据领导人的要求和指示精神，协调各方面的关系，推动全局工作，使整个机关工作健康和谐地运行。

（4）要实现优质服务，必须一丝不苟地做好大量细致的事务性工作。应当指出，由于秘书工作具有强烈的政治机要色彩和多层次综合性的工作内容，以及所处的沟通左右、联系内外的枢纽地位，决定了秘书工作无论大小事，事事都与领导工作的大局紧密相关。比如，在贯彻上级指示过程中，有许多事务性工作需要秘书部门来做；有时需要召开会议部署任务，这就要安排参加人员，准备会场，搞好会议记录；有时需要印制文件，校对有关文稿；有时需要接传电话或协调有关部门的关系等。这些工作稍有纰漏，都会影响全盘工作。因此，秘书人员在日常工作中，不能忽视任何一项平凡的事务性工作，既不能拒绝完成，也不能马虎从事，而只能以积极主动、认真负责的态度去完成。

综上所述，“三服务”的指导思想集中体现了当代秘书工作的使命，反映了我国秘书工作的根本特色。秘书人员要纠正只为直接领导服务的“本位主义”思想，要胸怀大局，搞好“三服务”。同时，必须坚持高标准、严要求，把优质服务作为秘书工作的追求目标，使为人民服务的宗旨在秘书工作中得到具体落实。

第二节　秘书工作的发展趋势

一、实现秘书工作的“四个转变”

（一）“四个转变”产生的背景

党的十一届三中全会后，各级领导机关面临的领导改革开放的任务十分艰巨。新形势使领导工作的需求发生了许多新变化，迫切需要秘书部门改变过去那种只充当“收录机”和“传达室”的角色，要更加充分地发挥参谋和助手作用。

“85·1”座谈会在确立秘书工作“三服务”指导思想的同时，提出了实现秘书部门“四个转变”的改革要求，明确了我国秘书工作加快改革发展的新方向，即“第一，从偏重办文办事转变为既办文办事，又出谋献策。第二，从收发传递信息转变为综合处理信息。第三，从单凭老经验办事转变为实行科学化管理。第四，从被动服务转变为主动服务”。

“四个转变”的要求，着眼于新时期领导工作的实际需要，从秘书工作必须适应新形势、新任务的需要出发，其理论和实践意义不能低估。

（二）“四个转变”的基本思想内涵

“四个转变”用简洁、鲜明的语言表明了这样一个重要思想，即在新的历史时期，秘书工作一定要彻底摆脱落后的观念和长期以来的主观偏见的束缚，改变因循守旧的精神状态，努力创立秘书工作的崭新形象，解放思想，实事求是，开创秘书工作的新局面。具体来说，其思想内涵可以从以下方面理解：

（1）“四个转变”的核心思想是强化秘书工作的参谋职能。它要实现的目标是“出谋献策”、“综合处理信息”、“实行科学化管理”、“主动服务”等，要求很明确。目的是充分发挥秘书工作的参谋助手作用，以便适应新时期、新形势、新任务的要求。

（2）“四个转变”强调了对秘书工作要实现“科学化管理”的目标，其基本内容体现在实现规范化、制度化、科学化。这符合我国秘书工作的客观情况，必须坚决克服秘书工作中的随意性，使秘书工作的工作方式和方法达到最佳状态，按照规定的程序办事。

（3）“四个转变”的内容前后互相关联，强调后者，并非否定前者，而是在前者的基础上加以改革创新，向新的标准跨越。

长期以来，人们过多地强调了秘书部门和秘书人员的从属地位，要求秘书人员对工作要谨言慎行，这在一定程度上束缚了秘书人员的思想和手脚，妨碍了他们创造性的发挥，甚至一味迎合领导，不善于表达自己的思想，降低了秘书工作应有的地位。因此，“转变”这种状态很有实践意义，应当还秘书工作人员以“智囊团”、“思想库”的地位。此外，秘书部门和秘书人员还要处理好继承与创新的关系，既重视以往的行之有效的好经验和优良传统，又勇于探索，善于提炼新的经验和做法。

二、实现秘书工作的规范化、制度化、科学化

面对改革开放的新形势和新任务，面对领导工作出现的一些新特点，秘书工作怎样为领导工作提供更加高水平的综合辅助性服务，对秘书部门来说是一个急需解决的问题，完全凭借以往的老经验、老传统、老办法，显然不行了，必须代之以适应秘书工作实践发展要求的科学化管理思路与方法。这里提出秘书工作的“三化”要求：“要形成规范化、制度化、科学化的工作程序和工作方法，保证每个环节和每项工作都有章可循。”这不是一个单纯的操作规范的要求，而是有着深刻的思想内涵，反映了对秘书工作加强管理方面的一个突出变化。

秘书工作的“三化”要求，是衡量秘书工作质量优劣的标准，也是实现秘书工作科学化管理的正确方向和重要目标。多年来的实践证明，“三化”要求的提出，对于提高我国

秘书工作服务水平，促进秘书工作的改革和发展，起到了重要的导向和推动作用。

(一) 实现规范化

实现规范化，从根本上说，是要求秘书部门和秘书人员，要本着对事业负责、对人民利益负责的态度，在完成各项任务的过程中，实践为人民服务的根本宗旨。这是秘书工作规范化的基本出发点。秘书人员具备了崇高的责任感和使命感，自然就会从内心生发出一种质量意识和规范意识。这种“内驱力”也是实现秘书工作业务规范化的根本保证。

就具体业务而言，实现规范化就是要求秘书工作要全面提升质量标准，每项工作和每个环节都要制定相应的标准，符合一定的操作规范，避免受人为因素和不良作风的影响。例如，撰写和处理公文，要使用规范的文种；要符合统一的格式规范；文件用纸规格要逐渐与国际接轨；公文书写材料要符合长久保管和适用的原则；保管档案所用的档案装具要有统一规格，不能各自为政；接待服务也要根据不同宾客适用不同的规格标准；等等。有了工作规范，就有利于降低由于漫不经心、粗枝大叶给秘书工作造成的不良影响。

(二) 实现制度化

实现制度化的深层意义，就是要使秘书工作符合党和国家民主集中制的根本组织原则。党政机关的秘书工作不是仅仅为领导者个人服务，而是建立在为领导集体服务的基础上；不是按照纯粹的个人意志实现工作运转，而是为了保证党内生活秩序和国家机关正常工作秩序而实现工作运转。秘书工作的价值，在于为实现党和国家的集体领导和科学决策服务。

在具体业务方面，为了确保秘书工作的规范运转，要按照一定的制度来规范秘书工作程序，建立岗位职责分工，落实责任制，做到人有专职，事有专管，严格按照有关制度和程序办事，不能因人而异，随心所欲，避免工作过程的随意性。

(三) 实现科学化

实现科学化，就是强调秘书部门在为领导服务的过程中，要注重认识事物的内在本质，处理和解决实践中发生的各种问题要符合客观规律。同时，要善于摸索并遵循秘书工作的内在规律性要求，建立并严格执行各项工作的规章制度，运用科学有效的工作方法促进自身的建设和发展。

实现秘书工作的规范化、制度化、科学化，是一个实现科学管理的目标。这个目标不是一朝一夕所能达到的，而是一个不断追求、自我完善的过程。更何况社会实践在不断发展，领导机关对综合辅助性服务的需求总是呈逐渐提高的趋势。因此，秘书工作也要不断实现自我飞跃，才能满足领导工作的需要。

第三节 秘书工作的基本原则

秘书工作的基本原则，是指秘书人员在“三服务”中必须遵循的规范和准绳。这是在长期实践的基础上，经过不断总结经验，提炼概括而形成的，也是由秘书工作的特点决定的。有言道，“没有规矩，难成方圆”。只有遵循秘书工作的基本原则，才能使秘书工作沿着正确的方向健康发展。

一、准确周密

准确周密是对秘书工作的全面质量要求。秘书工作是直接为各级党委和人民政府以及企事业单位、社会团体的领导工作服务的。它与领导工作活动有着天然的密切关系。可以说，秘书工作的质量状况，在很大程度上影响着领导工作的质量，关系到领导工作能否正常运转。因此，秘书人员必须以高度负责的精神，慎之又慎，尽最大努力高质量地完成工作任务。

应当明确，要保证秘书工作质量，归根结底就是要使秘书工作的各项内容及工作过程始终处于最佳运行状态，避免产生紊乱现象。比如，在办会工作时，从会前准备事项、会中服务工作，直至会议善后事宜，全部过程的每个细节都应严谨周密、有条不紊、一丝不苟，杜绝差错。又如，在撰写文稿过程中，起草之前，要深入进行调研工作，准确掌握第一手资料，摸清有关情况，认真领会领导意图，把必要的准备工作搞得扎实细致；正式起草阶段，要准确体现党的方针政策，准确领会领导意图，准确反映实际情况，准确揭示问题本质，不能与党的方针政策和国家法律规范及领导意图相违背、相矛盾，更不能捏造事实，欺上瞒下，阳奉阴违，弄虚作假。在行文语言方面，要做到概念准确；符合语法和逻辑规则；准确表达时间、空间、数字、机关名称；规范使用标点符号等。草稿完成后，还要认真做好加工修改工作，字斟句酌，剔除各种不准确因素。总之，无论制发何种文件，都必须做到准确周密、符合实际、切实可行。此外，在文件处理过程中，收发、登记、分文、拟办、缮印、校核等工作，无论哪个环节、哪道手续都需要高度的责任心，避免错漏失误。秘书人员在办理调研、信息、协调、信访、接待、值班、电话等各项具体工作时，都必须准确周密，反对粗枝大叶，提倡严谨认真的工作态度和扎实细致的工作作风，最大限度地减少差误，保证质量。

秘书人员要清醒地认识到，秘书工作质量是提高秘书工作效率的基础，是影响党政机关工作面貌的重要因素。秘书工作的质量提高了，有助于提高领导工作的质量。试想，如果秘书人员在办文、办会、办事过程中马虎大意，错误不断，必然会严重影响机关工作效率，损害机关声誉，并给领导工作带来不利影响，乃至铸成大错。

要追求秘书工作质量的全面优化，不妨借鉴现代管理科学中全面质量管理的一些思想和方法。

第一，提倡预防为主的思想。重视平时协调、事先预防，注意抑制和及时消除容易造成质量事故的因素，改变其不正常状态。

第二，实行全面质量控制。上至秘书部门领导，下至一般秘书人员，全员参加质量控制；对秘书工作的全过程和秘书工作各个方面都要进行质量控制；对秘书人员自身素质也必须进行全方位控制。

第三，严格实行岗位责任制，增强秘书人员的质量责任意识，制定并严格执行秘书工作的各项规章制度。这样才能创造出全面优质的秘书工作。

二、迅速及时

迅速及时是对秘书工作的时效性要求。综观秘书工作内容，无论在战争年代还是和平建设时期，都有很强的时效性特点。秘书人员在实际工作中，必须讲究时效，力争以最小的投入、最少的时间，取得最好的效果。

全面建设小康社会，推进建设中国特色社会主义事业的迅猛发展，对各级领导工作提出了新的更高的要求，提高工作效率就是一项重要内容。秘书工作与领导工作的特殊关系，以及秘书工作的特殊地位与重要职能，决定了秘书工作必须在提高工作质量的同时，注重提高工作效率，将迅速及时、反对拖拉延误作为一项重要原则来遵循和执行。

迅速及时的原则应当落实在秘书工作办文、办事、办会的方方面面、时时处处。

从公文起草工作来看，秘书人员接到任务后，应抓紧承办。遇有特殊紧急事项需要拟写公文时，应急领导之所急，急人民之所急，优先办理，以免贻误工作。对没有明显时间要求的文件，也不能随意延缓，因为文件都具有现行效用，在优先办理“急件”的前提下，对普通文件也应及时办理，防止积压。总之，办文工作要统筹安排，讲究条理，区别轻重缓急，努力缩短文件在机关内的运转周期。

在“办事”、“办会”方面，秘书人员也必须有很强的时间观念。秘书工作处于从属地位，工作中往往呈现被动性特点。这就给秘书人员解决问题或处理工作时提出了更高的时效性要求。比如，从领导决策要求来看，秘书人员应在决策之前提供有关信息，而不是在决策形成之后；决策形成后，根据领导要求应当立即公布实施，才能及时发挥决策作用，而不是慢慢吞吞，迟迟不予公布；部门之间产生矛盾和工作掣肘现象时，秘书部门应当进行沟通协调，及时“消肿”，而不是熟视无睹，漠不关心；在实际工作中遇到突发事件，领导者必须迅速作出反应，作为秘书部门就需立即提出处理建议，直接办理某些具体事务，一旦拖拉，就可能错过解决问题的最佳时机，造成更大的损失。至于采集信息、汇报情况、通信联络、接待信访、协调公务、催办检查、临时交办事项、礼仪活动安排等，同样无不具有时间要求。应做到及时解决问题，迅速处理工作，克服拖拉松懈、敷衍塞责的作风。比如，在召开会议时，秘书人员必须及时做好会议服务工作，会前就应提早协调和协助领导安排议题，做到“等锅下米”；会中要保证各项议程的顺利进行；会后要立即整理编写会议纪要等材料，及时督促与会单位贯彻落实会议决策。有人形容说，会议期间的秘书人员就像上紧发条的钟表一样，忙个不停，哪个环节耽误了时间，都会影响大会的正常进行。

在市场经济环境下，在科技突飞猛进的信息时代，到处充满激烈竞争。竞争就意味着抢时间、争效率，时间就是生命，时间就是财富，单位时间的利用率越高，创造的价值就越大。秘书人员应将提高工作效率、反对拖拉作风时刻牢记在心，并体现在实际工作之中。要以秘书工作的快节奏，更好地为领导工作和社会主义现代化建设服务。

坚持迅速及时的原则，秘书人员必须把握好以下几点：

第一，秘书人员要全面提高政治和业务素质，增强事业心和责任感，牢固树立服务观念，时刻为领导工作需要着想，强化时效观念，克服拖拉涣散的坏习惯，以敏捷迅速、雷厉风行的工作作风对待各项任务。

第二，必须加大政治体制改革力度，精简机构，简化手续，减少不必要的工作环节，改善人员结构，提高秘书人员的素质。

第三，必须加大科学管理力度，健全并严格执行秘书工作规章制度，加强工作的条理性和计划性，区分工作事项的轻重缓急，实现秘书工作的科学化、制度化、规范化管理。

第四，必须讲究科学的工作方法，大力推进秘书工作的现代化、标准化进程，加快实现办公自动化，全面提高工作效率。

三、安全保密

安全保密是对秘书人员的要求，也是秘书工作必须坚持的重要原则。党和国家历来十分重视安全保密工作。早在 20 世纪 40 年代，毛泽东就曾说过：“保守党的机密，慎之又慎。”1950 年政务院颁发了《关于各级政府工作人员保守国家秘密的指示》，对国家机关工作人员的安全保密工作提出了明确要求；1951 年《中共中央关于加强保守党和国家机密的补充决定》中明确指出：保守党与国家的机密，乃是关系全党、全军、全国人民的最大利益的问题。各级党委必须重视保密工作，并将这项工作作为自己经常注意的工作之一。1986 年我国正式颁布了《中华人民共和国保守国家秘密法》，从法律上严格规范了保密工作，也为秘书部门做好保密工作提供了法律依据。

由于市场经济竞争和国际政治斗争的需要，各级党政机关制发的文件和形成的决策，大都程度不同地涉及秘密事项。尤其是高层领导机关以及外交、军事、国民经济、财政金融、国家安全等部门的文件，有许多涉及国家政治、经济、军事、科技领域的核心机密，是国内外敌对势力猎取的主要对象。一个企业和单位在日常生产和工作中，也会形成事关企业在竞争中兴衰存亡和单位工作能否正常运转的重要秘密事项，它们与企业和单位的利益息息相关。

秘书部门处于机关核心要害部门。由于职责特点，秘书人员密切接触领导同志，频繁参加各种会议，直接参与文件制作，知晓中枢机构的各种情况，所以，他们成了涉密最频繁，知密最广泛、最深刻的人。他们比其他部门的工作人员更要重视保密工作。如果秘书人员稍有疏忽大意，发生机密泄露，势必严重危害党和国家的安全，危害人民利益，给我国社会主义现代化建设事业造成很大损失。即便是那些属于单位内部或社会生活管理方面的文件、资料，为了确保各项工作的正常进行，往往也有保密的必要。

保密问题在秘书工作中一点不得含糊。要重点把握以下几点：

第一，加强对秘书人员的保密教育，秘书人员要增强保密意识，严于律己，守口如瓶，做到知密不泄密，切忌麻痹大意、掉以轻心。

第二，要有必要的组织措施保证。一切尚未公布的机密文件，经手办理的秘书人员，不得给无关人员阅看或与无关人员谈论；文件运转交接要履行登记手续；绝密文件应有专人负责和专门设备保管；不得擅自将秘密文件携带外出或带回家庭、宿舍存放，以免造成失密泄密；要保证涉密文件、资料的物质形态的安全，不丢失、不损坏；还要保证机密信息本身的安全，不失密、不泄密。

第三，要采取一系列有效措施，保证文件在印制、校核、传递等工作环节手续严格健全，按照规章办事，堵塞一切可能出现的漏洞，防止党和国家的机密受到损失。

四、实事求是

实事求是一切工作必须遵守的基本原则，对于直接为领导工作服务、经常为领导提供决策依据的秘书工作来说，更要坚持实事求是的原则。

在秘书工作中体现实事求是，就是要坚持原则、说真话、说实话、为领导和人民办实事，一切从实际出发，按照实事求是的思想路线去开展工作，思考和处理问题。这是因为，我们的党和政府是代表广大人民利益、为人民服务的，与以往一切旧政权的官僚机构有着本质的区别。作为直接为各级领导机关服务的整个秘书队伍，要通过为领导工作的顺利运转服务，来实现为人民服务的宗旨。因此，衡量秘书工作成效，主要看为领导工作服务的质量和效率。秘书人员必须具有务实的思想，说话、办事、召集会议、拟写公文，都要从领导工作的实际需要出发，讲求实效。

党和政府历来注重反对官僚主义和文牍主义。1980 年 8 月 18 日，邓小平在中共中央政治局扩大会议上发表讲话。他对党和国家机关工作中存在的官僚主义危害气愤不已，明确指出：官僚主义现象是我们党和国家政治生活中广泛存在的一个大问题。它的主要表现和危害是：高高在上，滥用权力，脱离实际，脱离群众，好摆门面，好说空话，思想僵化，墨守成规，机构臃肿，人浮于事，办事拖拉，不讲效率，不负责任，不守信用，公文旅行，互相推诿，乃至官气十足等。这无论是在我们的内部事务中，还是在国际交往中，都已达到令人无法容忍的地步。邓小平列举的官僚主义表现，虽然是针对党和国家政治生活方面的问题，但也不能否认，秘书工作中的确存在诸如公文旅行、互相推诿、办事拖拉、不讲效率、不负责任、脱离实际以及滥发文件报表、会议过多过滥等方面的问题，在某些单位甚至相当严重。这种作风严重影响了机关工作效率，与信息社会应当具有的注重效率的意识相差很远，与实事求是、求真务实作风的要求相差太远。

秘书工作要坚持实事求是，反对官僚主义和文牍主义，需要的是实际行动。

第一，从秘书工作的职能环境背景来说，必须简政放权，简化机构层次，规范机关管理职能。同时，要加强法制建设，严格依法办事，减少工作的随意性。

第二，必须倡导深入实际、求真务实的工作作风，反对不负责任、不看效果，搭花架子，做表面文章，官僚主义、文牍主义作风。要深入细致地了解和反映情况，不主观臆断，不歪曲事实，不道听途说，不轻信片言，不妄下结论。

第三，汇报调研结果或具体工作时，坚持原则，敢讲真话，不撒谎，不掺假，不夸大成绩，不隐瞒问题，不见风使舵，不阿谀奉承，既报喜也报忧，提供真实可靠的材料，不给领导帮倒忙。

第四，必须建立正确的文件信息观，了解自身工作与其他机关或部门的合理信息需求，学习并掌握多种信息沟通手段，严格控制文件和会议的数量与质量，努力改进文风、会风，同时扩展秘书部门的信息资源共享功能。

思考练习题

1. “四个转变”的思想内涵是什么？
2. 怎样理解秘书工作的基本原则？
3. 秘书工作的指导思想是什么？

第六章

秘书人员的素养与工作艺术

秘书人员的素养包括从事秘书工作需要的知识、能力和修养等内容。由于秘书工作的综合性特点，要求秘书人员的素养具有全面性，包括知识面的广博，能力的全面，政治、思想、作风等符合工作的要求。另外，秘书工作的职能与地位决定了对秘书人员的素养有着更高的要求。秘书人员应当注重自身素养方面的自我完善。

第一节　秘书人员的知识结构和能力要求

一、秘书人员的知识结构

知识就是力量。秘书人员的成功离不开知识的积累。面对当今世界新技术革命和知识经济的大潮，秘书人员要发挥主动性，围绕目标获取和积累知识，使之合理组合调配，达到最优效果，这就是知识结构的问题。知识结构就是指个人为实现一定的目标，在对人类知识进行学习与选择后，在头脑中形成的具有一定层次的互相协调的知识系统。

为了适应秘书工作综合性强、涉及范围广等特点，秘书人员必须具备合理的知识结构。

（一）秘书人员知识结构的特征

秘书人员的知识结构具有一系列明显特征，认识这些特征，也就掌握了构建知识体系的原则和标准。秘书人员合理的知识结构应具备下述几方面的特征。

1. 中心性与整体性

知识结构的营建不是盲目的，应该从工作需要出发，具有明确的中心性，围绕中心恰当地选择和组织知识，使知识体系的各组成部分发挥出最佳效能。

客观世界是相互联系、相互作用的整体，作为客观世界在人脑中反映的知识，也应当具有这种整体性。只有在相互联系、相互作用的整体中，它才具有活力。秘书人员首先必须从整体需要出发选择知识结构的各个组成部分，即围绕秘书工作的要求和目标，决定吸取哪些知识。其次，还必须把这些知识整合成一个整体，努力使知识结构的各个组成部分在整体互动中产生效用。

2. 广博性与专业性

秘书工作具有综合辅助性，涉及面很广，因此知识面要宽，秘书应成为“通才”和“杂家”。从某种程度上讲，秘书人员的知识面应涵盖领导的知识面，才能真正发挥补偿和辅助作用。广博性随知识的发展而发展，秘书人员要紧扣时代发展对自己的要求，既积累广博的书本知识，又扩充丰富的实践知识。

专业知识是从事秘书工作所必需的业务知识，广博的知识必须与专业知识结合起来，才会成为“T”型人才。

3. 比例性与层次性

秘书人员的知识结构应当是一个内部比例协调平衡的结构体系。秘书人员所掌握的各种知识使用频率各不相同，有的经常运用，有的则偶尔为之。比例性原则就是根据各种知识使用的频率来确定其在知识体系中的恰当比例。秘书人员应从秘书工作的特定目标和具体要求出发确定知识结构各部分的适当比例，把那些对于实现秘书工作目标有决定意义的知识放在主导地位，又要让一切相关的知识在整个体系中占有相应的位置。

合理的知识结构总要呈现出一定的层次性，从低到高由不同层次的知识构成。它们互相支撑，反映了知识结构内部的纵向关系。秘书的知识结构也明显地分为基础层次（外围层次）、中间层次和最高层次（核心层次），三个层次组成一个金字塔结构，一层比一层范围更窄，一层比一层要求更高，三个层次中的任何一个层次都不能忽视，否则其他层次也会受到影响。

秘书知识结构比例和层次的设计应当从实际出发。每个秘书所处的岗位及其环境不同，他的知识结构的比例也应当不同。这种比例应当成为学习知识过程中合理分配时间和精力的依据。

4. 动态性与开放性

客观世界的发展变化，使得领导活动也随之发生变化。因此秘书人员的知识结构必须适应这种变化，呈现一种动态的开放结构，即基础较宽、活性较强、反馈及时、调节有力，能够随时吸收新的知识，使知识结构不断趋于完善。

社会主义市场经济对秘书工作提出了新的要求，为经济建设服务已成为当代秘书工作的基本要求。在知识经济和信息经济越来越占据主导地位的时代背景下，秘书人员的知识结构必须与之相适应，要加强经济理论的学习，学习马克思主义政治经济学和邓小平的经济理论，学习“三个代表”重要思想和党的十七大文件，还要学习市场学、金融学、经济法规和国际惯例等各种知识。

（二）秘书人员知识结构的模式

秘书人员的知识结构包括基础知识、专业知识和辅助知识三部分。

1. 基础知识

基础知识是知识结构的根基，是学习专业知识和辅助知识、掌握业务能力的前提条件。基础知识越是丰厚，获取专业知识就越是有力，发挥创造的潜力就越大。

基础知识具体包括以下几类：

（1）科学文化基础知识。包括一般的自然科学和社会科学知识，是从事秘书工作最起码的文化基础。

（2）政治哲学类。主要包括哲学、政治经济学、科学社会主义以及现代科学方法论知识。学习这部分知识，旨在树立正确的世界观和方法论，能运用马克思主义的立场、观点与方法分析和解决问题。

（3）法律政策类。包括宪法、法律、法令、行政规章等以及党和国家的方针政策，这是秘书工作的重要依据。

秘书工作政策性很强，秘书人员如果没有较高法律政策方面的知识修养，就会给领导工作帮倒忙。因此，秘书人员学习和掌握必要的法律政策知识尤为重要。学习重点有两个方面：一是同秘书工作有关的法律、法规、规章、政策；二是同服务单位的业务活动有关的法律、法规、规章和政策。

（4）外语类和计算机类。这是当代秘书人才所必须掌握的基础知识。现代秘书，无论是党政机关的还是企事业单位的，都需要经常同国外交流信息，处理涉外事务，这就需要运用外语这个工具。涉外秘书人员，更要精通一两门外语。同样，秘书人员加强计算机知识的学习和掌握现代办公技能是十分迫切的。

2. 专业知识

秘书专业知识包括秘书业务知识和秘书服务单位的专业知识两部分。

（1）秘书业务知识。这是秘书知识结构体系中的核心部分，也是区别于其他专业人才知识结构的标志，包括秘书工作基本理论知识和基本业务知识。只有精通并能熟练运用秘书业务知识，才能成为合格的秘书人才。

（2）秘书服务单位的专业知识。专业化和社会分工已成为当代社会的特点，秘书人员所服务的单位都有其特定的业务活动范围，了解这些知识能使秘书人员写材料不说外行话、提建议不当门外汉，使工作更具有针对性和科学性，当好领导者的参谋和助手。

首先要具备机关工作的知识。秘书人员应该全面掌握机关情况，包括：机关的性质、特点、目标、任务，所处的政治、经济、文化环境，成员的精神面貌和构成情况，这些知识对秘书人员来说十分必要。

其次要具备有关的专业知识。社会的发展对秘书工作提出了专业化的要求。在很多发达国家，秘书工作的专业化已很普遍。随着经济的发展，秘书工作的专业化也逐渐成为我国秘书事业的一大发展趋势。如企业秘书要学习市场学和企业管理学等方面的专业知识；司法机关的秘书要具备较系统的法律知识；财经秘书要熟悉财经知识，包括会计、金融信贷、保险、证券交易、税务及经济法等；涉外秘书要具备外经贸知识、涉外法律知识、外交礼仪知识，特别要求有较高的外语水平。其他各行各业的秘书人员都要求熟悉该行业的专业知识。

3. 辅助知识

这是独立于专业知识之外，但又与秘书工作密切联系的知识。

秘书工作不仅具有很强的实践性，而且具有很强的综合性。所以，秘书人员不仅要具备扎实的秘书工作理论和业务知识，还要涉猎广泛的相关学科领域，这有助于丰富头脑、开阔视野、提高工作效率。而且在当代社会，社会科学、自然科学、思维科学的互相交叉渗透，已成为一大发展趋势，秘书人员要适应时代的发展，做好工作，就要有广博的知识面，认真学习和掌握相关的学科知识。

与秘书工作联系最密切的辅助知识有下面几类：

（1）管理学知识。秘书工作是辅助管理性质的工作。学习和掌握管理学知识，有助于秘书人员自觉运用管理工作的规律，协助领导者实施管理。管理学具有众多的分支学科，秘书人员除了掌握管理学原理之外，可以根据自己所在单位的性质选择学习管理学的分支学科。如行政机关秘书可选学行政管理学，企业秘书可选学企业管理学等。

（2）公共关系学知识。秘书工作在许多方面带有公关性质，比如代表领导接待客人、参与谈判、对外发布消息等都涉及公共关系。掌握公关知识，有助于秘书人员运用公关这一手段塑造良好的组织形象。

（3）心理学知识。秘书人员的辅助管理活动总是通过秘书与领导者、秘书与公众之间的交往实现的。在交往过程中，秘书、领导、公众都会表现出一定的心理现象和心理特征。学习和掌握心理学知识，不仅有助于秘书人员科学地分析自己的心理过程及其特征，克服心理障碍、提高心理素质，也有助于观察和了解领导者以及公众的心理过程和特征，掌握他们的心理活动规律，并用以指导秘书与领导者和公众之间的交往，提高交往的质量和效果。心理学知识十分丰富，秘书人员要重点学好管理心理学、领导心理学和秘书心理学等方面知识。

(4) 经济学知识。经济建设的大潮正推动着我国各行各业发生日新月异的变化。在今天，没有经济头脑的领导者显然是不称职的，而不懂经济知识的秘书也不可能当好领导者的参谋与助手。秘书人员应十分注意对经济理论和经济知识的充实，从理论和实践两个方面去了解市场经济体系，提高辅助领导管理经济工作的能力。

此外，秘书人员还应当掌握一些诸如系统论、信息论、控制论等学科知识和社会学、政治学、领导科学、传播学的一些基本理论。

综上所述，秘书人员合理的知识结构的形成不可能一蹴而就，要靠循序渐进、日积月累。关键是要自觉地、勤奋地学习，不断充实自己，扩大自己的知识面。

二、秘书人员的能力要求

能力是秘书人员辅助领导者实施管理的基本条件之一。能力与知识既相互区别又相互联系。知识是对客观世界及实践活动的概括和反映，能力则是调节行动和活动的相应的心理过程所概括化的结果。知识是能力的基础和前提，过人的能力离不开渊博的知识。同样，能力也是掌握知识的必要条件，能力的高低会影响掌握知识的快慢、深浅、难易和巩固的程度。总之，两者相辅相成，互为因果。

秘书人员的能力是指智力水平、基本能力和业务技能的有机构成。合理的能力结构对于胜任秘书工作具有极其重要的作用。

(一) 秘书人员的智力要求

智力是保证人们有效进行认知活动的那些稳定心理特点的有机综合。秘书人员应当构建起合理的智力结构，提高智力水平，这是实现秘书人员智能优化的关键因素。

1. 秘书人员的思维力

思维力是人们对事物间接和概括反映的能力。它是秘书人员智力结构的核心要素，其他要素都为之服务并受其支配。秘书工作的性质和功能决定了秘书人员必须具备良好的思维力，勤思善谋，发挥参谋和智囊作用。

2. 秘书人员的观察力

一名优秀的秘书人员，应该具备良好的观察力，观察力是人们仔细察看客观事物或现象、发现其特征的能力。秘书人员的观察力是秘书智力活动的门户和源泉。秘书人员要取得成功，就必须具备出色的观察力。

3. 秘书人员的注意力

注意力是一个人按照预定目的，在特定时间内把心理活动指向特定对象的能力。在秘书的智力结构中，注意力起着组织和维持的作用。如果缺乏注意力，智力活动乃至一切心理活动就难以顺利而有效地发生、发展和形成。秘书人员良好的注意力品质主要表现在注意力的广阔性、稳定性、分配性和转移性上。

4. 秘书人员的记忆力

记忆力是指人们对过去经验的识记、贮存和再现的能力。在秘书的智力结构中，记忆力起着基础和“仓库”的作用。秘书作为领导者的综合辅助人员，其职责范围广、头绪多、时效性强，要求秘书人员具有敏捷、准确、持久的记忆品质，即记得快、记得准、记得牢。

5. 秘书人员的想象力

想象力是指大脑对原有的感知形象进行改造加工，并且创造新形象的能力，它是智力活动的“翅膀”。观察力、记忆力、思维力能够使秘书获得大量的信息和一系列推论，但只有想象力的参与才能使智力飞腾起来，从而进行创造性思维和有效的辅助活动。

（二）秘书人员的基本能力要求

秘书人员的基本能力，是指从事秘书活动的各种实际本领。当代社会，秘书人员担负着辅助决策、撰制公文、沟通信息、协调关系、组织会议、办理事务等方面的重任，秘书工作的艰巨性、重要性和智能化日益显著。一个成功的秘书，不仅要有合理的知识结构和智力结构，而且必须具有合理的能力结构。秘书人员合理的基本能力应包括下述几方面。

1. 表达能力

秘书人员作为领导人的参谋和助手，离不开用言语和文字来进行沟通。在信息社会，秘书要有效辅助领导活动，更离不开良好的表达能力。既要善于写，又要长于说，相互促进，不可偏废。

（1）文字表达能力。具备较强的文字表达能力，是对秘书人员的基本要求。所谓较强的文字表达能力，简单地说，就是以书面形式表达思想意图，辅助领导处理政务的能力。这是秘书人员“以文辅政”的必然要求。较强的文字表达能力集中体现在以准确、简洁、得体、庄重、朴实的书面语言，撰写符合规范的公文文稿。

文字表达能力，并不是单纯的文笔技巧问题，而是多方面功夫的综合反映。首先决定于秘书人员的知识修养和思维能力，其次是遣词造句能力。秘书人员文字能力的提高，有一个把知识转化为技能的较长实践过程，应通过多方面的学习和锻炼，自觉增强这种综合能力。

(2) 口头表达能力。口头表达能力是在运用语言表情达意时，做到口齿清楚、语言简洁、观点明确、条理清晰、态度从容、文明礼貌；说话注意场合和方式方法。秘书人员的很多工作要通过说话来完成，如向领导汇报情况、向下级传达指示、布置工作、接待来客等。口头表达能力是秘书人员不可缺少的基本能力，主要包括以下几个方面：一是反应敏捷，应对自如；二是表达准确，分寸适当；三是口齿清楚，流畅清晰；四是态度从容，不卑不亢，表达圆满；五是要针对不同对象，选用不同语言，讲究说话的艺术性。

2. 听知能力

听知能力又称理解能力。听取领导者的口头指示，记录与会者的发言和来访者的陈述等，都离不开秘书人员的听知能力。首先要求秘书人员注意力高度集中。语言信号是一说即过的，秘书人员不能随便要求说话人特别是领导者重复他们的讲话。因此高度的注意力是秘书人员听知能力的基础。其次要求秘书人员具有迅速、准确的理解力。口语信号的表达往往同一定的情境有关，也常因不同的表达风格而使同样的话具有不同的含义。秘书人员要善于从别人的发言中抓住要点，判断其真实用意，察觉其言外之意，从对方的语气、停顿、眼神、表情和姿势中体会其说话的分量，从而抓住矛盾的焦点。

3. 组织管理能力

秘书工作具有突出的综合性特点。一方面，秘书部门处于机关的枢纽部门，要处理和协调上下、左右、内外的许多关系；另一方面，秘书工作涉及的面很广，几乎涉及领导机关的政治、经济、文化、人事、对外交往等各个领域。这就要求秘书人员具备较强的组织管理能力，否则就不能胜任工作。

秘书人员的组织管理能力主要体现在以下方面：

(1) 计划组织能力。首先是对秘书工作的日常事务作出周密的计划和安排并能够组织实施，以保证秘书工作的有序性；其次是对重大工作活动进行策划、组织、实施，如重大的会议、会谈，大型的调查研究，大型代表团的接待等。

秘书工作涉及面又广又杂，这就要求秘书人员全面理解工作内容，合理安排工作顺序。为提高工作效率，秘书必须学会具备有效地管理自己的时间的能力。

(2) 协调能力。秘书人员的协调能力对于改善人际关系，提高整个组织活动的效率都具有重要意义。所以协调是秘书部门的一项重要职责，秘书人员必须具有良好的协调能力，使协调对象达到和谐统一。这种能力表现在：一要熟悉有关政策法律和规章制度，准确把握领导意图和被协调者的情况，这是协调的依据；二要把局部与整体、微观与宏观联系起来进行考虑，紧紧把握全局利益，这是协调的方向；三要善于发现矛盾的焦点，捕捉那些“牵一发而动全身”的关节，这是协调的关键；四要根据具体情况，灵活运用各种协调方法与手段，有较强的变通能力，这是协调的艺术。

秘书人员组织管理能力的培养和提高有两种途径：其一是学习和掌握科学的管理方

法，如目标管理法、统筹管理法、网络管理法等；其二是在实践中学习和锻炼，摸索出一套工作的规律和方法。

4. 应变能力

应变能力是对突发和意外事件紧急处理的能力，是秘书人员各项能力和素质在应急状态下的临场发挥和综合反映，要求秘书人员有冷静的头脑和随机应变的机智性。秘书人员所处理的事务有两类：一类是经常性的，可以事先预计和安排；另一类是无法预计和安排的突发性和意外性事件。这种经常性与突发性的矛盾统一是秘书工作的一大特点，要求秘书人员具备敏捷的应变能力。事件一旦发生，秘书人员就能立即投入紧张的工作。秘书人员要具有良好的心理素质，善于控制情绪，对突如其来的事件迅速作出判断，果断采取有力措施。把原则性和灵活性相结合，在不违反原则的前提下变通处理。

另外，突发事件虽是偶然，但偶然中存在着必然，秘书人员在处理突发事件时要注意总结经验教训，找到一套解决这类问题的方法和规律，这样再遇到偶发事件就能做到有备无患、应变自如。

此外，秘书人员还应提高综合分析能力、出谋献策能力、调研能力以及多方面的办事能力。

秘书人员合理的能力结构是一个多层次、多因素的综合，要建立合理的能力结构并非易事。所以秘书人员要从多方面努力，把握住方向，在工作和学习中做到严格、刻苦、持之以恒，努力实现自己能力结构的优化。

（三）秘书人员的业务技能要求

秘书人员的技能要求是多方面的，不同岗位的秘书有不同的技能结构。

1. 专业技能

专业技能指秘书人员从事具体业务工作时必须掌握的技术和能力。比如，文书处理和立卷归档的技能、文献资料检索利用的技能、会议组织与服务的技能、信息加工处理的技能、公关技能等。当然，并非对每一名秘书人员都要针对上述各个方面的技能按同等标准要求，而是应当根据不同类型、不同层次的秘书在专业技能的要求上有所侧重。比如，接待、公关类秘书应当精通公关技巧和处理人际关系的技能；搞会务、信访、信息调研的秘书，应以熟练和精通与本职工作联系最紧密的专业技能为基本要求，同时对其他专业技能视具体情况作出不同程度的要求。

目前在一些小单位的秘书部门，往往要求秘书成为多功能型的，那么对多方面的专业技能都会提出较高的要求。

2. 相关技能

相关技能指秘书人员在工作中需要掌握和运用的其他辅助性技能。科学技术突飞猛进的发展、办公自动化的普及，要求秘书人员除了掌握上述专业技能之外，还必须掌握一些相关技能，如使用复印机、传真机、电传机、录音录像机、照相机、扩音设备等的能力。秘书人员应根据自身的条件，逐步学习、掌握运用现代办公设备，否则在日新月异的技术更新、技术革命的浪潮中势必要落伍。

相关技能对于秘书人员来说，会随着工作环境、条件和要求的变化而变化。随着科技的进步，还会出现更多的新型办公自动化设备，或现有设备在技术上发展得更先进、更完善，功能更齐全，那么也要求我们不断适应这种变化发展的状况，提高我们现有的技能水平，掌握新的技能。

面对市场经济和知识经济浪潮的冲击，我国秘书工作的内容不断拓展，秘书工作制度不断完善，秘书运行机制不断优化。在这种形势下，经验丰富的老秘书人员需要不断更新知识，进行业务再培训；刚刚踏上工作岗位的新秘书，则更需要掌握高效率、全方位做好秘书工作的基础知识和基本技能。为提高秘书人员素质，劳动和社会保障部（现人力资源和社会保障部）组织有关专家制定了《秘书国家职业标准》，并首先在工商行业、涉外机构的秘书人员以及有志于从事工商企业秘书工作的人员中开展秘书职业资格鉴定试点工作。秘书国家职业技能标准分别对五级、四级、三级和二级秘书在能力要求与相关知识、技能方面提出了明确标准。相关知识要求包括基础知识、专业知识和相关知识，技能要求包括基本技能、专业技能和相关技能。我们相信，随着这项工作的展开、深入，会对行政、事业单位的秘书工作带来启发，也必将对我国秘书队伍的建设和管理产生积极的影响。

第二节　秘书人员的基本修养

从秘书主体在其职业环境中所扮演的角色和所发挥的作用以及社会地位的角度和高度加以审视，秘书人员的基本修养可以分解为政治思想修养、工作作风修养、职业道德修养和心理品质修养等几方面。

一、秘书人员的政治思想修养

秘书人员的政治思想修养主要包括两个方面：一是理论知识，即观点、范畴和要领体系；二是理性思维能力。秘书人员的政治理论修养从本质上说是马克思主义修养。我国是一个社会主义国家，秘书工作是为人民服务的，是为建立一个文明富强的社会主义国家而服务的，所以秘书人员必须具有坚定、正确的政治立场和高度的党性修养。为此，秘书人员要加强对理论的学习，加深对国情的认识，及时、准确地领会党中央的意图。同时，秘书人员还要坚决执行党和国家的路线、方针、政策，坚定正确的政治立场，与党保持政治上的一致。政策和理论是相通的，是直接为政治服务的。一个秘书人员工作水平的高低、能力的大小，在很大程度上取决于其政策水平的高低，秘书人员必须认真学习党的方针政策，首先要熟悉各方面政策；其次要深刻理解各项政策的精神实质。只有具备较高的政策水平，才能正确理解党和国家的各项方针政策，并把它们贯彻到各项具体的工作实践中，为领导的决策提供政策上的依据，才能成为真正起辅助作用的合格秘书。

二、秘书人员的工作作风修养

作风，是指贯穿于人们日常行为中的态度、风貌、做事方法等。它是人们的世界观在具体行动中的表现。

秘书人员的工作作风主要是由秘书工作的性质、特点和秘书人员的职业习惯所决定的，服务于秘书工作的任务和职能的需要，是秘书人员个人内在气质在工作和生活中的具体显现。

秘书人员的工作作风修养要求主要包括：

（1）工作雷厉风行。秘书人员办事要讲究时效，在日常工作中对领导的指示、决定，要迅速传达贯彻；对下面呈递的请示、报告，要尽快报送领导批复或转办；对群众来信来访中提出的意见和要求，要能及时处理，满足群众的合理要求。坚决杜绝那种拖拖拉拉、推诿敷衍的不良作风。

（2）为政清正廉洁。秘书人员要时时刻刻严格要求自己，坚持原则，秉公办事，自觉地把自己置于党和人民群众的监督之下，经得起任何考验。不仅要独善其身，还必须同各种不正之风开展斗争。

（3）注重调查研究。秘书部门的各项工作，无论是提供信息、起草文件，还是处理来信来访，做好查办和其他服务工作都离不开调查研究，这是秘书人员的基本功之一。秘书人员应该努力搞好调查研究，并具有在调查研究的基础上进行综合分析、写出调查报告的能力，为领导的科学决策服务。

（4）处处谦虚谨慎。谦虚谨慎的作风，对于密切党群、干群关系有着很重要的意义。秘书人员要牢牢树立“三服务”的思想，正确认识自己所处的地位。要特别注意加强品德修养和组织纪律性，处处严格要求自己，自爱自重，始终保持谦虚谨慎的优良作风。工作中与有关部门和下级机关的同志打交道时必须态度和蔼、满腔热情、礼貌待人、尊重对方。

（5）严格遵纪守法。遵纪守法是每个公民的基本义务，而秘书人员由于其特殊的工作环境，要求他们比其他工作人员有更强的组织纪律性和法制观念。严格按照自己的职权范围进行工作，处理问题；自觉维护领导机关的威信和领导同志之间的团结；养成自觉保守秘密的习惯。

（6）办事一丝不苟。秘书人员不仅要热情服务，还要细致扎实地开展工作，具有一丝不苟的工作作风；要具有严肃认真的态度，准确细致，妥善办好各项工作。

三、秘书人员的职业道德修养

职业道德是对从事一定职业的人的特殊道德要求，是人们在一定的职业活动中所应遵循的、与其特定的职业相适应的行为规范。职业道德是人们长期职业实践的产物，是社会公德在一定职业范围内的具体表现，也是个人的道德修养最集中、最基本的体现。

秘书人员主要应注重从以下几方面加强自己的职业道德修养：

（1）培养角色意识，忠于职守，严守本分。

（2）实事求是，谨慎细致，严守机密。

（3）树立效益意识，培养开拓精神。

（4）重诺言，守信用，树立公关意识。

（5）自尊自立，终身学习。

（6）服从领导，顾全大局。

（7）增强服务意识，提高服务质量。

四、秘书人员的心理品质修养

秘书人员的心理品质是指秘书人员在心理过程和个性心理方面表现出来的稳定的心理特点的总和。心理品质影响着秘书人员的辅助行为、人际关系和自我修养，对秘书工作的效能也发挥着重要作用。要完成好一项任务，除了要有正确的思想、良好的作风、必备的知识外，还必须具备一定的心理品质修养。

秘书人员活动是一种十分繁重的劳动。秘书活动的紧张性、快节奏和高压力，都对秘书人员的心理品质提出了越来越高的要求。一个优秀的秘书人员，不仅应当具有高尚的职业道德和合理的知识与能力结构，还必须加强心理修养，使自己能够在成功与失败、荣誉与屈辱面前，跨越心理障碍，保持心理平衡，顺利完成各项工作任务。

秘书人员的心理修养概括起来主要包括下述两大方面。

（一）秘书人员心理健康的基本品质

秘书人员的心理健康是指秘书个体能以良好的心理状态适应职业活动的环境。它包括忠诚、机敏、稳重、坚毅、随和、幽默等几方面的基本品质。

（1）忠诚。它要求秘书人员不仅在利益上，而且在情感上把自己与自己所服务的组织以及领导者维系在一起，以诚实、负责的态度对待自己的组织和领导者。

（2）机敏。秘书工作面广、量大、具体繁杂、突击性强，这要求秘书人员比其他工作人员具有更机智、更敏捷的心理品质。秘书的机敏心理品质包括思维机敏和动作机敏。

（3）稳重。稳重与机敏相辅相成。秘书人员既要做到事事机敏，又要做到处处稳重，给人以可信任感。秘书的稳重包括处世稳健、办事稳当和应急稳妥。

（4）坚毅。秘书人员必须具有顽强的意志和坚忍的毅力，敢于直面矛盾和困难，百折不挠，始终保持充沛的精力和旺盛的斗志，即使在受到挫折、曲解甚至屈辱时，仍然能够乐观、自信、执著。

（5）随和。处于各种矛盾汇合点的秘书，不仅需要坚定的意志和毅力，而且还应当具备随和的心理品质，以便能够周旋四面、调解八方，为领导者的管理创造良好的组织氛围。秘书人员的随和心理品格要求秘书人员乐于助人、宽以待人，善解人意，善于同各种各样的人进行交往，善于随时协调各种关系，在有形无形中化解各种矛盾和冲突。

（6）幽默。幽默是智慧、学识、机敏和风趣的综合体现。秘书人员的幽默能够以自我解嘲的方式排遣在领导、同事和群众面前难以表露的情绪，使自己变得机智、乐观和豁达；可以给别人带来轻松和愉快，使自己或帮助别人从尴尬的境地中获得解脱；也可以作为向别人提出批评和建议的婉转方式，使其更易于接受。一个具有幽默感的秘书，必定会博得大家的喜欢。

（二）秘书人员的心理调适

秘书人员心理修养的过程是秘书的心理状态不断适应环境的过程。

善于调节和控制自己的情绪与行为，是秘书人员具有良好心理素质的表现。情绪是情感的基本形式，它较之稳定而持久的情感，往往随情境的变化而变化，呈现明显的不稳定状态。正因为如此，情绪对秘书的精神状况、工作效率、智能发挥以及处世态度和待人方式等方面都会产生十分重要的影响，值得重视。情绪健康的人具有良好的心理适应性，不易受环境的左右，而且善于驾驭自己的情绪，总是以积极的情绪占主导地位，并且能把消极的情绪转移到建设性的方面。具有健康情绪的秘书人员，总是信心十足，精神愉快，能以饱满的热情投入工作，他们情绪状态稳定，不会因为工作取得成绩而沾沾自喜，也不会因为遇到困难而灰心丧气。秘书人员要学会驾驭自己的情绪，将加强心理品质修养作为一项长期努力的目标。

秘书人员要控制和驾驭情绪，做情绪的真正主人，并不是一件容易的事。首先，秘书要具备坚强、豁达的个性素质，有正确的人生态度，这样才能经得住种种失意和挫折，保持良好的精神状态；其次，秘书人员还要提高情感修养的自觉性，掌握自我调节的本领，通过克制、暗示、分心、反省等方法进行自我调节。

健康的体魄是当好秘书的生理基础条件。秘书工作是相当辛苦的，既操心又费力，没有强健的身体往往会感到心有余而力不足。因此，秘书人员要保持身体健康、精力旺盛、脑力充沛，就应当做到锻炼身体与适当休息相结合，工作起来有张有弛，回到家就暂时将工作上的事放在一边，掌握好工作、学习和生活的规律并使之协调；同时，应保持乐观开朗、心胸开阔，不要让工作中的不愉快长时间地影响自己的心情；还应养成良好的生活起居饮食习惯，不因工作繁忙而忽略必要的营养和合理的娱乐。

第三节　秘书人员的工作艺术

秘书人员的工作艺术包含许多方面，并且充满个性化特色。秘书人员能够从艺术的角度去学习和工作，那么工作效果一定会出现令人注目的变化。

一、语言表达艺术

秘书人员掌握一定的语言表达能力是胜任工作的前提。具备过硬的语言表达艺术，则是对秘书人员的更高要求。过硬的语言表达艺术，可从三个方面衡量：一是恰当运用角色语言，说话要合乎身份和地位，体现良好的素质和修养；二是注意说话的场合，重视语言环境，出言审慎，分寸得当，不随便“放炮”；三是讲究说话的方式，既做到语言明晰，确定无疑，又能在适当的时候幽默风趣，委婉含蓄。

秘书人员要从多方面学习和锤炼过硬的语言表达艺术。

（一）真情实意

常言说：“精诚所至，金石为开。”秘书人员说话办事，只有实实在在、坦诚待人，才能获取他人的帮助与支持，达到预期目标。真实、笃诚和真情是说实话的三要素，以真实、笃诚为基础，以真情打动人、感染人，才能达到沟通的目的。

1. 说真实话的语言表达艺术

秘书人员在工作中常遇到一些难以回答的敏感话题。在这种情况下，依据实际情况说话，有什么谈什么，是什么说什么，以攻为守，可以达到意想不到的效果。

秘书人员在实际工作中，如实坦率地回答，会使人感到吃惊，也会令人大为感动。坦诚直率的真实话会拉近人们的心理距离，以便更好地工作。

2. 说真情话的语言表达艺术

俗话说："言谈贵在情真，功在情深。"秘书人员运用说"实"话策略时，还要以情动人。唯有真情的流露，才能产生无与伦比的感染力和征服力。

秘书人员每天要处理大量工作，在保证一丝不苟、严肃认真的同时，要以理服人，以情动人，用充满感情的语言去沟通，工作哪能不成功呢？

3. 表露缺点的语言表达艺术

有时，秘书人员要强调自己的诚实可稍微表现一些自己的缺点。利用表现缺点来强调诚实，是提升自我形象的有效方法。但要注意适度表露缺点，不要全盘否定，妄自菲薄。

在日常工作中，秘书人员一反"隐藏弱点"的心理，把不懂的东西坦白地说出来，反而可以成为非常有效的自我表现方法。坦白本身就会给人一种强烈的印象，使别人认为你非常老实，能承认自己"不知道"的秘书人员，正是充满自信的表现。

（二）委婉含蓄

秘书人员在工作中经常需要委婉地表达意图，巧妙说服对方。这种方法能避免直言表述、显露锋芒给听者造成的伤害或形成对抗，启发人的想象和思考，让别人在品味语言时接受秘书的观点，取得共识，收到"言有尽而意无穷，余意尽在不言中"的谈话效果。

1. 遇到忌讳时的语言表达艺术

在现实工作中，秘书人员难免遇到各种各样的人和事，要针对不同对象和不同情况，选择恰当的表达方式，委婉含蓄地表达本意，争取良好的交际效果。

秘书人员只有在理解、尊重对方的前提下，运用含蓄巧妙的语言表达艺术，才能逾越"忌讳"障碍，融洽感情。

2. 遇到尴尬时的语言表达艺术

秘书人员在尴尬之时，通过委婉的话解围是一种高超的交际技巧，它既能表达说话者的言外之意，又不会使对方陷入窘迫的境地。

生活中总会有不尽如人意的事情，关键看秘书人员如何运用语言技巧，灵活应对，待人宽容豁达，最终胜任自己的工作。

3. 批评别人时的语言表达艺术

人都喜好听赞美之言，对批评却难以接受，尤其有第三者在场时，受批评者更觉得丢面子。但犯了错误，影响工作或人际关系，若不指出其毛病，很可能带来更多损失。因此，秘书人员委婉含蓄地点出别人的错误是一种行之有效的办法。

如果直接批评，肯定会使对方陷入窘境，甚至闹起情绪，大哭一场，工作效果会受到更大影响。秘书人员与人交往时，说话必须温柔婉约，不伤别人的自尊心，更不要往别人伤口上撒盐。这样相处就会轻松愉快得多。

4. 遇到矛盾时的语言表达艺术

人与人相处，难免有矛盾。秘书人员能在矛盾之初，善于忍让，并以和气的态度、委婉的话语提醒对方，有可能化干戈为玉帛。

秘书人员面对蛮不讲理的人，可以用绵里藏针的语言，用角色换位的方式，含蓄委婉地一语中的，赢得“不战而屈人之兵”的胜利。

5. 对别人有要求而又很难说出口时的语言表达艺术

秘书人员办事过程中，常会有些要求碍于情面无法提出，或怕别人拒绝引起难堪，或怕一旦说出对自己不利，这时可以采用曲话表达法，传其意表其情，迂回地达到目的。

秘书人员委婉地提出自己难以直言的要求，既能避免因拒绝导致的尴尬，又能更好地达到工作目的，得到领导的赏识，可谓一举多得。

（三）敢说硬话

秘书人员在办事过程中，总会遇到一些不讲道理的人。这时必须挺起腰杆，敢说硬话，从正面作出反击，以硬制硬，毫不妥协，争得该得的权益。

秘书人员面对一些狂妄至极的人兴师问罪时，不被对方的强势所吓倒，采用强硬的态度、严厉的言辞，予以坚决的反击，以自己的强势压住对方，本来色厉内荏的对方也会被你这种气势所震住，不得不改变态度，自动投降。

（四）以柔克刚

现实生活中，人的经历不同，秉性各异。有一种人就是“吃软不吃硬”，秘书人员对这种人应尽量说软话，说尊敬他、赞美他的话，以求对方的同情、理解、宽容、原谅，获得他的支持帮助。

由此可知，秘书人员在自己犯错误的情况下，以爽快、坦白、热诚的态度承认自己的错误，真诚对待，想办法坚决改正，一定会得到别人的理解的，工作也就更容易成功。

（五）诙谐幽默

幽默的谈吐是人聪明才智的标志，要求秘书人员具有较高的文化修养和较强的驾驭语言的能力。幽默是笑的伙伴，会幽默的人走到哪里就会把笑声带到哪里。能给人带去笑声的秘书人员，自然是十分受欢迎的人，自然也是办事最容易成功的人。

面对人际交往的困窘，面对生意场上的毁约失言的尴尬，面对求人办事时的难堪，面对上级领导的批评和指责，秘书人员运用幽默的法宝，一定能收获更多的挚友，与人共事更为融洽和谐，使自己的能力获得周围人的钦佩与赞赏。

（六）随机应变

在社交场合中，在办事过程中，秘书人员总是会碰到一些意想不到的事情，随机应变是秘书人员必须具备的一种高超的能力，要做到这一点，秘书人员必须具备敏捷的思维。

随机应变的语言表达艺术不是一蹴而就的，需要秘书人员平时多读书，多思考，头脑充实，机智敏捷，反应灵活，并且平日持之有素，习以为常；还要秘书人员练就敏捷的表达技术，以及逻辑与语言素养。

二、出色的人际关系协调艺术

协调是指秘书人员在职责范围内，或根据领导授权，调整和改善部门之间、工作之间、人与人之间的关系，促使机关活动趋向同步化、和谐化，以实现共同目标的行为过程。其中，人际关系协调是秘书工作的一项重要职能。做好机关内部人际关系协调工作，对促进决策形成、保证决策落实、理顺各种关系、优化整体功能、提高机关效率具有重要作用。

（一）协调自己与领导关系的艺术

秘书与领导的关系是一种特殊的上下级关系。领导把有些人际关系的问题转给秘书来处理；还有些人际关系问题，由领导与秘书共同商量，并经领导同意后由秘书处理。领导与秘书的人际关系是互相理解的关系。

秘书与领导的关系，直接影响秘书的工作环境、工作业绩乃至心理健康。因此，秘书必须充分重视，认真处理。

1. 正确认识角色地位，做到出力而不“越位”

社会心理学认为，有效的社会行为不但有赖于个人对社会事件和社会刺激的准确认知，也依赖于包括对自己在内的各种社会角色的准确认知。任何个人都在社会中居于某一特定位置，有一套与这种位置相关联的行为模式，代表着一套有关行为的社会标准，即人们的角色地位。这种角色地位是社会赋予每个人的，谁都不应超越。这样才能与其他社会角色的关系处于常态，保持和谐。反之，必然引起自己与其他社会成员的关系紧张，甚至危及正常工作秩序，给社会事业造成不良影响。

领导和秘书这两个社会角色也是如此。他们都处于一定的社会地位，都有一定的行为标准。由于这种标准是历史地形成的，所以它在一般人心目中有大体固定的方式。这里既有组织原则方面的因素，也有人们心理惯力的因素，还有其他多方面的因素。所以，一旦领导和秘书之间的角色关系确定，人们就会依照彼此间所认可的相互交往方式共事。作为领导，依据法律或章程赋予的特定职权进行工作；作为秘书，则围绕领导去实现目标。领导和秘书都各干各的事情，各守各的本分。既不应让领导干秘书人员的事，陷入事务主义；也不应让秘书人员去做领导的事，出现“越权”或擅权。

秘书要准确认知自己的社会角色，摆正自己的位置，目的是防止和克服“越位”现象，找到一个稳妥的出力方式。

秘书容易出现的“越位”错误，主要表现为：

（1）决策越位。决策是领导工作的基本内容，不同层次的领导者权限不同。但是，决策必须由领导作出。有的秘书人员不能充分认识这一点，本应由领导作出的决策，他却超越权限，自己为之。

（2）表态越位。表态一般与一定的身份相联系。超越身份胡乱表态是不负责的表现，是无效的。一般说来，单位之间交涉问题，对实质性问题的表态，应由领导或领导授权才能进行。而有的秘书，却没能做到这一点，领导未表态也没授权，他却先表明态度，造成喧宾夺主之势，陷领导于被动。

（3）工作越位。什么工作应由谁干，有时也有几分奥妙。有的秘书不明白这一点，本来有些工作由领导出面做更合适，秘书却抢先去做，从而造成工作越位。

（4）答复问题越位。答复问题需要有相应的权威。而有的秘书缺乏这种权威，却擅自答复，这也是越位。

（5）场合越位。有些场合，如同客人应酬，参加宴会，应适当突出领导。有的秘书张罗过欢，显自己过多，显上级太少，这也不好。我们常从电视里看到，领导接见活动中，主要领导走在前面，给的镜头要多些；照相也都是主要领导处于显赫位置。秘书在处理与领导关系时，很有必要借鉴。在某些场合，要注意不越位。

秘书在处理与领导关系时，要防止越位。这是社会分工所决定的差别。不承认或违背这种差别，就会影响整体效能。因此，在处理与领导的关系时，秘书防止越位是一种积极的措施，而不是一种消极的限制。

2. 秘书设立恰当的期望值

所谓期望值，就是人们对他人或社会的期望指数。这里是指秘书对领导的期望。这既有物质方面的，也有精神方面的。物质期望，如住房、工资以及其他福利待遇等；精神期望，如提拔、重用、信任、表扬、奖励、入党、入团等。就大多数情况而言，领导对秘书的这些期望，应予以肯定，允许存在，充分理解，尽量满足。

秘书要找到既能基本得以实现，又大体合理、适中的期望值，必须做到如下几点：

（1）正确审视自己，使期望值与自我相符。

（2）将心比心，多站在领导的角度考虑问题。

（3）合理控制，减少或降低不合理的期望值。

3. 秘书加强信息反馈的艺术

秘书和领导的基本关系是工作关系。因此，反馈信息主要着眼于工作。首先，要实事求是地反映工作中的成绩和问题，辅助领导总结经验教训，完善措施，改进工作。其次，要抓住主流和共性的内容，把群众的意愿、要求和建议及时反映给领导，便于领导调动一切积极因素进行工作。

4. 秘书处理自己与领导群体关系的艺术

秘书在日常工作中，不仅要面对直接领导，而且还要面对领导群体。处理好同领导群体的关系也是秘书必须要具备的能力。要做到以下几点：

（1）在工作上，作为秘书对领导要一视同仁，一样尊重。不能对某些领导工作积极协助和支持，而对另一些领导袖手旁观，甚至出难题。

（2）在组织上，一定要做到下级服从上级。这里的上级，既包括领导群体，也包括领导个人。

（3）在态度上，无论是主管领导还是非主管领导，要一律平等，一样对待。秘书对任何领导都要不卑不亢，同样热情，同等对待。切忌因人而异，冷热过度。

（4）在汇报和请示工作时，应按权限和程序办事。先是直接上级领导，再是高一级领导；先是主管领导，再是全面负责的领导。切忌凡事越级，都找“一把手”。

5. 秘书提升自己在领导心目中地位的艺术

每个人都希望得到领导肯定，秘书也希望提升自己在领导心目中的地位，作为对自己默默奉献的一种补偿。怎样去实现呢？

（1）善举无声。严格说来，秘书就是无名英雄，只求能提出些好点子，帮助领导分忧解难。优秀的秘书决不会与领导争名利，而要把自己的功劳悄悄让给领导。领导会把你当成知己，在内心的功劳簿上为你记上一笔。相反，如果秘书只打眼前算盘，急功近利，反而会得罪领导，他会认为你功利心重，将来的工作不会太顺利。

（2）争辩有术。秘书受委屈是常事。如果与领导一味执拗和争辩，是极不明智的表现。要知道，在某种场合下你作出某些让步，实际你不会有丝毫损失。所以，应该牢记这条原则：避免无谓的争辩。争辩的结果不仅使个人的精神、时间、身体都蒙受损失，最可怕的是因争辩使领导对你产生成见。要知道有时得罪领导并不是你做错了事，而是你对领导的态度有问题。最聪明的做法就是对问题“冷处理”，使领导和自己得到重新思考的机会。

（3）暗示有法。暗示就是在不知不觉中把意见传达给领导，使领导觉得是他自己改正的，而不是因为你的指点。例如，可以拿自己认为错误的地方向领导请教，表明自己不太清楚，希望领导给予解释。通常这种情况下，领导都会心领神会。千万不要直接推翻领导的意见，更不能用尖锐的字眼伤害领导的自尊心。

暗示语言要准确简短，三言两语表达明白。不要啰啰唆唆，给人得理不饶人的感觉。

“弦外之音”要把握得住，不要词不达意，故弄玄虚，更不要将本来能明说的事情硬是暗示给领导。这样不便于领导了解秘书的本意，反而极易使领导产生误解，甚至产生反感和抵触情绪。

（4）进言有方。现代心理学证明：人在情绪低落、心有忧虑的状态下，较之平常更容易悲观失望和产生过激行为。这时难以接受意见，哪怕是正确意见。因此，秘书一定要选择恰当时机进言，否则好事也会办砸的。进言要注意以下几点：

第一，时间适当。要在领导空闲时面谈。领导繁忙时，心情容易烦躁，不但对秘书提出的建议难记在心，还会嗔怪秘书看不出火候。时间合适的情况下向领导进言，领导耐心听，自然容易收到好的效果。

第二，场合适宜。给领导进言要注意谈话环境。有些事在办公室谈，有些事到领导住所谈，而有些事越是有外人听到越好。其奥妙就在于秘书进言的分量和利害关系以及领导的秉性。

第三，逐步引入。找领导进言要讲求话题的引入方式。有些必须开门见山、直来直去；有些则需要循循善诱、娓娓道来。

第四，态度谦逊。秘书要在领导面前保持一个较低的姿态，让领导觉得秘书在请教他，在向他学习。这样可以使领导感觉到自己的重要性，他反过来也会尊重秘书、重视秘书，尽快解决难题。

（二）协调领导之间关系的艺术

由于领导者分工不同，加之领导在思想观念、工作风格和个性特征等方面也存在差异，因此领导成员之间有时会产生意见或矛盾。因为秘书在社会组织里联系上下左右，与各部门和各单位领导接触频繁，所以碰到领导间的矛盾，秘书应该积极地做工作，沟通信息，加强联络，促进协调，消除误解和隔阂，当好领导人之间的媒介。只有这样，才有利于做好秘书的本职工作，有利于增进领导间的团结，有利于总体目标的实现。

秘书协调的作用不亚于领导的协调。一个称职的秘书要尽力促使领导群体的沟通和理解，使之统一认识，消除内耗，团结一致，把精力用到工作上。为了促进领导之间的团结，消除误解，秘书可以说点“假话”、“编”点理由，这是协调艺术，并非品质问题。

1. 正确认识领导者之间的矛盾

领导者之间由于工作关系产生一些矛盾和分歧在所难免。绝对和谐、绝对一致、绝对团结的领导群体，事实上是不存在的。秘书人员要正确对待领导者之间的矛盾和分歧，决不能一遇到矛盾和分歧便灰心丧气、意志消沉或无所作为。领导者之间的矛盾及分歧大致可以分成以下四类：

（1）认识上的矛盾和分歧。由于领导者所受的教育、所处的地位和环境以及思维方法不同，对一个问题的看法就不可能完全一致。

（2）工作方法和领导风格上的矛盾。领导者的工作方法和风格往往因人而异：有的领导者工作起来雷厉风行，而有的则三思而后行；有的比较超脱，而有的则细致周到等。这些区别的存在，也会造成矛盾。

（3）利益上的矛盾。由于在一个领导者群体中，每个领导者都有具体的分工，形成了各个局部，这样就有可能产生局部利益与整体利益以及局部利益之间的相互矛盾。除主要领导外，分管领导是每一局部利益的代表，因此难免会发生局部利益之争。在某些不正常的情况下，还会存在领导者个人利益上的矛盾。

（4）感情上的矛盾。感情上的矛盾往往是因为前三类矛盾得不到及时解决、日积月累造成的。某些领导者素质上的缺陷，如能力不强、心胸狭窄、有不良嗜好、过分计较局部和个人利益，也会加剧这些矛盾。感情上的矛盾最为复杂，一旦形成，会使领导群体产生裂痕，影响领导活动的正常开展。

作为秘书，发现领导群体中出现矛盾时，应该密切观察，仔细分析，弄清矛盾的起因、经过和表现形式，准确判断矛盾的性质，以便寻找合适的对策，既妥善地保护自己，又能恰当地做好协调矛盾的工作，并通过自己的努力，尽量减少领导之间的矛盾给单位工作造成的损失。

2. 灵活处理领导者之间矛盾的艺术

秘书不仅是领导与下属之间的桥梁，还经常充当领导的“信使”，尤其在领导者之间产生隔阂，难以当面交流时更是如此。灵活处理领导者之间的矛盾，需要采取的有效方法是：

（1）沟通。沟通是秘书人员处理领导者之间相互关系的最基本手段。

沟通可以分为积极沟通和消极沟通、思想沟通和情感沟通等。当领导者之间的矛盾尚在萌芽状态，或这些矛盾源于认识和工作上的矛盾时，秘书应当采取积极沟通的方法予以协调。比如适时主动地向各位领导者提供上级的精神和有关信息，帮助他们统一认识、消除分歧，平时也可根据领导者共同的兴趣爱好，适当安排他们的业余活动，使他们有机会相互交流感情，增进友谊，加强团结。而当领导者的矛盾升级，发展为利益或感情上的矛盾时，常常会产生一些不利于团结的信息，这时秘书人员应当采取消极沟通的方法。比如在协助双方沟通时，适当软化语气或者善意地隐瞒或过滤一些信息，必要时中止沟通，以避免矛盾扩大。

（2）折中。当领导者之间各执己见、相持不下、有损工作时，秘书可择机提出双方都乐意接受的折中方案，使矛盾得到解决。

(3) 回避。对于领导者之间有些长期积累、无法沟通的矛盾，秘书应当回避，避免夹在其中。回避的方法有：第一，借故躲避。当领导者之间的矛盾已成不可避免的爆发之势时，秘书可借故离开，暂时回避。第二，佯装不知。当个别领导者想通过秘书了解矛盾另一方的情况时，秘书可故意隐瞒，佯装不知。第三，淡化处理。即秘书采取“冷处理”的办法，将矛盾搁置起来，尽量避免触及。有时，过分热心反而容易激化矛盾。

(4) 中立。领导者之间的矛盾和分歧可能暴露在秘书面前，秘书不得已被夹在其中。这时，秘书必须坚持不介入的原则，严守中立，不偏不倚。尤其是领导者之间出现严重分歧或感情对立时，秘书在中间转达意见一定要全面、准确、实事求是，绝对不能以个人情感和好恶取舍，不能加入个人意见和态度，坚决反对在领导者之间搬弄是非、挑拨离间，或以势取人，采取捧一个、压一个的错误做法。

(三) 协调与同事之间关系的艺术

秘书与同事之间，既是合作者，又是潜在竞争者。因此，作为客观存在的一种心理反应，在同事的内心世界，必然产生既渴望合作，又警觉竞争的复杂心理。因此，协调与同事之间的关系，对秘书来说更具挑战性，处理好与同事之间的关系，工作更有成就感。

1. 处理矛盾的艺术

(1) 及时与同事沟通。有些人因为误会、嫉妒或是高傲自大，会对秘书产生不满，在工作上不配合，在背后散布谣言，甚至捏造一些“莫须有”的罪名。待秘书知道后，这些“罪名”很可能已在单位里传播开了。当面对质，要对方给一个说法并非明智之举。一是对方可能一口否认，二是可能把面子弄僵了，影响今后的工作。最好的办法是及时与同事沟通，把自己的情况和想法讲一讲，谣言不攻自破。同时，提醒自己不要用攻击性的语言，也最好不要针对某人，达到澄清事实的目的就行了。总想将对方扳倒搞臭，可能会使其他同事误以为你是在宣泄情绪，反而达不到目的。

(2) 注意自我反省并激励自己。当得知有人对自己不满时，秘书用不着愤愤不平。按照“有则改之，无则加勉”的原则，不妨对自己反省一番，想想与同事交往时是否有不妥之处，因而使别人对自己产生了抵触情绪。比如你说话是不是随意了些，是否谈及对方忌讳的话题，或是因为工作方式、语言习惯等方面的不同引起冲突等。在以后相处时多几分谨慎，少说一些易引起误解的话，甚至有必要少谈工作以外的事，避免授人以柄。这有助于在人际交往中更为成熟、稳妥，少些是非。对于一个高级秘书来说，假如同事对自己怀有不满，肯定会在某些问题上贬低你，企图使他人对你的能力、才华和业绩表示怀疑。你要作出的最好证明，就是进一步努力把工作做得更出色，而不是把时间和精力消耗在人际纠纷上。从这个角度上来说，“不满”对你又是一种鞭策，是你阔步向前的动力。形成这种积极的心态，无疑会对你做好秘书工作大有益处。

（3）通过“中间人”传话来中止对方的不满。可能的话，不妨以向你透露信息或是双方都能接受的人为“中间人”，通过他代为传话，以化解或中止不满。这可以达到两个目的：一是把自己的想法和事实告知对方，起到澄清事实、消除误会、增进了解的作用；二是让对方知道，你已了解到他的所作所为，使对方有所收敛，否则肆意扩散的话，对自己会有副作用。因为对你不是很了解的人，可能会由此对你产生误解。一个秘书要多些达观和宽容的心态，善于化解种种敌意，这样有助于在同事中树立良好形象，对工作和事业有所帮助。

2. 增进同事间感情的艺术

与同事愉快地相处，是秘书上传下达、沟通协调的重要内容。

（1）主动沟通。如果说主动沟通是一个姿态问题，那么善于主动沟通则是艺术问题。这里有以下几点需要特别注意：第一，要善于选择最佳交谈时机、场合以及容易引起对方兴趣的话题。第二，交谈时，不论对方态度如何，都要谦虚诚恳，并贯穿交谈的始终。第三，要讲究语言艺术，尽量选择“商量式”、“调剂式”、“安慰式”、“互酬式”语言，并注意分寸。第四，交谈中，要善于体察对方的心理变化。当对方对某一话题或某句话产生共鸣时，应因势利导，迅速向广度和深度扩展；当对方对某一问题表现冷淡或反感时，应机智地改变话题，谈对方最关心或最感兴趣的问题。第五，即使谈话不成功，也不要丧失信心，要善于总结经验，寻找机会再谈，因为“成功往往在于再坚持一下的努力之中”。

（2）相逢开口笑。笑是表达和增进感情的重要方式。就其动机和原因而言，笑也有各种各样的类型。这里的“相逢开口笑”是强调同级之间、同志之间要善于以笑的力量去感染对方，创造一种美好和谐的气氛。这种笑，是“诚于中而形于外”的笑。在同志特别是同事之间，“相逢开口笑”有助于解决某些分歧和矛盾，对缩小彼此的心理距离、消除各种疑虑和误解具有不可取代的作用。

（3）善于“制怒”。同级之间由于性格、修养、思维方式、生活方式等不尽相同，发生某些摩擦或冲突是难免的，出现愤怒的情绪也可以理解。然而愤怒有时会误事。“制怒”并不是一件容易的事，它是一个人以理智战胜感情冲动的过程。善于“制怒”不仅要有“忍人所不能忍”的宽广胸怀和以大局为重的精神境界，还要有强烈的自我控制意识。特别是当有人别有用心地搞“小动作”时更是如此。善于“制怒”并不意味着凡怒都要制，它与“适时愤怒”并不矛盾。

（4）关键时刻送温暖。就是指在同事最需要的时刻及时给予相应的帮助和支持。这样做不仅能及时解决同事的困难或问题，还会使对方倍加感激。同事之间需要支持和帮助的关键时刻，表现在许多方面，如工作出了漏洞需要补救时；新任领导不熟悉情况对同事有误解时；受到排挤身陷逆境时；生活和工作中遇到困难时；等等。在这些情况下，给予及时热情的支持和帮助，对方是难以忘怀的。

（5）求同存异。与同事愉快相处是秘书上传下达、沟通协调中十分重要的环节，必须处理好。

1）了解同事是和谐相处的基本条件。每位同事的成长背景和工作经历都不同，秘书了解得越清楚，越能应付自如。

2）要与同事打成一片。虽然单位里每个人的工作任务有所不同，但共同目标是搞好工作。秘书应乐于合作，彼此支持，互相体谅，共同提高。

3）要对同事一视同仁。有些人往往因为个性接近、志趣相同、谈得来而感情较好，秘书与同事之间也有这种情况。虽然这是正常现象，但其他同事却不这么看，可能认为你厚此薄彼，搞小团体主义。因此，秘书与任何同事之间，都要保持等边距离，也就是对同事一视同仁，不徇私情。这样才不会赢得了这位同事的友谊，却引起了另一位同事的反感。

4）要注意并欣赏同事的优点。每位同事都有优点，应充分肯定，并在适当的时候对之赞美，切莫妒忌。对同事的过失切不要贸然指责或宣扬，必要时可在个别谈心时诚恳地指出。

5）要以正确的态度对待同事的称赞、批评与妒忌。秘书居于领导与同事之间，其角色不好当，稍有不慎，即引起同事议论。因此，要时时处处谨慎小心。若同事称赞自己，不必太高兴，更莫喜形于色；应在各方面严格要求自己，博得更多的好感；若受到批评，无须太灰心，有则改之，无则加勉；若被人嫉妒，不要太介意，应看成是生活常有现象，泰然处之。

秘书协调艺术包含的内容非常广泛，协调的形式变化多样，协调的技巧更是因人而异。这门艺术需要秘书人员在长期的工作实践中，不断学习，细心体会，勤于摸索，善于总结。唯有如此，才能达到艺术的境界。

思考练习题

1. 秘书人员的知识结构有哪些特征？
2. 秘书人员合理的能力结构是怎样构成的？
3. 秘书人员应当注意哪些方面的修养？
4. 秘书怎样学习和运用语言表达艺术？
5. 秘书的人际协调艺术包含哪些方法？

第七章

秘书工作与秘书人际关系处理

第一节　秘书处理好人际关系的重要性

人的社会性决定了人际关系、人际交往的必要性。同时人际关系是在双向互惠的、积极主动的交往中形成与发展的，处理好人际关系，具有十分重要的意义。秘书工作的沟通方式，秘书工作的辅助、服务内容决定了秘书工作开展与人打交道的比例与其他工作相比要多得多。因此，秘书处理好人际关系对于秘书工作的顺利开展意义重大。

人际关系指人与人之间相互交往与联系的关系，具有双向性。人际关系的双向性特点决定了人际关系处理中任何一方都可主动采取措施，建立、改善人际关系，对于秘书人员来说，就是要根据工作的需要，积极主动地建立良好的人际关系。人际关系的结果是互惠的。这种互惠程度决定于交往双方需要的满足程度。这种需要，有工作上的，有物质上的，有精神上的，也有生理上的。人与人之间由于满足了自各的需要而产生亲密关系，否则会发生矛盾和冲突，影响工作的成效、成败。俗话说："熟人好办事"，"一个篱笆三个桩，一个好汉三个帮"，就是良好的人际关系对工作的促进作用的说明。秘书通过建立良好的人际关系能保证工作顺利完成，提高工作的效率与质量。

一、秘书工作与人际关系

良好的人际关系对于秘书工作的开展具有重要的作用，影响秘书工作的成效。秘书人际关系的重要性要从秘书工作的开展方式和秘书工作在领导和组织工作中所起的作用来考察。

第一，秘书工作的开展方式主要是沟通方式，在领导和组织工作中起中介作用。秘书工作的沟通方式与秘书人员的地位密切相关。秘书人员是领导身边为领导提供综合辅助、服务的人员。领导的工作具有全面性特点，这就要求秘书人员必须对领导进行综合性的辅助、服务。这种综合性的辅助、服务决定了秘书人员要与各种机构、部门进行工作交往。秘书人员在对上下、左右、内外进行工作交往的时候，由于秘书是普通的工作人员，没有显性权利，下达领导指令、传输信息就要采取沟通的方式，为领导在组织内外搭建桥梁。良好的人际关系可以使秘书工作在内外沟通中顺畅、高效。

第二，秘书工作的开展方式主要是服务方式，在组织内外和领导工作中起窗口作用。我们将与人民生活、工作联系紧密的单位称为“窗口单位”。在一个组织当中，也有“窗口”性的部门，这个部门就是每个组织的秘书机构。秘书机构承担为领导服务、为职能部门服务、为所有员工服务和为外来人员服务的工作。秘书人员的工作方式之一是服务，服务意识对秘书人员非常重要。对各职能部门和组织的员工服务可以展示领导的风范，为外来人员服务可以展示组织的形象，内部、外部往往通过秘书机构的服务情况评价组织和组织的领导层。这种为上下、左右、内外的服务工作，决定了秘书人员必须具备良好的处理人际关系的能力。

第三，秘书工作开展的主要方式是辅助方式，在领导的决策和管理中起补充作用。秘书工作的辅助内容主要是辅助决策和辅助管理，这两部分工作的主要工作对象是领导。秘书人员具有良好的人际关系处理能力，能够正确处理与领导的关系就可以在辅助决策和辅助管理中做到内容适当，方式得当，更能适应领导的需求。另外，秘书人员在辅助决策和辅助管理工作中需要真实、有效的信息，良好的人际关系可以使秘书在调研中得到他人的配合，获取有效的信息；良好的人际关系可以使秘书人员的信息获取渠道大为拓宽，利于得到别样信息。

二、处理好人际关系的一般方法

良好的人际关系是可以通过自己的努力建立的。建立良好的人际关系必须从“以人为本”的理念出发，关注他人，关心他人，以诚待人。

（一）用心待人，真诚待人，友善待人

按照“镜像原理”，一个人对待另一个人是否真心、真诚、友善，是会在对方脑中形成镜像的，也就是说对方能够真切地感受到你对待他的态度、情感、心理。因此，建立良

好的人际关系要用心待人，真诚待人，友善待人。

（1）善于谅解、理解他人是缩短人际距离的有效方法。同事之间在工作中难免会发生不顺畅，朋友之间在生活中难免会发生不愉快，这就需要秘书人员换位思考，谅解他人的过失，理解他人的不易。如此会促进彼此心的交流，彼此建立更加可靠、稳固的良好关系。

（2）用心关怀、帮助他人。从“以人为本”的理念出发，关注他人，关心他人，就要考虑他人的需求。每个人都会遇到困难，每个人都会失意，当你得知他人的困惑，了解到他人的不易时，就要给予必要的关心、帮助。给他人小的帮助对于互相建立良好的人际关系却是大的推动。

（3）真诚地赞美他人。人本主义心理学家马斯洛认为，人的最高层次的需求是对成功的追求。从另外一个角度讲，当一个人获得了一定程度的成功，取得了一定成绩的时候，他便期待得到别人的认同，得到别人的肯定。因此，在工作、生活中，当我们发现了他人的成绩时，要进行适当的赞美。当然，赞美他人本身就是艺术行为，需要在适当的时间，适度、艺术地表达。

（二）要牢记他人的姓名

记住他人的姓名不只是记住了一个符号，牢记他人的姓名实际是体现了我们对他人的关注、重视程度，牢记他人的姓名是对他人的一种尊敬。

（1）牢记他人的姓名即要记得快、记得准。我们在与他人交往中会通过名篇、别人介绍得知他人的姓名，这就要求我们尽快记住他人的姓名，并且要记准。记忆他人的姓名要求“对号入座”式记忆，不能有错误。

（2）牢记他人姓名的一般方法。首先，当得知他人的姓名后，在心里默念他人的姓名；然后，根据自己的观察点，寻找他人的特征，包括外形特征和言语特征等；最后，将他人的姓名和特征进行对应记忆，并在脑中进行回顾，形成记忆。不同的人记忆力有别，我们可以反复进行此种记忆，也可采取其他有利于记住他人姓名的记忆方法。

（三）要做一个忠实的听众

每一个人都希望有一个听众，希望有人听自己表达观点，希望有人与自己进行交流，这是人的社会性的本质需求。我们要善于做一个忠实的听众，就要从内心和外显统一去做。

（1）从外显讲，必须显现希望听的样子，希望从他人那里得到信息、观点、知识；在听的过程中要耐心倾听，避免坐立不安，切莫随意打岔。另外，不顾别人讲话的完整性就随意打断别人的讲话是对他人的不敬，也是没有素养的体现。

（2）从内心讲，要做一个忠实的听众，不是做一个听客，这就要求有适当的观点交流。首先是去除先入为主的持疑态度，不要在听的过程中表现出不屑一顾的表情和挑剔、存疑的眼神；其次是不要老是保持沉默，要在恰当时互相交换观点，诚心沟通。

（四）要发挥微笑的魅力

“微笑是走遍全球免费的车票。”你的微笑是对他人的善待，你的微笑给人传递的是善意的信息，你的微笑给他人奉献温暖，你的微笑给自己带来了与他人接触、交流的机会。我们要学会微笑面对他人，微笑与人交往。秘书的工作对象主要是人，微笑着面对自己的工作对象，给对方传递的是友善，如此，我们赢得的是工作上的合作、协助。

第二节　秘书工作中的几类人际关系处理

秘书工作中的人际关系类型是根据秘书工作中稳定的职能对象确定的。在秘书工作中，稳定的职能关系可以按层级来进行划分，一般可以分为秘书与领导的关系、秘书与职能部门的关系、秘书与同事的关系及秘书与下级的关系等几种。这几种人际关系处理在秘书工作中具有确定性、稳定性特点，秘书工作中必须直面。因此，我们必须理性、人性地处理这几种秘书工作中的人际关系，这对于秘书的角色定位非常重要。

一、秘书与领导的关系

秘书最主要的工作是为领导提供辅助和服务，秘书与领导的关系处理也是秘书工作中最重要的人际关系。从另一个角度讲，领导对秘书工作的评价是衡量秘书工作成效的最主要标准。

（一）秘书与领导关系的确定

对秘书与领导是何种关系，这种关系在学术上又该如何表述，学术界出现了比较多的说法，如受历史、政治影响出现了所谓的“朋友关系”、同志关系，从工作的角度提出了互助关系、互补关系等。对于秘书与领导的关系应该确定为何种关系，是一个因人问题，也可以从不同的角度进行理解，但笔者认为主要应从工作内容和工作方式上确定。

（1）在职能上，秘书为领导人辅助、服务，是领导人工作上的助手。秘书与领导的这种领导与助手的关系在秘书工作中体现得最为明显，体现在秘书工作内容的授予性、工作方式的被动性，秘书工作对领导工作的适应性等方面。

（2）从组织关系上看，领导与秘书是上下级关系。这种关系在各组织的各级人员中普遍存在。秘书在组织的层级中与其他员工相同与领导同为上下级的关系，秘书是领导的下级，只不过这种上下级关系由于二者在工作的特殊关系，体现了其特殊性。

（二）目前秘书在对领导进行辅助、服务时出现的几种关系

从职能上讲，秘书为领导提供辅助、服务，是领导工作上的助手，二者主要是工作上的关系。在工作中秘书与领导出现了以下几种情况，实际是工作关系处理情况，秘书与领导的工作关系是服从方式问题。

（1）盲目服从。秘书在工作中丧失自我理性或能力不够，不能根据自己掌握的信息对领导进行辅助，秘书成了领导的“仆人”。如此，必然对领导的工作造成重大影响。

（2）自私服从。秘书认为工作中必须对领导完全服从。这种服从是对秘书与领导工作关系的又一误解。秘书是领导的助手，就要对领导的工作进行拾遗补缺，绝对不能理解为一味服从领导，领导就会认为秘书工作成效显著。

（3）被迫服从。这是由领导个人的领导风格决定的。有些领导对个人的能力过于“自信”，不允许其他人有不同观点，我们把这种领导称为“专制型领导”。在这种领导的工作风格下，秘书辅助的空间有限。

（4）自觉服从。这种秘书与领导的工作关系是最理想的关系。领导给秘书的辅助、服务留足空间，秘书在工作中可以发挥自己的主观能动性，二者做到了主、辅的协同配合。秘书对领导的服从是经过了相互交流、观点碰撞形成优化方案后的服从，这种工作服从对于领导的工作和秘书的工作均有最大帮助。

理解秘书与领导工作中的服从问题，就要理解秘书对领导的“忠”的问题。对于秘书来说，对领导的“忠”非常重要。因此，秘书处理与领导的关系时要正确当“忠臣”。对于“忠臣”我们可以进行以下分类、分级：一流的忠臣有忠有能；二流的忠臣有忠无能；三流的忠臣无忠有能；四流的忠臣无忠无能。

领导需要一流的忠诚，这样的忠臣在“忠”的基础上能力突出，可以达到对领导的自觉服从；领导不需要愚忠，这样的忠诚能力缺乏，对领导的辅助作用有限；领导更不需要自私的“忠”，这样的秘书会使领导的工作陷入“误区”，甚至走向危险的境地。

（三）领导需要怎样的秘书

建立良好的领导与秘书工作关系，主动权很大程度上在秘书，秘书必须适应领导，适应领导的需求。因此，秘书要知道领导需要何种秘书。

（1）领导需要忠于职守、安于本分的秘书。秘书要“忠诚”，还要熟悉自己的职能范

围，能在被动地位发挥主观能动性，能安于本分，固守秘书本职，不争名图利，不越权。

（2）领导需要敏于观察、勤于思考的秘书。秘书机构被称为“信息港”，秘书要在这个“信息港”中，善于发现、获取、处理信息，以辅助领导。敏于观察是获取信息的基础，勤于思考可以使信息发挥作用，为拾遗补缺提供依据。

（3）领导需要任劳任怨、能够分忧代劳的秘书。必须认识到秘书是助手，必须乐于当助手，做到乐于吃苦、忙而不乱、办事可靠、分忧代劳、累而无怨。

（4）领导需要能够联系群众、善于协调的秘书。秘书是领导与群众的桥梁，只有善于联系群众，才能当好桥梁。秘书要联系群众，充当领导与群众的纽带，要善于协调，为领导工作缓化矛盾。

另外，秘书处理与领导关系的时还有一些注意事项。如显而不抢、管而不擅、慎而不惧；一忌顶撞和不从，二忌依附和盲从，三忌背后瞎议论，四忌亲疏太悬殊，五忌意图不理解，六忌受屈闹情绪。

（四）秘书为领导班子服务的注意事项

秘书在为领导提供辅助、服务时兼有为领导个人服务和为领导班子服务，因此，秘书要处理好为个别领导服务、为领导之间服务和为领导班子服务的关系。

（1）处理好为主要领导人服务与为副职领服务的问题，不能亲疏有别。

（2）处理好为主要领导服务和为领导班子服务的问题，促进领导班子间的沟通，促进领导班子的密切合作。

（3）正确处理请示问题，避免酿成领导班子成员间的矛盾。做到对口请示，避免交叉请示；做到逐级请示，避免越级请示。

二、秘书如何处理与平级和下级的关系

在秘书工作中，秘书人员需要领导的信任、支持，也需要其他人员的配合与帮助。我们把秘书人员与领导之外的其他人际关系处理概括为秘书与平级和秘书与“下级”的关系两类。

（一）秘书与平级的关系处理

所谓平级关系指同一组织中，职务级别相同或相等的人员之间的关系。在一个组织中与秘书人员处同一级别的人员主要包括两类：一类是指在秘书机构内级别相同的秘书人员之间的关系处理，这类人员之间存在非常普遍的相互协作、信息共享关系；另一类是指秘书人员与其职能处室、科室人员的关系处理，在秘书工作中需要其他职能处室、科室人员

的配合、支持和帮助。在工作中，秘书人员处理与平级的关系需要遵循下列原则：

（1）尊重原则。尊重包括三方面，首先是自尊，然后是尊重他人，最后要互尊。尊重是一种发自内心对他人的认可。每个人都有自尊心，都有长处，要尊重他人的自尊心，尊重他人的长处，对平级中的老同志，尤应如此。对别人的短处，不论是公开场合或是私下交谈都不要议论。秘书人员对他人的尊重会换来他人在生活中对自己的友善，以及在工作中对自己的配合、支持、帮助。

（2）真诚原则。去除虚伪，以诚待人本身就是一种高尚的品格。秘书人员在生活与工作中处理人际关系，实际上从根本是将做人的基本原则把握到位，将做人的原则与做事的原则统一起来。真诚原则是对人情要真，心要诚，真心实意地待人。真诚原则不仅表现在工作上的互相关心、帮助，而且还通过非正式的关系，在生活上、学习上乃至兴趣、爱好上寻找相同点，以促进交流。

（3）宽容原则。宽容，宽以待人是一种美好的品格。秘书工作中的宽容原则包括两个层面：一是在工作中对他人的工作方式、风格、方法要有宽容的态度，不要强求与自己一致；二是当自己在工作中与他人出现观点不一致，发生矛盾时要宽以待人，要设法化解问题。发生矛盾后一定要自制，即控制自己，克制自己，尤其要“制怒”。

（4）配合原则。主动配合他人的工作是与平级相处的原则也是方法。积极主动地配合他人，帮助他人完成工作会在工作中赢得他人的尊重，配合他人完成工作是一种共赢，而对于他人的工作我们不是看客，要能给予他人帮助，助其完成工作，这也是共赢。另外，有些事情自己无法做到时要善于讲明缘由。

（二）秘书与“下级”的关系处理

严格说，秘书没有下级，只有秘书长、办公室主任等秘书机构负责人才有下级。但是在实际工作中，秘书作为辅助领导管理的人员，在辅助管理过程中其传递的是领导的工作安排、决定、指示，下达的是领导的工作要求。因此，人们把秘书看成是领导的“替身”，看成是“二首长”，于是秘书人员同单位的职工或下属单位领导构成了一定意义上的“上下级”关系。秘书处理这一类的人际关系需要注意以下原则：

（1）平等原则。一是指自己和“下级”处于同等地位，这是一个从正确认识问题，然后合理进行心理定位，再规避自己行为的系列问题。因此，首先是一个认识问题，秘书人员不能因为自己和领导接触的机会多，和领导的工作关系密切，传递的多为领导的工作指示就自身产生优越性。秘书人员必须认识到，秘书人员工作的特殊性是自身工作内容的要求，其地位与普通的工作人员没有区别，不能用安排工作的口吻与其他工作人员说话。二是对待“下级”一视同仁，不要厚此薄彼。每个人的人际关系都有亲疏远近，秘书人员可以把这些放到生活中去。决不能把生活关系中的亲疏关系引入工作中，出现工作中厚此薄彼的现象。

（2）信任原则。秘书人员作为“桥梁”、“纽带”传递信息，特别是代领导传递工作安排时，要体现出对接受工作对象的信任。秘书人员对其他工作人员信任与否直接关系到秘书人员传递信息的方式、口吻，若对其他工作人员不信任，秘书人员在安排工作时会出现“必须”、“一定”等词语，而且口气也会生硬，长此以往，会使其他工作人员产生心理悖向，反而不利于工作的开展。

秘书人员的人际关系处理受到个人的受教育程度、经济基础、个人性格、家庭环境等多种因素的影响，还会受到交往对象的制约。秘书工作中的人际关系处理又是非常重要的，要求秘书人员必须合理处理人际关系，这就要求秘书人员在掌握基本原则的基础上，结合个人的特点灵活处置。

思考练习题

1. 秘书人员处理人际关系的一般方法有哪些？
2. 领导需要怎样的秘书？
3. 怎样理解秘书与下级的关系？

第八章

秘书队伍的建设与管理

秘书人员（专职秘书或秘书工作者）是根据工作需要，经过组织考察分配上岗的。近年来，随着市场经济体制的不断完善和用人制度的改革，我国秘书队伍的建设和管理出现了新的气象。1998 年 5 月，劳动管理部门颁布了国家秘书职业技能鉴定等级标准，秘书已经正式列入职业系列。对职业秘书队伍的建设和管理，有了相应的国家标准。2003 年，劳动和社会保障部组织力量进行了《秘书国家职业标准》的修订工作。本章主要针对公司、企业专职秘书队伍建设与管理问题，做一些简要介绍。

第一节　秘书人员的应聘与试用

一、秘书的任职资格与条件

当今社会对秘书的需求和聘用，基本要求主要体现在以下三个方面：

(1) “硬件”要求毫不含糊。在需方人才市场上，招聘单位对求职者的年龄、生理条件、学历、专业技能水平等硬指标要求相当严格，对秘书比较传统的三项要求是文笔、英语和现代办公设备使用能力，这几年已经被逐步量化为“硬件”。因为应聘者多，“硬件”不达标的应聘者甚至得不到面试的机会。

(2) “软件”要求绵里藏针。所谓“软件”，是由那些“良好的”、“熟练的”、“Good”、“Fluent”、“Energetic”、“Effective”等用词体现的，这可以说是高难标准。因为考核秘书的标准不是应聘者的自我评价和自荐书，而是招聘单位的工作需要和对应聘者的择优选拔。“软件”要求对应聘者来说是更难以把握和应对的，这是当今社会对秘书提出的更高的而且在不断升高的要求，是秘书运用知识、表现能力、展现综合素质的指标。所有这些都要求秘书有很强的领悟能力。

（3）“第二专业”不可或缺。几乎所有的招聘启事都先介绍业务范围，旨在告诉应聘者本单位所需要的专业知识和技能。有相关专业工作经验者优先考虑的声明，表现了招聘单位对应聘者的专业工作经验越来越重视。在其他条件相近情况下，专业工作经验，即第二专业知识显得十分重要。

面对“诚聘”广告，秘书人员要以审慎的态度，分析自己和招聘单位。尤其是那些在要求上仅仅是软件指标的单位，择优录用会使标准上浮，应聘时要根据招聘的具体职位、工作内容加以权衡，以求双向选择准确。

二、秘书的应聘面试及准备

（一）推荐和自荐

推荐一名秘书到用人单位，一般有三条渠道：应聘者本人自荐；了解和熟悉应聘者的人推荐；应聘者的原单位或毕业学校的推荐。三条渠道是交叉关系，每条渠道各有优势和不便。最了解自己谋职目标的当然是本人，但容易模糊自己的弱势，甚至不能准确表明自己的条件。了解和熟悉应聘者的人愿意推荐，本身就是一种有利的表态，国外用人就很看重推荐，当然更在意推荐人是谁。所以，让人推荐，要选择好推荐人，有时推荐人有力，能一锤定音。但是转托或强人所难，不如自荐。单位或毕业学校的推荐，一方面是客观上有这样推荐的条件，比如单位间的调动、院校毕业生谋职时期用人单位要求推荐等；另一方面，出以公心的举荐，可信程度高，对谋职者相当有利，因此这类推荐在对被推荐人的评价上真实可信，也留有五分余地，不会有溢美之词。

目前在秘书推荐上，自荐方式比较普遍；毕业生由毕业院校推荐也较普遍；有工作经历的秘书在谋职时常由人口头或书面推荐。也有谋职者三条渠道并进的，这肯定是他非常希望被录用。

（二）面试或约见的联系

最常见的事先约见是电话联系，这比贸然前往更有把握。有的招聘单位在启事上就申明要求，如：事先电话联系、先请邮寄有关材料、固定洽谈时间等，应聘者最好按要求做。有的招聘启事上写明联系人，有的启事未写明联系人，电话联系时不要找总经理或老板，聘用之事自有人分管。也不要谁接电话就问谁，即使恰好是联系人接了电话，也会觉得你冒昧而无秘书工作经验。要简单说明自己是看了招聘启事而想进一步了解情况的，请有关人员听电话。

电话联系或约见时还应注意：

（1）明确联系目的，要弄清招聘启事上没写明而自己又希望知道，以决定是否应试的问题。在电话中，要表现感兴趣、愿意一试的态度。

（2）事先要想好关于学历、工作经历等问题的简要回答。对方没问就不必说；如果问到，要简单明了，对答流畅。

（3）即使自己感觉谈话非常成功，对方不问，也不必非让对方知道自己是谁。咨询者很多，对方不可能一一记住，你不必显得过分渴望这份工作。

（4）根据电话随时记下公司的情况，以及感觉到的公司人员的素质水平，通盘考虑是否进一步应试。

（5）在询问或面试时，不要直接涉及过多薪金和待遇问题，以免使对方认为应聘者关注焦点仅此而已，事后可以间接了解。

（三）准备应聘材料

根据用人单位的要求，应聘材料主要有：

（1）学历证明：毕业证书、学位证书等。

（2）求职申请：即自荐书。

（3）履历材料：可以是表格，也可以是文章材料。

（4）推荐信：视招聘单位要求和应聘者本人意愿而定。一般涉外企业比较重视推荐信，或许还有印好固定格式的推荐信表，需要1～2封。

（5）求职申请表：有的招聘单位印制了此表要求应聘者事先填写，以简洁明确地了解欲知情况。

（6）身份证、工作证、求职证等必要证件。

（7）相关证明：如技术等级证书、英语和计算机等级证书、驾照等。

以上材料，面试时要带齐全，同时应准备好复印件。随着社会求职者的增多，招聘单位的选择工作量大，对应聘材料的筛选成了第一步。因此求职者的应聘材料无形中成了敲门砖。现在，不少求职者的应聘材料相当“专业”，且制作精美，比如彩色打印的、装订成册的，还有专门承揽类似业务的门市为应聘者特制。虽说不能以材料的精美度取人，但在众多光鲜绚烂的材料中，粗糙、简单的复印件必然失色。求职秘书应精心设计和制作好自己的应聘材料，这些材料毕竟体现了秘书的文书设计制作水平。

三、秘书的面试

面试是秘书的应聘考试，实际上有可能是笔试、口试或操作测试。因为对于招聘秘书，无论什么形式的考试，直观上看看应聘者的形象，感觉言谈举止中体现的气质修养是必不可少的成分，所以习惯上一般称“面试”。

笔试一般测试应用文写作、英文、函电业务、秘书专业知识和相关专业知识水平。不同招聘单位工作要求不同，考试水平也不统一。有的单位还设计了自然科学和社会科学基础知识、文化课水平的考试以及心理测试题，甚至引入了智商、情商测试题。

口试多是英语听说能力测试，难易程度因招聘单位需要而定。当然在口试形式中也有了解应聘秘书思维能力和表达能力的意义，这体现在貌似闲谈的中文自然对话中。有时招聘单位也专门设计口试问题，甚至由领导或主管出任主考官。没有经验的应聘者常被这种场面弄得挺紧张，这时越紧张，越容易失败。其实这只是形式问题，核心是要测试秘书的思维表述以及心理素质。

实际操作的测试很多是计算机应用。比如要求熟练掌握 Office 相关软件操作及 Internet 使用，可能在面试时就请你制作文本或从网上下载文件。有的实际操作可能请应聘秘书进入角色，协助操办会议事务。有的是出席宴会，还有特意请应聘秘书临时接待客户或处理某件事务，以求在工作中观察秘书的综合素质。

无论何种考试，都出于招聘单位对秘书实际工作的要求。所以，只要具备秘书职业能力，即使考试中偶有失误也无碍大局。但是深厚的知识、熟练的操作技术、从容的应对能力以及稳健的心理素质，是所有招聘单位共同期望的。应聘秘书能自然地展示优异超群的综合素质才能成功。一般来说，面试应当特别注意下面几点：

（1）按照约定时间面试。不必提早，早到了不必去打扰。一定不要迟到，万一晚到要致歉并向对方说明情况。

（2）诚实回答所提问题。不炫耀、不吹嘘、不攀扯，无论这份工作是否适合，都应当给人诚恳朴实的印象。

（3）把握分寸。对要求表态的问题，面试前要有所考虑。回答时要留有余地，一时不能答复的可明确请求“请让我考虑一下”，不要把面试误当智力测验而急不择言。

（4）自然展示秘书素养。面试的整个过程就是你展示秘书素养的机会。任何一次对答，一个动作举止，一件小事的处理，都体现自己的才能和素质。优雅而不做作，自然而不庸俗地展示自己的专业素养是十分必要的。

四、秘书在试用期间的工作

秘书经过面试合格的，用人单位一般会请秘书来试工。这与以往招工用工的试用期、转正期的意义相近，不过是用人单位想经过更长一段时间，在常规秘书工作环境和事务中进一步考察新人。秘书参加面试，就希望得到这份工作，被告知试工当然很高兴。这时作为试用秘书，尤其是初次走入职业岗位的秘书，应当注意以下几个问题：

（1）如果有些关心的问题在面试中没好意思问清楚，在试用前可委婉地询问有关人员，如报酬、待遇，具体工作部门和工作内容。

（2）详细了解单位有关规章制度和纪律要求，不要等违犯了某项制度再由领导来申明。

（3）坦率地向直接领导讲明必须说明的情况，以免出现问题给人以辩解、找理由的误解。

（4）尽快进入角色，尽早熟悉工作，减少因为生疏和不熟练所造成的工作不顺利。

（5）新任秘书常为工作环境中被人注视的目标，一定要保持沉稳，避免热情过度，做事适可而止，注意观察体会工作环境和氛围。

（6）在试用中要仔细品味自己是否适合这份工作；对自己来说，这个供职单位是否有发展前途；这份工作是否有发展前途。

（7）适当时候向直接领导表达对这份工作的满意，表明希望被录用的意愿。如果不是这样的感觉，就更要及时表示。

第二节　秘书人员的审查与考核

秘书是机要性很强的职业。能否保守机密，关键在于秘书素质。所以对秘书的审查和考核历来受到用人单位高度重视。当前我国对秘书的审查和考核在内容和形式上发生了很大变化。介绍这方面情况，旨在使秘书充分了解这个职业的纪律和要求，有利于做好秘书工作。

一、秘书的审查与职业纪律

对秘书的审查和纪律要求，是由秘书的岗位和工作性质决定的。从北京市的普遍情况来看，秘书大体有三种：一是党政机关和事业单位秘书；二是公司和商业企业秘书；三是涉外机构商社企业中作为中方雇员的秘书。我们来看这三种秘书的审查标准。

（一）政务秘书的审查和纪律

随着反腐败和整顿机关工作作风力度的加强，党政机关、事业单位对秘书的审查日益严格，对政务秘书在政治上比一般秘书要严格，标准要高。

尤其是对领导人的秘书和担任一定领导职务的秘书，审查更严。中共北京市委办公厅等联合下发文件，就秘书管理工作，明确规定了对秘书的审查内容和形式，并且有明确的时间周期要求。比如对领导人的秘书，文件规定以领导和群众评价相结合的方法，每年考核一次。在个人总结基础上，从德、能、勤、绩四个方面全面考核，考核结果纳入干部档案。党政秘书同时还要接受对机关公务员的审查，这不仅是政治上的审查，还有廉洁公正方面的职业作风审查。

（二）企业秘书的审查和纪律

对企业秘书没有统一的审查标准，常常是依照不同企业中对职员的审查进行。与政务秘书相比，企业对秘书的审查比较侧重经济和工作效率方面。审查的形式常有自我述职、领导和基层评议、个人总结等。从内容看多是围绕秘书实际工作，特别是工作效率进行，更准确地说，是企业对自己职员的审查。在企业中，经济工作的特点十分明显，企业秘书每天和钱、财、物打交道。虽然没有专门对秘书的审查，但是有要求秘书公私分清、廉洁自律、正确区别工作交际交往和奢侈腐化的不正之风的纪律。秘书一旦违反相关纪律，审查和处理是严肃和及时的。

（三）涉外秘书的审查和纪律

此处所指的涉外秘书不同于以往做外事工作的机关秘书，主要是指改革开放以来，受雇于外资外商企业、合资企业等机构的中方雇员秘书。对涉外秘书的审查，一是由承担劳务输出的对外企业服务机构主管；二是由雇用涉外秘书的企业单位人力资源管理部门主管。审查内容因国家和企业的不同而有所差异。承担劳务输出的对外企业服务机构，对包括涉外秘书在内的中方雇员有明确的工作原则和工作守则，有严格的涉外工作纪律。

1. 涉外秘书的工作原则

（1）坚持“和平共处五项原则”。

（2）坚持“不卑不亢、内外有别”的原则。

（3）坚持“维护民族尊严、维护国家荣誉”的原则。

（4）坚持“严格执行外事纪律”的原则。

2. 涉外秘书在工作中应注意遵守的六项守则

（1）忠于祖国、忠于人民、忠于事业。涉外秘书既要维护祖国的尊严和利益，又要兼顾供职的部门和外方的利益，摆正中方、外方与秘书三者的关系，不做丝毫有损国格、人格的事。

（2）注意贯彻执行党和国家的方针政策，尤其要注意贯彻党和国家的对外经济政策，自觉遵守国家的各项法律法规。

（3）严格保守国家秘密，认真执行保密法规。保守职业秘密，讲究职业道德，遵守职业纪律。

（4）忠于职守，尽职尽责。不超越权限。

（5）保持中国人民的优秀传统和行为美德，吸收借鉴国外精华。

（6）与外方人员私人交往要有度。遇事要向有关部门请示、报告。

二、国家秘书职业资格鉴定与考试

（一）国家秘书职业资格鉴定

1997 年国家职业技能鉴定专家委员会增设了秘书专业委员会。1998 年 5 月，国家劳动部颁布了国家秘书职业技能鉴定等级标准，并在全国五大城市建立了秘书等级考试中心。

1999 年和 2003 年，劳动和社会保障部先后两次组织修订了《秘书国家职业标准》，重新推出了《秘书职业技能培训鉴定教材》，2003 年 6 月组织的秘书职业鉴定，按重新修订的标准进行了考试。

考试形式分为理论知识和实际技能两部分。但至今举办的考试实际技能操作还未能从书面笔答变为实际操作的鉴定。考试依据全国统一的考试指定教材，借鉴了英、美等国家的秘书等级考试方法。

1. 秘书职业资格鉴定的对象和鉴定内容

（1）秘书职业资格鉴定的对象。在《秘书国家职业标准》中，秘书是指“专门从事办公室程序工作、协助领导处理政务及日常事务并为领导决策及其实施服务的人员”。

秘书职业分为四个等级：五级、四级、三级、二级。对不同等级的秘书归纳了共同的职业能力特征：“具备文字与语言沟通能力、综合协调与合作能力、逻辑思维与分析能力等。”

（2）秘书职业资格鉴定的内容。

1）鉴定内容基本上是以秘书工作的基本要求和不同等级秘书的具体工作内容来划定

的。基本要求包括职业道德、公文基础知识、办公自动化知识、速记知识、法律与法规、企业管理六个方面。

2）基本内容的“基本要求”部分主要采取书面考试的形式。

3）在《秘书国家职业标准》中，对各等级秘书的职业能力要求，主要包括商务沟通、办公室事务管理、常用事务文书拟写、会议组织与商务活动、档案与信息管理五个方面。按照等级不同，依次递进，高级别涵盖低级别。

4）对各等级秘书的职业技能鉴定分别进行，目前主要沿用书面问卷笔答形式，正在做实际操作鉴定的酝酿。目前，笔答中比较新颖的是针对秘书工作的情景题，即试题描述出秘书工作中的场景环境和即时情况，然后提出问题，请被鉴定者运用秘书学理论和秘书工作的原则、规律、纪律、工作惯例回答应当如何处理和解决。这类试题是技能鉴定由书面考试向实际操作鉴定过渡的最好引导。

2. 目前国家对秘书职业技能鉴定的局限

国家颁布的对秘书职业技能的鉴定标准，对从事秘书工作的人员和从事秘书学理论研究的人员以及从事秘书教学的人员都是件好事，但也有待逐步完善。从目前实施的几次鉴定情况看，有以下问题亟待解决：

（1）职业标准的完善。制定的职业标准与迅速发展变化的秘书职业要求相比仍然需要进一步完善。

（2）国外对秘书的职业鉴定分为理论知识和实际操作两部分，实际操作就是派鉴定员对被鉴定的秘书实行跟踪鉴定。鉴定员跟被鉴定秘书到他的办公室观察他的工作过程，鉴定他的工作水平，鉴别他的工作能力。我们在考虑实施鉴定工作时，也提出过这种鉴定形式，但是目前这种形式还未出台。秘书是一种特殊的职业，做的是脑力劳动和体力劳动结合密切的工作。把鉴定放在秘书工作实践中应当说是好方法，目前的单一动笔考试，甚至没有对秘书操作计算机水平的鉴定，恐怕是不能全面说明秘书的职业技能水平的。

（二）我国引进的剑桥秘书证书考试与NVQS秘书考试

1. 英国的剑桥秘书证书考试

英国剑桥大学考试委员会的剑桥秘书证书所遵循的标准，广受世界各国所推崇。证书考试的程序和评估设计被认为能适用于不同的地点、体系和文化。这个证书考试的目标是培养和考察学员的秘书技能，使学生能够展示：对重要概念的理解；将所获技能应用于实际工作环境中的能力；独立思考与工作的能力。

英国剑桥秘书证书主要从八个方面考察秘书的能力：（1）文字处理方面的能力。（2）交流和任务管理方面的能力。（3）办公室管理能力。（4）速记能力。（5）对客户服务的能力。（6）沟通技能。（7）组织会议和事件的处理能力。（8）信息和沟通技术（重点在计算机应用）。

针对每一方面的技能，剑桥秘书证书考试大纲都有明确的说明。有对学员进行训练的作业、作业说明和评估记录，以保证学员通过培训获取秘书证书。1999年，教育部考试中心成立了中英中心，重点进行秘书证书的引进工作。经过专家论证，对英国剑桥秘书考试大纲的研究讨论和修改，决定按照我国秘书工作内容和规律修订剑桥秘书证书考试大纲，引进剑桥秘书考试，并建立明确的秘书等级考试。

2. 英国的NVQS秘书考试

NVQS即国家职业资格证书制度（National Vocational Qualification System），是英国的以国家职业标准为导向，以实际工作表现为考评依据的一种新型的职业资格认证制度。在英国，NVQS被认为覆盖了所有职业，即从刚工作的新手到高级管理人员的所有技能和知识层次。

1994年开始，我国与英国开展职业资格证书合作项目，1997年两国在研讨交流中提出了在中国部分地区引进英国NVQS文秘（行政管理）和市场营销资格证书的意向。

NVQS的秘书考试英文原文是Administration，是英国NVQS行政管理及文秘标准委员会制定的。它的职业概念是行政或事务管理所包含的全部内容。其标准体系的基础部分所描述的职责主要是执行性的事务工作，包括来访接待、安全保卫、文件收发、信息处理、文档保管、文件准备和办公设备使用等。与我国所说的秘书（Secretary）职业相比，它强调管理和行政事务；间接表明随着现代办公事务的发展，秘书已由过去的处理日常事务性工作的角色向组织管理的角色转变的趋势。

第三节　秘书人员的晋升与发展

一、社会中不同的秘书等级现状

传统的行政秘书是按照行政级别来确定等级的，一些工厂企业甚至事业单位也是如此。比如一个局级单位，局办公室就是一个处级秘书机构，办公室主任就是处级，还会有副主任、主任科员、科员等。目前不少党政机关还是这样来划分秘书等级的。

相当多的公司、企业、饭店中秘书大体就分成两级：一级是处理日常事务的初级秘书；另一级是领导助理、左右手的高级秘书。有点类似美国的“Clerk”和“Secretary”之分。

在外交工作中，我国驻外领使馆有三秘、二秘、一秘的等级，但这主要体现的是外交意义和行政等级，应当说，它还不是秘书等级的概念。

二、晋升的可能和晋升的实际困难

在秘书这个职业中，长期以来，我国强调甘当无名英雄、幕后英雄，秘书工作也要求秘书踏实奉献，一旦有晋升要求，会被认为是非分之想。晋升工作在秘书队伍中一直没有进入正常的良性状态，秘书的晋升很困难。一个办公室只有一个主任，尤其是当这个主任年轻有为时，其他秘书的晋升就更难实现。

秘书等级确定和晋升工作的缓慢，与这几年社会对秘书的极大需求形成极大反差。有些招聘单位急需比较高层次的秘书，有的秘书已经具备了高级秘书的资质，但在实际招考中因没有硬件指标，常失之交臂。建立晋升制度，一方面可以增强激励机制，提高秘书人员整体水平，使秘书职业人才结构合理；另一方面给各单位的人才需求提供便利。需要秘书的单位可以根据需求招聘不同层次的秘书，从这两方面考虑，秘书的晋升工作非常重要。

三、秘书晋升工作的推进

秘书职业等级的现状和秘书晋升的实际困难，使人们提出了加快推进秘书晋升工作的要求。比照教师、会计师、医生等职业职称的考评，秘书是否可以建立职称考评制度？如果秘书职称明确，不同职称等级的秘书可以持证上岗。高级秘书可以凭自己的知识、技能、资历做高层次的秘书工作，而不必忧虑有没有办公室主任的位子。秘书在工作流动中，也可以凭自己的职称找到适合的职位，而不必总是从头再来。有这样的职称考评，秘书也有了评价标准，有利于秘书队伍整体素质的提高和秘书队伍的稳定。国家秘书职业技能鉴定，就是规范秘书职业标准的好形式。鉴定标准将秘书分为五级、四级、三级、二级四个等级，而且在鉴定中体现了渐次提高的要求。这个鉴定应当和秘书职称的评定相结合，而且尽快向持证上岗过渡，这是广大秘书人员非常关心的大事。

思考练习题

1. 如果你去应聘秘书，应该进行怎样必要的准备？
2. 如果你是一名秘书，根据《秘书国家职业标准》衡量，你还有哪些差距？

下　编

第九章

办公室日常工作

办公室作为机关、企事业单位内部的综合办事机构，是辅助领导处理日常公务的枢纽，是秘书人员的主要办公场所。所以，办公室日常工作是秘书工作的重要内容之一，是每一个秘书人员迈进秘书门槛后必须首先学会的业务本领。

第一节　办公室事务性工作

一、办公室概述

（一）办公室的含义

办公室是一个大家耳熟能详的名词，它主要有以下几种含义：

（1）泛指一切办公场所。它是管理人员或文职人员处理日常工作的主要场所。

（2）专指特殊办公场所。它是某一级职务领导人员或某一类职业人员的办公场所，如校长办公室、厂长办公室、护士办公室；也可以指某种独立的工作机构，如国务院台湾事务办公室、招生考试办公室等。

（3）特指秘书机构。它是党政机关、企事业单位内部的综合职能部门。在高级领导机关称为办公厅，如中共中央办公厅、北京市人民政府办公厅；在中级机关或基层单位称为办公室，如××学院办公室、××公司办公室等。

本章所论述的办公室是第三种。

（二）办公室工作的特点

秘书人员在办公室的职责，概括起来主要有两点：一是政务服务；二是事务管理。因此，办公室工作呈现出服务性、繁杂性、分散性、灵活性、专业性的特点。

1. 服务性

这是办公室工作最显著的特点。秘书人员在办公室中既要为领导者服务，又要为职能部门和人民群众服务。秘书人员通过自己的服务使领导者摆脱大量繁杂事务，全身心地投入指挥和管理；为职能部门创造一个协调和高效的环境，使之没有后顾之忧，保证组织系统的顺利运转；为本单位与人民群众架起一座沟通与理解的桥梁，密切本单位与社会各界的联系，树立本单位的良好组织形象。

2. 繁杂性

秘书人员在办公室中要承担起所有事务性工作，而这种事务性工作非常繁杂、琐碎，诸如值班接待、迎来送往、安排日程、沟通协调等。秘书人员必须具备良好的服务意识，端正服务态度，做到事无巨细，不怕麻烦，耐心细致，认真负责。

3. 分散性

办公室工作的内容是非常分散的，既有政务服务，也有事务管理；既有脑力劳动，也有体力劳动，服务形式不一，服务手段各异。另外，由于工作性质和任务的不同，工作人员往往各负其责，带有一定的独立性和流动性。这些都给统一管理和相互协调带来一定的困难。

4. 灵活性

办公室工作虽然日复一日，许多工作已经程式化，但是工作的弹性和可塑性很强，秘书人员往往需要机动灵活，随机应变，才能满足领导工作运转的临时需要和要求。这就要求秘书人员在安排事务方面发挥更多的主观能动性，研究办公室工作的规律，变被动服务为主动服务。

5. 专业性

办公室工作涉及文字、信息、协调、办公自动化等诸多内容，需要秘书人员具有较高的专业知识和专业技能。秘书人员必须不断扩大自己的知识面，苦练基本功，钻研业务，提高服务本领，才能适应领导部门对办公室工作的需要。

（三）办公室的作用

1. 指挥作用

办公室是机关领导或企事业单位主管人员进行决策、指挥的场所，犹如人的大脑。因此，做好办公室的协调管理和相关服务至关重要。秘书人员应该努力提高服务水平，营造一个良好的办公环境，创造良好的办公条件，为领导顺利决策、指挥奠定基础。

2. 枢纽作用

办公室是管理枢纽，一切信息在这里汇总、整理，一切指令从这里发出，日常各种事务在这里处理。所以办公室工作的质量和效率关系到整个机关、企事业单位的工作质量和效率。

3. 窗口作用

办公室是机关和企事业单位与有关单位、部门进行业务联系，与社会公众、新闻媒体打交道的场所，也是对外联络、展示机关形象的窗口。人们从办公室人员的言行举止中可以看到本单位的领导作风和工作效率。所以，建立严格的制度，树立良好的办公室人员形象，对机关、企事业单位的生存和发展至关重要。

二、办公室事务性工作的内容

(一) 值班工作

机关、企事业单位在 8 小时正常工作时间以外和节假日当中，还会有一些信息传递、业务交往，也会不可避免地遇到一些突发事件，为了避免机关、企事业单位工作的“停摆”，便设置了值班工作。值班工作一般归口办公厅（室）领导，并由办公厅（室）负责安排本单位的值班表。

1. 值班工作的组织形式

办公室值班工作的组织形式，依据其工作性质和规模大小有所不同：

(1) 专职性值班。大中型机关、企事业单位和一些具有特殊性质的工作单位，一般设有专职值班室和值班人员，实行昼夜 24 小时值班。

这种专职值班室的工作内容就是负责值班，不涉及其他事务。在某些高级领导机关或特殊工作单位则设立总值班室，直属秘书长或办公厅主任领导，其地位与同机关内的办公室或秘书处相等，是独立的职能机构。

(2) 轮流性值班。大多数中小机关、企事业单位不设立专职值班室，在 8 小时工作之外和节假日期间，由秘书人员和其他行政工作人员轮流值班。值班地点一般设在日间办公室内。

(3) 领导电话值班。近年来，许多领导机关为转变工作作风，密切与社会公众之间的联系，设置了各种热线电话，由秘书人员值班进行接听、记录、汇报和协助处理。这是秘书人员值班工作的一种新形式。

2. 值班工作的内容

（1）通信联络。秘书人员值班期间，应负责接收和传递各种邮件、公文，并按照文书工作的程序和要求进行处理。要接听、记录、处理电话事宜，保证本单位与其他单位之间的信息畅通。

值班室应该配备必要的办公通信设备（如电脑、电话、传真机等）并保证其性能良好，运行正常，还应该备有本单位领导、各部门负责人以及公安、消防、交通、急救部门的电话号码、联络方式，以备不时之需。

（2）公务接待和咨询。遇有来访的业务人员或客人，值班的秘书人员应按照正常的接待要求和接待礼仪做好相关接待工作，并妥善回答客人的咨询，尽量满足客人要求。对于外地来访客人，必要时应提供诸如联系食宿、预订车票等服务。

（3）处理紧急问题和突发事件。当遇到紧急公文或紧急情况，如发生自然灾害、事故或突发事件时，值班人员应做好传达信息、沟通协调、灵活处理等工作。

处理特殊事务时，秘书人员必须镇静自若、临危不乱。除了及时向有关领导通报情况、协助领导和有关部门妥善安排外，还应采取有效办法果断处理，避免贻误时机，给工作造成不良后果。

（4）承办领导临时交办的工作。领导有时候把一些临时性、随机性的工作交给值班人员处理，如迎送突然造访的客人，下发临时性会议通知，更改既定计划，紧急联络有关人员，检查某项工作等。值班人员要认真对待这些工作，向领导问明情况和要求，保证按时无误地处理好，并及时向领导复命。

3. 值班工作制度

值班室是展示机关形象的窗口，是对外联系、传递信息的枢纽，值班人员的精神状态、一言一行都关系到本机关的威信与形象，所以必须把值班工作纳入规范化管理的范畴，制定值班制度，对值班人员提出相应要求。

（1）岗位责任制度。值班人员必须遵守纪律，按时到岗。在值班期间必须坚守岗位，尽职尽责，做到“人不离机（电话）”。如遇特殊情况需要离岗，应提前向主管负责人请假，以便安排临时替班人。接班人员如果迟到，上一班的工作人员应坚守岗位，并电话请示主管，任何情况下不得擅离职守。

（2）值班记录制度。值班记录主要指对《值班日志》的及时填写。《值班日志》是值班工作的原始记录，其内容包括：值班时间、人员，处理有关问题时领导的指示以及处理结果，需要交代给下一班工作人员处理的待办事宜等。《值班日志》是对值班工作情况的真实反映，不仅是交接班的凭据，也便于日后查考。

（3）交接班制度。在值班工作中，上一班工作人员应把值班情况、办毕事项、待办事宜，按照《值班日志》的记载，逐项交代给下一班人员。这对于值班人员之间沟通情况、避免工作脱节具有重要作用。

（4）请示报告制度。值班人员在工作中，应本着认真负责的精神，慎重处理问题。除去常规工作可自行处理外，重要问题均应立即向领导请示汇报，并按照领导的指示办理，不能越俎代庖、擅自裁决。

（5）安全保密制度。值班人员在值班期间应集中精力，保持警惕，与本单位保卫人员密切配合，共同做好安全保卫工作。当然，两者各有偏重，保卫、保安人员侧重于室外巡视，值班人员更侧重于室内的信息沟通，两者协调配合，才能相辅相成。

值班人员对收到的机密文件和涉及的机密事宜，必须按照保密要求处理，不该看的坚决不看，不该说的坚决不说，做到严格保密。《值班日志》和《值班报告》应按规定妥善保管，无关人员不能随意翻阅。

值班人员不能把家属带入值班室，也不能接受私人来访，更不能在值班室内喝酒、娱乐、闲聊，做与值班无关的事情。

4. 值班室的建设

值班室的建设包括软件建设和硬件建设两方面的内容。一方面是建立一支高素质的值班队伍，建立严格的工作制度，提高值班人员的业务水平；另一方面是搞好值班室的设备、资料建设。值班室应备有良好的办公通信设备如电话机、传真机、复印机、电脑等，工作人员应熟练使用这些设备。要有适当的办公、招待用品，如桌椅、文件柜、茶杯、饮水机、值班人员休息的床铺等。值班室还应该有一定的信息资料贮存，如值班工作中经常涉及的上级单位、本单位和下级单位领导人的名单、住址、联系电话及秘书人员的住址、电话；本地车站、机场、码头、医院、主要宾馆饭店、娱乐场所的位置及联系电话；各种地图、交通路线图、时刻表；领导对值班工作的指示、要求，值班工作规章制度以及其他适用的工具书等。

（二）印信管理

印信管理就是对印章和介绍信的管理。印章和介绍信是各级各类组织对外联系的标志以及行使职权的凭证。

1. 印章的使用和管理

印章是机关或组织职权的象征，应当按照规定使用和慎重保管。

（1）印章的作用。

1）标志作用。机关或领导人的印章都是一种职责权力的标志。

2）法律作用。公文只有加盖印章才产生法定权威效用，任何公文信函若没有印章，就不能代表机关，也就无法生效。

3）辨伪作用。通过印章可以鉴别文件的真伪。文件上如果没有印章，当然就是伪造的；如果有印章，也可以通过印章的式样、字体、图案等方面进行鉴辨，判明真伪。

（2）印章的种类。现代印章的种类很多。

1）按质料分，印章有铜印、钢印、木印、塑料印、胶皮印、万次印等。万次印又分成原子印和渗透印：原子印是用特殊材料，采用现代排版技术制作，将所需刻制的印章先制成印版，然后将原子油与印版经热压固化成型，属液体压铸；渗透印是将所需刻制的印章采用固体材料热压成型，然后再注入印油，属固体压铸。他们都有这样的特点：字迹清晰美观，不易变形，使用方便，随印即平，永不褪色，可连续使用三万次以上，还可同时套用几种颜色，制作工艺先进，不易仿造，有利于印章的保密。

2）按性质分，印章有单位印章、部门印章、领导人印章（含签名章）和业务专用章，如密封章、收发文章、财务专用章、资料专用章、物资专用章、图书馆藏书章以及一些业务人员的工作用章等。

（3）印章的启用。印章的刻制必须经本机关、本部门申请，经上级主管机关批准到公安部门办理手续后，再到指定的刻字单位刻制。

印章的大小、样式、名称、文字、字体、质料等，必须遵守有关部门的规定。印章的直径一般为4～5厘米；国家机关、企事业单位的印章一般为圆形，其他印章可以有条形、腰形；印章所刊名称，一般应为本单位的法定名称全称，印章所刊名称字数过多，不易刻印清晰时，可适当采用通用的简称；单位印章的印文，一般使用宋体字和国务院公布的标准简化字。

私刻公章是违法行为。印章的启用，必须经过上级机关批准并正式行文。关于启用印章的通知应包括正文、印模和启用日期。

印章因损坏或单位撤并、改名等原因停止使用，应及时上交原制发机关，并按规定封存或销毁。

（4）印章的保管和使用。印章应由可靠的专人保管，并遵循保密原则，将其存放在保险箱或加锁的抽屉里。领导一般指定秘书人员保管和钤盖印章。

秘书人员使用印章之前，必须经过领导批准，并作登记。凡不符合用印手续的，秘书人员有权拒绝受理。未经领导批准，秘书人员不得擅自用印，不能把放置印章的抽屉、保险箱的钥匙交给他人代开代取，不得委托他人用印，更不能以印谋私，违者要受纪律处分甚至法律制裁。

秘书人员在公文上用印时，一定要注意位置准确，印文要端正、清晰。印章用毕，及时放归原处妥善保管。

2. 介绍信的使用和管理

介绍信是机关、团体、企事业单位向有关单位介绍被派遣人的情况与任务的一种专用信件。它具有介绍和证明两种作用。

（1）介绍信的形式。常见的介绍信有两种形式：一种是带存根的普通介绍信，它用铅字印成，有两联，一联填写后供外出公干人员使用，另一联当作存根保存，并有骑线的编号和盖章。另一种是根据需要临时书写的介绍信，纸张一般用带有单位名称的信笺，落款处加盖机关印章。

（2）介绍信的种类。根据介绍信的用途，可将介绍信分为三类：

1）行政介绍信。当机关人员调动工作时，需要出具这类介绍信，介绍被调人员的姓名、职务、级别、被调往何单位、任何职务。被调人员持这类介绍信到新单位报到。

2）组织介绍信。这是机关人员调动工作时，接转组织关系的书信。被调人持这类介绍信到新单位报到，可以证明被调人的政治面貌，参加新单位的组织生活。

3）专用介绍信。这是外出联系洽谈工作或办理有关事务的书信。

（3）介绍信的管理。像印章一样，介绍信也由秘书人员负责保管、填写或撰写。任何介绍信在填写或撰写之前，须经主管领导批准，否则不得填发、撰写。

秘书人员要认真负责，如实写出被派遣人的真实姓名和身份，简明清楚地写出所要联系和办理的事项。介绍信要书写工整，不许涂改，如有涂改，应在改动的地方加盖公章。介绍信一般用毛笔、黑色或蓝色签字笔、钢笔书写，不能用铅笔或红色笔书写。

一封介绍信只能写给一个单位，要防止介绍信被滥用。秘书人员在任何情况下都不能开具空白介绍信。

（三）办公室活动安排

1. 拟订工作计划

秘书人员是领导活动的辅助者，所以，秘书人员对领导的会议、出差、约会、访问等活动都应该进行计划、推行、变更或调整。秘书人员要按照领导意图为领导拟订工作计划，有效地为其管理时间，提高领导的工作效率。

秘书人员应该为领导安排好一段时间内（一般是一个月、一周或一天）的工作活动，存贮在电子记事簿或掌上电脑中，最好打印成时间表，有助于提醒领导做好每一项工作。

2. 安排约会

秘书人员还要负责为领导安排约会，做好预约事宜。

如果客人提出会见领导的要求，秘书人员不要擅自答应，要记录下对方的姓名、职务、要求等有关情况，然后请示领导，待领导同意会见后，再通过协商为双方安排合适的时间、地点见面。

如果领导自己想约见人，秘书人员就要帮助领导做好联系工作，要问清对方的姓名、身份，然后与其联络，如果对方与领导不是很熟悉，可以先请对方提出他认为合适的时间、地点，然后再与领导协商。一旦时间确定下来，就要及时记录在领导的工作日程表上，到时提醒领导准时赴约。

3. 巧妙挡驾

挡驾就是谢绝来访的宾客。秘书人员不仅要协助领导接待客人、会见来宾，有时也要为领导谢绝一些不速之客。

秘书人员的挡驾应该巧妙，讲究方式方法。任何时候，秘书人员都应该以礼待人，不能简单生硬，对客人一拒了之。如果来访者的问题不属于本部门管辖，应该向他说明，并告诉他到什么地方去办理；如果来访者的问题无须领导出面，秘书人员应该向他作出解释和回答；如果领导者不便会见来访者，秘书人员应想出一些适当的理由委婉谢绝。对于那些无理取闹或纠缠不休的人，要耐心劝阻，讲明道理。

此外，对于那些搞不清要不要挡驾的客人，秘书人员可以请对方稍候，问清其姓名、身份、来意，向领导请示后再作决定。

总之，秘书人员的挡驾是为了给领导排忧解难，减轻负担，不能适得其反，为领导带来负面影响。

第二节　办公室的机要工作

机要工作是办公室的一项重要任务。由于秘书人员经常接触本单位各类机密，并掌管大量机密文件，所以秘书人员要以高度的责任心和使命感做好机要保密工作，维护本单位乃至国家的根本利益。

一、机要工作的含义

机要是指机密重要的工作、文件、部门或人员。个人、机关或国家出于某种需要，把不能让外界知悉的秘密事项限定在一定时空范围，不使其外泄，称为保密。

为达到保守秘密的目的所进行的一系列工作叫作保密工作。

二、机要工作的内容

（一）秘密的范围

1. 国家秘密的范围

根据《中华人民共和国保守国家秘密法》（以下简称《保密法》）的规定，关系到国家安全和利益的秘密事项就是所谓国家秘密的范围。它包括以下内容：

（1）国家事务的重大决策中的秘密事项。

（2）国防建设和武装力量活动中的秘密事项。

（3）外交和外事活动中的秘密事项以及对外承担保密任务的事项。

（4）国民经济和社会发展中的秘密事项。

（5）科学技术中的秘密事项。

（6）维护国家安全活动和追捕刑事犯罪中的秘密事项。

（7）其他经国家保密工作部门确定应当保守的国家秘密事项。

2. 秘书人员职业秘密范围

秘书作为一种职业，在其职责范围内的业务活动中所知悉的秘密事项属于秘书人员职业秘密范围。它包括以下内容：

（1）公文秘密，即具有机密内容的文件、信件、电报和资料。

（2）决策秘密，即领导者在实行指挥、管理的过程中不宜为外人所知的行动目标和行动方案。

（3）商业机密，即不为大众所知悉，能为权益人带来经济利益，并由权益人采取了相应保密手段的技术信息和经营信息。

（4）会议秘密，即内部会议的日期、议题、议程、文件、记录、音像材料等。

（5）信访秘密，即信访者的检举、控告材料，领导者的批示，信访案件的查处材料等。

（6）领导秘密，即领导的重要活动、日程安排、个人隐私等。

（二）秘密的等级

划分秘密等级，有利于对不同等级的秘密采取相应的保密措施，也有利于执行保密纪律。我国《保密法》将国家秘密分为下述三个等级。

1. 绝密

这是最重要的国家秘密，泄露出去会使国家的安全和利益遭受特别严重的损害。国家秘密的最重要部分，包括国家的政治、军事、经济方面的核心秘密，科学技术的重大发明创造，我国独有的传统工艺技术诀窍等。

2. 机密

这是重要的国家秘密，泄露出去会使国家的安全和利益遭受严重的损害。凡涉及国家的政治、军事、经济、科学技术等方面的重要秘密，均属机密。

3. 秘密

这是一般的国家秘密，泄露出去会使国家的安全和利益遭受损害。凡在一定程度上反映国家的政治、军事、经济、科技、文化等方面的秘密，均属秘密。

（三）机要工作的任务

1. 公文保密

公文是国家、单位秘密的一种存在形式，是保密工作的重要内容之一。秘书人员对秘密文件的制发、阅读、传递、复印、保存、销毁，都应遵循有关的保密规定。

制发秘密文件，必须准确划定密级，明确印制份数、编制份号，确定发送范围和阅读级限，并在有保密条件的印刷厂印刷。

传递秘密文件，必须由机要通信部门或人员递送，不得使用普通邮政，电子文件应设保密程序。携带秘密文件外出，应采取保密措施，携带绝密文件应实行双人护送制度。

收发秘密文件，必须建立登记签收制度，按照规定在阅文室和办公室阅读，不得将文件带到住所或公共场所。

复印秘密文件，必须经过有关部门批准，履行审批手续，并视同原件一样妥善管理。

秘密文件必须在严格安全、保密设施齐全的地点保管，并严格执行文件的定期清退、归档制度。

销毁秘密文件，必须登记造册，经过有关领导审批，并派专人监销，在指定处所销毁。

2. 会议保密

会议是机关、企事业单位重要的工作手段，做好会议的保密，也是秘书人员的重要职责。

重要会议，会前应与保卫保密部门取得联系，采取适当的安全保卫措施，对与会人员进行保密教育，规定保密范围，不向规定以外的人员泄露会议内容。不在内、外宾混住的宾馆、饭店召开秘密会议，确实需要的，要采取保密措施。对会场的音响设备进行保密检查，严禁无关人员入场。严格会议文件的管理，绝密文件应该在会议结束时清退。会后对会场、住所进行检查，发现文件丢失或被窃，必须立即报告，及时追查，避免损失。

3. 通信保密

秘密文件、资料等不准通过普通邮政部门传递，必须由机要通信部门传递或派专人传送。密码、密码机及电报译稿，必须严加保密。拍发电报必须“密电密复”、“明电明复”，不得明密混用。不得在普通电话内传递秘密信息。

4. 电脑保密

电脑房应设置在安全的地方，应加装屏蔽网或电子干扰器，以防止电磁信号泄密。电脑在安装使用前应请专业部门进行安全技术检查。秘密信息及数据软件，应建立健全使用、借用、复制、移交、保管等保密制度。

5. 涉外保密

涉外活动应注意内外有别：涉密单位不得擅自接待外国人参观访问；参加外事活动及出国人员，未经领导批准不得携带秘密文件、资料、笔记；与外国人交往时说话要注意分寸。

三、机要工作的纪律要求

（一）保密纪律

保守党和国家的机密应该是每一个公民的义务和责任。对于秘书人员来说，保守秘密更是一种职业道德和纪律规范。秘书人员，特别是机要人员，应该严格遵守《党和国家工作人员保密守则》的具体规定：

（1）不该说的机密，绝对不说。

（2）不该问的机密，绝对不问。

（3）不该看的机密，绝对不看。

（4）不该记录的机密，绝对不记录。

（5）不在非保密本上记录机密。

（6）不在私人通信中涉及机密。

（7）不在公共场所和家属、子女、亲友面前谈论机密。

（8）不在不利于保密的地方存放机密文件和资料。

（9）不在普通电话、明码电报、普通邮局传达机密事项。

（10）不携带机密材料游览、参观、探亲、访友和出入公共场所。

（二）保密责任

秘书人员如果违反了保密规定，甚至损害了国家、单位的利益，那么他就应该承担相应的责任。

（1）纪律责任。秘书人员违反保密纪律，可以受到警告、记过、降级、撤职，甚至开除的处分。

（2）法律责任。我国《保密法》规定：故意或者过失泄露国家秘密，情节严重的，依照《中华人民共和国刑法》的规定追究刑事责任。

为境外机构、组织、人员窃取、刺探、收买、非法提供国家机密的，按照 1988 年 9 月 5 日《全国人大常委会关于惩治泄露国家机密犯罪的补充规定》追究刑事责任。

第三节　办公室接待工作

接待是办公室秘书人员的经常性工作。它犹如沟通内外、联系四方的纽带与桥梁，对推动机关工作、树立良好的组织形象发挥着不容低估的作用。一名出色的秘书人员必须善于做好接待工作。

一、接待工作概述

接待，是对来访者的迎送、接洽和招待等各项工作的统称，是人们以及社会组织相互交往的一种方式，它是秘书部门履行职能的重要体现。接待工作可以分为多种类型，按接待对象可分为外宾接待和内宾接待；按相互关系可分为上级来访接待、下级来访接待和平行单位来访接待；按接待的内容可分为工作接待、生活接待和事务接待。

（一）接待活动的基本要素

无论何种接待，都包含下述要素。

1. 来访者

来访者即接待活动的对象。公务活动中的来访者总是直接地或间接地代表一定的社会组织，其身份、地位、与本单位的相互关系等对接待活动都具有直接的影响。

2. 来访意图

来访意图是来访者企望通过来访而达到的目的。不同的来访者有不同的来访意图，来访意图是制定接待方针、确定接待规格、安排接待活动的重要依据。

3. 接待者

接待者是接待活动的主体。接待人员代表社会组织出面接待来访者。接待人员可以是单位领导人、专职接待人员、业务部门人员或秘书人员。秘书人员往往担当第一接待者的角色。尤其在不设公关部门和外事部门的单位更是如此。即使在设有公关部门和外事部门的单位，秘书人员也常常要根据领导人的指示，协调接待活动，或受领导人的委托出面接待客人。因此，秘书人员是接待活动的积极谋划者、组织协调者和具体执行者。

4. 接待任务

接待任务是根据来访者及其来访意图和本单位领导者的接待批示而确定的接待方针、接待内容和接待责任。重要的接待活动应拟订接待计划或方案，报领导审批。

5. 接待方式

接待方式是根据接待任务而确定的接待规格、程序和形式，它是为接待任务服务的，接待任务不同，接待方式也不同。

（二）接待工作的作用

1. 扩大交往合作

接待与交往密切联系，有交往就有接待。交往以接待为前提，接待为交往提供保障。现代社会中，迎来送往、接洽招待已经成为社会组织交往的主要形式。一次成功的接待，能够增加相互理解、信任和友谊，促进进一步的交往与合作。

2. 树立良好形象

接待过程是对一个国家、一个机关或组织最好的宣传过程。接待人员热情礼貌的态度、接待中客观的宣传介绍、接待活动的合理安排和顺利进行，都会给来访者留下美好、深刻的印象，有助于树立组织的良好形象，提高其在公众心目中的地位。从涉外接待来看，还有利于提高一个国家的国际声望。

3. 保障活动效果

接待活动往往同会议以及其他各类活动连在一起。任何稍有规模的会议或其他活动都离不开接待活动。通过接待安排，使会议和其他活动能够顺利进行，从而达到预期的效果。

4. 解决实际问题

大多数公务来访都具有鲜明的务实性，要求解决现实工作中的实际问题，如上级的工作检查、下级的请示汇报、其他单位的业务联系等。通过具体的接洽、协商、交代和指示，有助于沟通信息、达成共识、明确方向、解决问题，从而推动工作的健康发展。

（三）秘书人员在接待活动中的职责

秘书部门的接待工作有两个方面：一是招待来客，为来访者实现其目的提供服务，使其满意而归；二是为领导提供辅助服务，包括对领导时间的管理、为领导挡驾乃至为领导直接接待做辅助工作。由于每次接待活动要求不同，秘书人员的具体职责也不尽相同。就其共同方面而言，主要有以下职责：

（1）帮助领导者分析来访者的来访意图及背景材料，确定接待任务和方式。

（2）做好接待活动的各项准备工作，如拟写接待材料、拟选接待礼物、拟订接待方案、落实各项接待事项等。

（3）为领导者正式出面接待与对方进行事先磋商，确定具体的接待日程和地点。

（4）保证接待活动的顺利进行。

（5）做好接待活动的善后工作，如编写接待简报，撰写接待总结，核算接待经费，清点接待物品，有关材料的收集、整理、立卷、归档工作。

（四）接待工作的原则

1. 平等待人

来访者虽然职务不同，但人格平等。无论对上级、下级或是同级的各方来访者，都要一样尊重。所谓平等待人，就是应做到对来访客人一视同仁，尽到应尽之责。对上不唯唯诺诺，对下不趾高气扬。公正、客观地对待每一位来客，使他们感受到应有的尊重和合理的对待，力争使每一位来访者都能感到满意，才能获得别人的尊重，也才能真正做好接待服务工作。

2. 热情周到

在接待中，秘书人员既要有热情的态度，处处替客人着想，尽可能满足客人的需要和愿望，又要有细致周到的工作作风。一个小小的差错就可能导致整个接待活动的失败，甚至产生极其不好的政治影响。因此，秘书人员要善于整体策划，认真做好每一件小事，通过热情周到的服务，保证接待活动的顺利进行。

3. 内外有别

接待工作要严格做到内外有别。对外宾的接待，应按上级的统一规定，在外事部门的统一管理和指导下开展接待工作。对内接待可由各接待单位自行确定接待任务和方式，但也应当遵守有关法律、法规。对内接待是否发布消息应根据领导意图，秘书人员不能擅自行动。

4. 相互尊重

尊重来访的客人，是获得对方尊重的前提。秘书人员应通过诚恳礼貌的言谈举止，使对方感受到尊重，对方也会尊重秘书人员，在接洽事务、商谈问题时就容易合作，办事的成功率就高。诚恳礼貌是友好交往的基石，也是表达尊重的基本形式，秘书代表特定的单位与人打交道，当然也不能脱离这一根本。

5. 精简务实

接待工作不仅重视礼仪和礼节，而且十分强调务实，即把解决实际问题、促进相互之间的友好合作作为接待的指导思想。在接待工作中，提倡厉行节约、务求实效的精神，把接待活动的主要精力放到解决实际问题上来，反对讲排场、摆阔气、劳民伤财的风气，简化接待形式，调整接待规格，使接待活动更加体现务实精神，更加重视实效。

接待工作要讲究时效，就是要求在处理得当的基础上提高效率。这样既节约来访者的时间，也节约领导者和秘书人员的时间，并以高效务实的作风给对方留下良好的印象，这对本单位的声誉、形象是一种最好的维护。

要保证效率，关键在于秘书人员平时要有较好的准备，不搞临时应付，才能将接待工作做得令人满意。

6. 确保安全

接待活动，安全第一。没有切实的安全保证，就不会有成功的接待。接待的安全包括饮食安全、住地安全、交通安全等。必要时可与有关保卫部门联系，采取严格的防范措施，消除一切安全隐患，确保接待顺利进行。

7. 合理“挡驾”

秘书接待工作中会遇到各种各样的来访对象，他们的来访目的千差万别。因此，秘书要搞清来客的身份和意图，分清轻重缓急，既保证对方的事情能最大限度地办到、办好，又保证领导者不被过多的接待所干扰，有相对清静的办公环境和较多时间处理重要事项。秘书的合理“挡驾”就是要起到这种“过滤”的作用。灵活的处理方式，得体的应对技巧，分清轻重缓急，是秘书接待来客做到合理“挡驾”的必要条件和基础。

二、接待工作的基本礼仪

（一）办公室日常交往礼仪

1. 称呼与问候

一般情况下，对领导、长辈和客人不要直呼其名，可用尊称或直接以交往对象的职务相称，以示身份有别、敬意有加。尤其是正式场合，一定要以官衔相称。此外，对相交不深或初次见面的客人，表示敬意应用“您”，而不要用“你”。

问候的顺序是由尊到卑，即先问候地位高的，再问候地位低的。越是正式场合，越要按职务高低问候。社交场合，要先问候女士。

秘书人员见到来访客人时，应马上起立并礼貌地打招呼，以示重视。对首次来访的客人，可以说：“您好！请问有什么事情需要我帮忙吗？我是××部门的秘书×××。”对于以前来过的客人，应立即正确地称呼对方并表示欢迎。如果客人进门时秘书正在接打电话或正在与其他的客人交谈，也应用眼神、点头、伸手表示请进等身体语言，表示你已看到了对方，并请对方先就座稍候，而不应不闻不问或面无表情。

2. 介绍

介绍是人际交往中与他人进行沟通、增进了解、建立联系的一种最基本、最常规的方式。正确地利用介绍，不仅可以加快彼此之间的了解，缩短交往距离，而且有助于必要的自我展示和宣传，还可消除不必要的误会。

（1）自我介绍。根据社交礼仪常规，自我介绍应注意时机、内容、分寸诸方面问题。

凡是想了解认识对方的人应主动自我介绍。男女间，男士先做自我介绍。

公务型自我介绍的三要素为姓名、单位及其部门、所任职务或从事的具体工作。确定自我介绍的类型和具体内容，应兼顾实际需要、所处场景，并应具有鲜明的针对性。

自我介绍还需要讲究分寸。单独相处时，时间可稍长，内容较完整，可适当多说些；而在环境嘈杂之处，自我介绍不宜长，不宜多。应控制在半分钟以内，最长不超过一分钟。

（2）他人介绍。又称第三者介绍，是经第三者为彼此不相识的双方引见的一种介绍方式。

通常可由以下人员充任介绍人：社交活动中的东道主；社交场合的长者；家庭聚会中的女主人；公务交往中的公关、礼仪、文秘人员等；正式活动中的身份最高者或主要负责人员等。

为他人做介绍的顺序必须遵守“尊者优先了解情况”的规则。先介绍位卑者，后介绍位尊者。具体来说，是把晚辈介绍给长辈；把男士介绍给女士；把职务、身份低的介绍给职务、身份高的；把下级介绍给上级；把主人介绍给来宾；把后到的介绍给先来的。这样做，可以使位高者优先了解位低者的情况，以便在交际中掌握主动权。

具体介绍时，被介绍者双方均应起身站立，面含微笑，目视介绍者或对方，神态庄重、专注。当介绍者介绍完毕后，被介绍者双方应依照合乎礼仪的顺序进行握手，并彼此问候。必要时，还可做进一步的自我介绍。

他人介绍还有一种特殊形式，即集体介绍，是指介绍者在为他人介绍时，被介绍者其中一方或双方不止一人，甚至是许多人。越是正式、大型的交际活动，对集体介绍的顺序就越不可马虎。应遵循的主要原则有：1）“少数服从多数”，即使人数较少的一方礼让人数较多的一方，一个人礼让多数人。2）强调地位、身份。3）人数较多双方的介绍，先介绍位低的一方，后介绍位高的一方。4）进行多方介绍，应由高而低。5）在介绍各方时，都应由高而低。

3. 握手

握手，是秘书接待服务中习以为常的、最简单的礼节。握手的标准方式，是行礼时行至距握手对象约一米处，双腿立正，上身稍向前倾，伸出右手，四指并拢，拇指张开与对方相握。要面带笑容，目光注视对方的眼睛，平等而自然的握手姿势是两人的手掌都处于垂直状态。这是一种最普遍也是最稳妥的握手方式。

根据礼仪规范，握手时双方伸手的先后次序应当遵守“尊者决定”的原则。即应由位尊者首先伸出手来，位卑者只能在此后予以响应，决不可贸然抢先伸手，不然就是违反礼仪的举动。

4. 电话的使用

使用电话，是同外界传递信息、维持联络的一种常规的手段。正确使用电话可以提高办事效率，给通话双方留下美好印象。当外界人士打电话与某单位联络时，也许首先听到的是秘书人员的声音。他们在电话里体察到的形象，不仅仅是秘书个人的形象，而且是一个单位的形象。

所谓电话形象，指的是人们在使用电话时，所留给通话对象以及其他在场者的总体印象。一般说来，它是由使用电话时的态度、表情、语言、内容以及时间感等各个方面组合而成的。

电话形象在人际交往中发挥着重要的作用。从具体操作上来说，秘书人员在使用电话处理公务时，要注意：一是清楚准确；二是简短高效；三是文明礼貌；四是安全保密；五是完整记录。

5. 名片的使用

名片，在当代社会中已成为一种不可缺少的交际手段。宾主相见，互换名片，已经成为现代社会相互介绍并建立联系的一个重要步骤。名片体现着一个人的身份和个性，是人格化的体现。

制作名片时应注意：保证内容的真实性、基本项目齐全、重点项目突出、名片的大小和纸质要讲究、印刷规范。公务名片应包括归属单位、本人姓名、联络方式三项内容。外出时必须准备好名片，秘书人员不仅要准备好自己的名片，还要注意为领导准备好名片。

交换名片时应注意发放名片要有针对性、递交名片的顺序是由尊到卑，即先给地位高的人递送名片，再给地位低的人递送。递交名片时，要用双手的食指和拇指分别夹住名片的左右端，面带笑容，注视对方，并可欠一下身，恭恭敬敬地奉上，同时说“请多指教”、“多多关照”或“今后保持联系”等。接受名片时也应用双手，并认真仔细地拿着看，并小声重复一遍名片上的名字和职务，要对对方表示谢意，郑重地把名片放入名片夹内。

索要名片时应委婉地问：“请问以后怎么跟您联系?”对长辈也可说：“请问以后怎样向您请教?”公务场合可直接以请求的口气说：“如方便，请留张名片，以便今后联系。”或是含蓄地问对方单位、通讯处、电话等，如果对方带有名片，就会较自然地送上。

（二）接待迎送礼仪

1. 确定接待规格

公务迎送的对象各种各样，有领导、有普通工作人员，有专程来访、有顺道路过，有大型代表团、有数人乃至一人，接待时应该按照一定的规格进行。接待规格根据接待方针确定，同时还要考虑来访者的身份、地位、影响、对方接待我方时的规格等因素。接待规格表现在这几个方面：迎接、送别、陪同时我方领导人的级别；客人吃、住、行的标准；迎送仪式的规模；接待活动中礼仪活动的次数和隆重程度。

接待规格往往体现了对来访者的重视和欢迎程度，但并非规格越高越好，确定规格要适当。外事接待的规格应严格按有关制度执行。

确定接待规格时，可先由秘书人员将了解到的来访单位的情况向领导汇报并按惯例提出接待规格，经领导同意后即可按相应规格准备；或根据领导的意图直接确定。一般来说，对本单位影响重大、有重要意义或重要价值的来访团体，接待的规格应适当高一些，领导往往对此也很重视。当然，接待规格高并不是说就要搞得很奢华，而是应体现在计划周密、准备充分、有利于交流和达到来访目的上。

2. 注意乘车次序

乘车次序，是指乘客在上下车和就座时，对于先后、尊卑的次序的合乎礼仪的规定。文秘人员应当注意下述两个方面：一方面是上下车辆的先后次序。大致而言，如欲对他人表示自己的尊重与敬意，一般应当请对方先上车，后下车。请对方先上车，是为了任其选择座位。请其后下车，则是为了使其有可能得到先下车人的关照与协助。另一方面是座次的顺序，越是正式场合，礼仪要求越高。在轿车上，总的规定是右座高于左座，后排高于前排。如主人亲自陪车，应请客人坐在主人的右侧，翻译或秘书坐在司机旁的座位。如果是三排座轿车，翻译或秘书则坐在主人前面的加座上。秘书单独陪车时，坐在客人的左侧。上车时，秘书应打开右侧车门，请客人从右门上车，自己从左侧门上车，避免从客人座前穿过。遇到客人上车坐到了左侧，则不必请客人挪动座位。但如果是重要的外宾，车前挂有双方国旗时，则应严格做到主左客右。

3. 讲究宴请礼仪

宴请是指盛情约请来宾宴饮的聚会，是接待工作的一项重要内容。秘书人员安排宴请时应注意：(1) 时间安排以对主客双方都合适为宜，确定宴会时间应同来访者商定，尤其应征询主宾意见，注意避开对方的重大节日、主要活动或有禁忌的日子和时间。(2) 各种宴请活动一般均应发出请柬，这既表示礼貌，也对客人起提醒、备忘的作用。正式宴会最好能在发请柬之前排好座次，并在信封下角注明。席位的排列是一项十分重要的内容，它关系来宾的身份和评价、给予对方的礼遇，所以受到宾主双方的同等重视。一般可遵循右高左低、中座为尊、面门为上、观景为佳、临墙为好等原则。请柬发出后，应及时落实出席情况，准确记载，以便按出席人数做好准备。(3) 宴请时间长短也应适当控制。(4) 用餐地点应选择在环境幽雅、卫生良好、设施完备、交通方便的地方。(5) 宴请的菜单安排根据活动形式和规格，在规定的预算标准内安排。选菜不应以主人的好恶为准，应主要考虑来宾的喜好与禁忌，尤其要对主宾的宗教禁忌、地方禁忌、职业禁忌及个人禁忌等予以高度的重视。

秘书人员在接待服务中难免要同少数民族的人员打交道，了解一些少数民族的宗教信仰、礼仪常识及重要传统节日知识对秘书人员来说尤为重要，否则，不但接待工作搞不好，还有可能产生不必要的误会和矛盾，进而对各方面工作造成影响。

（三）涉外接待礼仪

涉外礼仪，就是我们在各项涉外工作和涉外活动中应该讲究的礼仪，它是涉外过程中必不可少的形式，政治性、政策性、时间性极强且责任重大。随着我国国际地位的日益提高和对外开放政策的推行，涉外活动越来越多，接待外宾的任务越来越繁重。因此，不仅是外交人员，文秘人员也要了解一些涉外的基本原则和礼仪常识，这对于增进与世界各国人民之间的互相了解，加强民族间的友谊，推动国家间、团体间的合作，以及维护国家主权和民族尊严都是非常必要的。

1. 国际礼仪的基本原则

在国际交往中，采用国际礼仪作为交往的行为准则，具有便于沟通和便于操作两大优点。这里概括介绍普遍适用的国际礼仪的八大原则，文秘人员只要认真遵守，在涉外交往中，就可以得心应手，举止有度。

（1）在人际交往中，应遵守“信守时间”的原则。在人际交往中，取信于人，是奠定交往对象彼此之间良好关系的基础。根据国际礼仪的规定，信守时间、遵守约会，是取信于人的基本要求。不遵守时间，就是不尊重交往对象的人。“遵守时间、不得失约”是日常国际交往中极为重要的礼节和规矩。在欧美国家，不论是业务工作还是娱乐，人们都非常注意时间，通常都是准时参加业务会和社交活动。文秘人员参加各种外事活动，应按约定时间到达。

（2）在公共场合，应遵守“不妨碍他人”的原则。“不妨碍他人”的原则，其基本含义是要求人们在公用的处所里进行活动时，务必要讲究公德、善解人意，切勿因为自己的言行举止不够检点，而影响或妨碍了当时在场的其他人，或是因此使当时在场的其他人感到别扭、不安或不快。

（3）在社交活动中，应遵守“女士优先”的原则。“女士优先”原则，是要求每一位成年的男子，在社交场合里，都要尽自己的一切可能来尊重妇女、体谅妇女、帮助妇女、照顾妇女、保护妇女，并且随时随地义不容辞地主动挺身而出，替妇女排忧解难。

“女士优先”首先是顺序上的优先。出入电梯、出门进门都要请女士先行，男士应为女士开门。上车时应请女士先上，并为女士打开车门。公共汽车上的座位应请女士坐。下车时则应男士先下，并把手递给女士进行搀扶。在餐桌旁就座，男士应先安排女士的座位，把椅子从坐椅中拉出，待女士站在相应的位置上后，把坐椅稍送向前，女士坐稳后自己再坐。进入剧场、电影院，男士持门票随后，进去后，男士应走到前面为女士引路找位。同女士打招呼，男士应起立。男客人应先同女主人打招呼，再招呼其他人。

“女士优先”还表现在男士应处处照顾、帮助女士。如和女士一起走在大街上，男士一般走在左边，因为“以右为主”。

（4）在相互关系中，应遵守“不得纠正”的原则。“不得纠正”的意思，是要求我们在同外国友人打交道时，只要对方的所作所为不危及其生命安全，不触犯法律，不损害国格人格，在原则上都可以对之悉听尊便，而不必予以干涉与纠正。遵守“不得纠正”的原则，是对对方尊重的重要的体现。

（5）在言谈话语中，应遵守“维护个人隐私”的原则。个人隐私，泛指一切不想告之于人或不愿对外公开的个人情况。在许多国家，它受法律的保护。由于文化、习俗的不同，我们爱谈论的许多内容都被外国人视为个人隐私。要是不明就里，在涉外交往中口无遮拦，对外国友人关心过了头，很可能会由于无意之中侵犯了对方的个人隐私权，而使对方恼羞成怒。维护个人的隐私，就是要记住关心有度。

（6）在位置排列中，应遵守“以右为尊”的原则。大凡正式的活动，对于位置排列都有一定的规矩，讲究以此来区分尊卑与主次。文秘人员在涉外接待服务中，对于这一点是应当认真遵守。

所谓“以右为尊”，意即在涉外交往中，一旦涉及位置的排列，原则上都讲究右尊左卑，右贵左贱，右高左低。也就是说，右侧的位置在礼仪上总要比左侧的位置尊贵。例如，宾主正式会晤时，主人往往会安排来宾在自己右侧的尊贵位置上就座。大家一同用餐时，做东的主人均会请主宾坐在自己的右首。并排行走或搭乘轿车时，右边的位置亦非同行者之中的贵宾所莫属。

（7）在日常生活中，应遵守“保护环境”的原则。在涉外活动中，遵守保护环境的原则，是极端重要的。环境是人类生存的外部条件，也是社会赖以存在与发展的基础。在国外，对待环境的态度，是被同文明程度的高低联系在一起来看待的。要遵守这项原则，不仅要具有保护环境的意识，而且还要在日常生活中严格要求自己。

（8）在对外交往中，应遵守“爱护动物”的原则。动物是自然界生态平衡不可缺少的成员，它与农、林、畜牧、渔、医等各方面的关系非常之密切，为人类的衣食住行提供了宝贵的资源，也为美化人们的生活提供了丰富的内容。所以应当爱护动物，遵守各国有关动物保护的规定或条例。

2. 涉外接待工作的原则

（1）统一管理、服从政治。在接待外宾的工作中，必须按照国家有关部门统一的方针政策、统一的对外表态，在外事部门的统一管理下进行。对应该报告、请求和没有把握的事，必须及时与外事部门联系，决不可擅自做主，自行其是。

各国礼仪工作主要是根据本国的对外政策组织安排的，尽管形式不一，但归根结底是为本国对外政策服务的，因而具有高度的政治性。所以说，礼仪是服从于政治，为政治服务的。为了突出政治影响，在礼仪规格方面甚至突破国际惯例。

（2）热情友好、礼遇适度。涉外接待工作，要在和平共处五项原则的指导下，体现国家不分大小、贫富、强弱，一律平等的精神。涉外活动中，通常在双边关系上讲对等，多边关系中讲平等。无论是来自发达国家，还是来自发展中国家的业务使者，我们在接待上均应同等重视、热情周到、友好相处、平等相待；业务洽谈中，在不损害国家利益的前提下，互相支持、互通有无、取长补短、平等互利。无论外宾来自哪个国家和地区，都一律平等对待，并且尊重他们的风俗习惯，不把自己的观念思想强加于人。在接待工作中，举止要文明礼貌、不卑不亢、热情友好。

礼遇适度是指在应用外交礼仪时，务必在礼宾的规格、档次、待遇方面，要采取统一的标准，对不同的交往对象给予适当的合情合“礼”的待遇。遵守礼遇适度的原则，需要重视三点：第一，对于交往对象，应一视同仁、以礼相待。第二，给予不同的交往对象以不同的礼遇时，应有一定的出自本国礼制的依据，切不可为情感左右，意气用事。第三，有关礼宾方面的规定，应相对地保持稳定，不可变化频繁，让人捉摸不定。

在外交活动中，礼遇适度的原则具体体现在礼宾序列与身份对等的规则中。

（3）相互尊重、不卑不亢。接待国外宾客，不论来访的性质和目的，也不分宗教信仰、民族习惯、文化传统，从礼仪角度讲，均应以礼相待，不能厚此薄彼。与外宾要相互尊重人格，更要自尊自重，不能卑躬屈膝、低声下气、奉承迎合，做出有辱国格、人格的荒唐事来。

（4）内外有别、区别对待。接待外宾时，必须注意内外有别，严格执行有关保密规定。提高警惕，防范各种可能的收集政治、军事、经济、科技等情报的活动，不得在对外交往中泄露国家机密。对国家政治、经济生活中应对外保密的内容，要严格保守秘密。

（5）遵守纪律、不牟私利。涉外接待人员，必须时刻牢记外事工作的有关纪律规定，坚决维护国家的主权、民族的尊严，在业务活动中不得损害国家利益。在接待外宾的过程中，不允许背着组织与外宾私自交往，收受礼品，不允许利用职权营私牟利、出卖情报。要警惕国外某些机构，以对华商贸业务为幌子，对我国进行别有用心的活动。要坚决维护国家利益和主权，维护国家的尊严，严格按国家的法规法令办事，不做任何有损国格、人格的事。

（6）有的放矢、讲求实效。涉外接待工作的内容和形式，要与我国对外开放政策相适应，充分体现真诚的合作意愿和良好的礼仪风范。本着不同对象、不同特点，组织不同活动的精神，安排不同的内容，有针对性地搞好涉外接待。涉外交往中的讲求实效是指：既执行政策，又不机械教条；既提高警惕保守机密，又不神经过敏；礼仪周到而不烦琐；活动丰富而不杂乱；接待热情而不铺张。

3. 尊重宗教信仰，注意各种禁忌

在国外，宗教文化与世俗文化是互相影响的，秘书人员在涉外交往中，必须重视宗教的地位与作用，因为它通常是各个国家、各个民族风俗习惯的一个重要组成部分。一般而言，对待他人的宗教信仰，我们应采取这样的态度：一是不干涉正常的宗教活动；二是尊重宗教信仰；三是对外宾的宗教信仰不加非议。

另外，世界各国、各民族的禁忌是世界上各个不同民族在其长期的历史文化发展中逐渐形成的。了解各民族常见的禁忌，有利于顺利开展涉外接待工作，促进同其他各国进行经济、文化交往，增进彼此之间的友谊。

欧美国家的人特别注意自己的“隐私”，忌讳别人打听他们的收入情况、年龄、婚姻状况、宗教信仰和投票倾向等，在交谈中了解这些情况将被认为是失礼的。

西方人比较忌讳“13”这个数字，尤其是“13 号又是星期五”，遇上这类日子一般不要举行涉外的庆典、宴请等活动。

朝鲜人特别忌讳“4”这个数字，因为“4”的发音在朝鲜语中与“死”相近。在筵席上声音很响地喝汤、拼命地吃菜、饭后结结实实地打饱嗝，在中国被认为是没有教养的行为而加以避免，而在朝鲜和韩国却被看作是对饭菜的赞美和对主人的赞扬。

日本人的忌讳很多，主要有：高声说话、定睛凝视别人、用手指指人，三人并排合影，“4”和“42”这两个与“死”谐音的数字，荷花和菊花图案。

在东南亚，人们十分忌讳白鹤和乌龟的图案。与东南亚国家外宾相处时，不要翘着“二郎腿”将一只脚颠来颠去；不要用左手与他人接触，也不要用左手传递物品。

对颜色的忌讳主要有：印度人忌白色和紫色，因为这两种颜色都象征着内心的悲哀；日本人忌绿色；比利时人忌蓝色；巴西人忌棕黄色；欧美某些国家忌黑色；埃及人忌黄色等。文秘人员在为外宾挑选礼物赠送礼品时要对此加以留意。

此外，西方人的空间意识一般较强，当陌生人离他们太近时，他们会觉得很不自在，甚至觉得是一种威胁，尤其是站在一位女性面前时，尽量不要使用手势，如果要用，注意动作别太大。

三、秘书人员的礼仪形象要求

美的仪表是美的心灵的体现，美的仪表是对社会和他人的尊重。良好的第一印象是一张最好的通行证。文秘人员应注意仪表美，努力塑造美好的礼仪形象。

下面我们从仪表礼仪的几个具体方面说明对秘书人员的礼仪形象要求。

（一）仪容礼仪

仪容，通常指人的外观、外貌。良好的礼仪形象的首要要求是仪容美，包括仪容自然美、仪容修饰美和仪容内在美。真正意义上的仪容美，应当是这三方面的高度统一。美观、整洁、卫生、得体是对仪容修饰的基本要求。

具体可以从以下方面入手：

（1）头发：头发应注意勤于梳洗；根据性别、身高、年龄和工作环境等做到长短适中；根据个人条件和所处场合做到发型得体；在美发时应注意自然美。

（2）面容：仪容在很大程度上指的就是人的面容，面容修饰在仪容修饰中举足轻重。眼睛、耳朵、鼻子、嘴巴及脖颈等部位都应认真清洁、护理。

（3）手臂：在正常情况下，手臂是秘书人员人际交往之中身体上使用最多、动作最多的一个部分，而且其动作还被附加了多种多样的含义，因此，手臂的修饰问题就显得尤为重要。应注意勤洗手、勤剪指甲、去除死皮、避免伤残。腋毛属于个人隐私，不应为他人所见，如穿着暴露腋窝的服装，务必先行脱去或剃去腋毛。正式场合，则不宜穿着半袖或无袖装。

（4）腿部：应注意脚部、腿部的清洁及汗毛的遮掩。正式场合不允许光着脚穿鞋子或穿有可能使脚部过于暴露的鞋子。

（5）化妆：化妆是修饰仪容的一种高级方法，它是指采用化妆品按一定技法对自己进行修饰、装扮，以便使自己的容貌变得更加靓丽。在人际交往中，进行适当的化妆是必要的。这既是自尊的表示，也意味着对交往对象较为重视。秘书人员更应本着美化、自然、得法、协调等原则重视化妆，从而将最美好的形象展现给大家。

（二）举止礼仪

人的举止，在日常生活里时刻都在表露着人的思想、情感以及对外界的反应，它以小见大地体现着一个人的思想感情，通过它可以见微知著地洞察每个人的喜怒哀乐等心理变化和活动。它不仅仅是一个人的事情，而且体现着自身的修养和对别人的尊重，因此它一向被作为人类的“第二语言”，在人际交往中发挥着表露、替代、辅助、适应和调节等多种功能，具有重大意义。

举止礼仪，是人们为了克己、自律、自尊、自爱；社会为了维护道德、秩序；也是人际交往中相互表示友好、敬意以及为了便于使自己为对方所接受，而对人们的日常举止所作的要求和规范。此外，它还包括在一定区域、一定时期内，人们所赋予举止的某些特别的寓意和特殊的禁忌。

文秘人员的行为举止要力争做到文明、优雅、得体、适度、敬人。

文明，是要求举止自然、大方，并且高雅，借以体现出自己良好的文化教养。

优雅，是要求举止规范美观、保持风度、颇具魅力，从而使人赏心悦目。

得体，是要求人们的一切举止动作，都要合乎体统、符合身份、适应场合，并且能够恰如其分地借以传达个人意愿。

适度，是要求我们的一切举止动作，都要尽可能地符合礼仪规范标准，使之适时、适事、适宜。

敬人，是要求举止礼敬他人，可以体现出对对方的尊重、友好与善意。

具体来说，秘书人员可以从手姿、立姿、坐姿、行姿等方面加强练习，从而具有良好的举止风度。

（三）表情礼仪

表情是人的无声的语言。现代传播学认为，它属于人际交流之中的“非语言信息传播系统”，并且是其核心组成部分。它直观、形象，更为人们所易于觉察和理解，在世界上几乎可以通用，在人际交往中真实可信地反映着人们的思想、情感、反应，以及其他一切方面的心理活动与变化。

表情礼仪主要探讨的是眼神、笑容、面容三个方面的问题。

1. 眼神

眼睛是人的心灵之窗，能够最明显、最自然、最准确地展示人的心理活动。

人们在日常生活中借助于眼神所传递的信息，可被称为眼语。眼语的构成，一般涉及时间、角度、部位、方式、变化五个方面。

在人际交往中，若对对方表示友好，则注视对方的时间应占全部相处时间的 1/3 左右；若对对方表示关注，如请教问题时，则注视对方的时间占 2/3 左右。

注视对方的角度也有讲究。平视适用于普通场合与身份、地位平等之人进行交往；仰视含有尊重、敬畏之意，适用于面对尊长之时。

注视他人的部位不同，可以说明自己的态度和彼此关系有所不同。注视对方的双眼，叫关注型注视，表示聚精会神，重视对方，但时间不宜过久；注视对方的额头，叫公务型注视，适用于正规的公务活动，表示严肃、认真、公事公办；注视对方的眼部至唇部，叫社交型注视，适于社交场合的交往对象。

2. 笑容

笑容是人际交往的一种轻松剂和润滑剂，可以缩短彼此之间的心理距离，打破交际障碍，为深入沟通与交往创造和谐、温馨的氛围。在所有种类的笑容里，微笑最自然、最大方，并且最为真诚友善，为世界各民族所认同。在工作岗位上，微笑是礼貌待人的基本要求，被视为“参与社交的通行证”，又被称为基本笑容或常规表情。

3. 面容

面容，指的是人们面部所显示出的综合性表情。它既对眼神和笑容发挥辅助作用，也可以自成一体，表现自己的独特含义。

在人际交往中，人的面部表情是交往时的门面和窗口，通过面部表情所传达的礼仪往往是最真切、最直接的。在社交场合中，我们应适时地运用表情语言的礼仪，为自己创造出更美好的情景。

(四) 服装礼仪

着装是一门艺术，在一定程度上反映着一个人的个性、爱好、文化素养和审美品位，同时它还体现着民族的习俗与社会的风尚。正是在这一意义上，人们的着装一直被视作传递着装者的思想、情感的“非语言信息”。在社交场合，得体的穿着，可以美化人体，扬长避短，展示个性，发挥多种装饰性功能。在正式场合，它还具有反映社会分工，体现地位、身份差异的社会性功能。文秘人员在社交场合的穿着与其他人员的穿着在基本原则上是一样的，但又明显呈现其职业特色。

1. 整洁大方

服饰必须整洁、完好、端庄、大方。整洁的衣着反映出一个人振奋、积极向上的精神状态，让对方感到可亲、可近、可信，乐于与你交往。

2. 整体和谐

服饰礼仪中所说的服饰，不完全是指我们日常生活中的衣服和装饰物，而主要是指在着装后构成的一种良好状态。它反映了人们的社会地位、民族习惯、风土人情以及人的修养、趣味等。所以不能孤立地以衣物的好与坏来评价人在着装之后的美与丑，必须从整体综合的角度来考虑和体现各因素的和谐一致。

(1) 注意服装与个人的和谐。着装应照顾自身特点，做到应己、适体。应己是要求我们在选择服装时，明确自身条件是否与之相适应，做到量体裁衣，因人而异。适体就是追求服饰与人体比例的协调和谐。服饰美的总原则是要以表现人本身的美为核心——主要体现在服饰与人的关系上，即服装与年龄的关系；服装与性格、气质的关系；服装与体型的关系；服装与职业、环境的关系等，以达到适体的美学效果。

(2) 符合 TPO 原则。T、P、O 分别是英文时间、地点、目的这三个单词的首字母。它的含义，是要求人们在选择服装，考虑其色彩、款式时，应力求使自己的着装与时间、地点、目的协调一致，和谐匹配。

(3) 注意场合。从总体上来划分，在交际应酬中人们所面临的各种场合，可分为公务、社交、休闲这三个大类。场合不同，着装的款式也应各有不同。原则上，公务、社交场合属于正式场合，着装要求是正规、讲究。休闲场合则属于非正式场合，总的要求是随意、自便。秘书人员应区分自己所处的具体场合，依照礼仪规范和惯例，在不同的场合选择不同的服装。

“时装不入办公室”对秘书人员也是适用的，办公室是很严肃的地方，在办公室的服装以庄重、整齐、实用、舒适为宜。

3. 展示个性

选择什么样的服饰，能够在很大程度上体现出穿着者的个性。着装应创造并保持自己所独有的风格，在服饰整体统一要求中，追求个性美。

秘书人员在服饰上，也应根据自身的特点和客观实际情况，发挥自己职业、年龄、性别、形体的优势，掩饰和缩小这方面的劣势，充分展示自己的个性，创造社会中的美好形象。

4. 佩饰礼仪

佩饰，指的是人们在着装的同时所选用、佩戴的装饰性物品。从总体上讲，它对于人们的穿着打扮，尤其是对于服装而言，起着辅助、烘托、陪衬、美化的作用。从审美的角度来看，它与服装、化妆一道被列为人们用以装饰、美化自身的三大方法之一。

按照仪表的礼仪规范，对于佩饰问题，应注意：(1) 少而精。(2) 扬长避短。首先必须对个人的先天性条件具有客观的认识，然后在此基础上，通过适宜的方式、方法，来突出自己的优点，修饰自己的一般之处，弥补自己的不足与缺陷，这就是所谓的扬长避短，显美藏拙。

秘书应认真塑造美好的自身形象，在看似普通的岗位上作出显著的成绩，对社会作出积极的贡献。这样就必然赢得周围人的高度评价，引起大家的兴趣和注意，使大家在头脑中生发出与这样优秀的秘书来往、交流的强烈欲望。在持续不断的交往过程中，秘书还可以凭着自身具备的优良素质与他人之间形成互补互利的关系，促使彼此间合作得更顺利、默契。

培养礼仪修养的途径，一是加强道德修养，追求崇高的精神境界。二是自觉学习礼仪知识，注重日常养成，提高礼仪素质和技能。三是广泛涉猎科学、文化知识，加强艺术修养。总之，培养良好的礼仪修养的过程，实际上是在高度自觉的前提下使自己整体素质提高的过程。

思考练习题

1. 办公室工作具有哪些特点和作用？
2. 办公室值班工作的内容与制度有哪些？
3. 办公室机要保密工作的内容、要求与任务是什么？
4. 秘书人员在接待服务中的职责与接待工作原则是什么？
5. 国际礼仪的八大原则是什么？

第十章

会务工作

办会是秘书部门一项重要的日常工作。许多重要决策和重大问题的处理都是通过会议方式决定和推行的。秘书人员对于保证会议的顺利进行负有重要责任。因此，了解会议基本知识，熟悉办会工作内容，掌握办会工作技巧很有必要。

第一节　会务工作概述

自从有了人类组织，就产生了会议。今天，会议已经成为现代社会开展政治、经济、文化和其他活动的重要方式之一。“会议”一词，在汉语中有两种含义。它既可以作为一种经常商讨并处理重要事务的常设机构或组织的名称，如中国人民政治协商会议等，也可以用来表示有组织、有领导的民主协商和决定某些事项的集会，也就是人们通常所说的“开会”。一般意义上的会议，主要是指后一种。

一、会议的构成要素

构成会议的要素主要包括：

（1）开会时间。任何一个会议，都必须有严格而明确的时间要求。如果缺乏准确的时间要求，什么会议都开不成，开不好。

（2）会议地点。没有开会地点，会议也是不可能召集的。人们只有在同一个时间会合到同一个地点，才能开会。当然，这只是传统的会议方式。在通信技术高度发达的今天，人们完全可以不受地域限制，利用电话、电视等现代通信设备，在不同地点参加同一个会议。但即使是这种借助现代通信手段召开的远距离会议，也不能没有信息收发终端，而每一个终端所在的场所，都应视作会议会场。

（3）会议组织者。每一个会议都有组织者或召集者。会议组织者可以是一个单位，也可以是个人。

（4）参加人员。参加人员大体可分为出席人员、主持人员、秘书人员、服务人员。较大规模的正规会议，一般都有正式出席人员、列席人员、会议执行主席、会议主席团、会议秘书长、会议秘书处、会议服务人员等。

（5）会议议题。会议议题是构成会议的主要因素。每个会议都必须有明确的指导思想、具体任务和要达到的目的。不论什么会议，总是要先确定议题。议题是开会的理由和依据。

（6）会议程序。会议程序是根据会议议题所安排的基本步骤，也就是会议的组织过程。按照粗线条划分，会议程序一般包括会议准备、会议进行、会议收尾总结等环节。其中，会议进行当中，又可分为若干具体步骤，即会议议程。议题少、规模小的会议，往往是开门见山，程序比较简单，而议题重要、规模较大的会议，其程序就较为复杂，比较严格和庄重。

二、会议的分类

根据不同的划分标准，会议有多种类别。按规模分，有大型会议、中型会议、小型会议；按级别分，有中央级、省市级、县级会议直至居民小组会议；按机密与否分，有公开会议、内部会议、机密会议；按参加者身份分，有党员会议、民主党派和无党派人士会议、干部会议、群众会议；按国内还是国外分，有本国会议、国际会议；按参加会议的国家数目分，有双边会议、多边会议。若按会议的性质分，有以下几种：

（1）立法性会议。这是权力机构的会议，如各级人民代表大会定期召开的会议。

（2）党务性会议。这是政党内部召集的会议，如党的各级组织召开的各类会议。

（3）行政性会议。这是各级行政机关、企事业单位召开的执行性、工作性会议，如企业的行政会议。

（4）业务性会议。这是各专门职能部门在经济、科技、文化、教育、卫生、体育、艺术等领域召开的专业性会议，如商业供货会、科技展览会、高等院校或科研单位的学术讨论会等。

此外，还有谈判会、座谈会、签订协议会、群众集会、文艺晚会等。

就一个单位而言，会议的种类大致有：

（1）内部业务会议。包括定期领导例会、临时工作会议、年度总结会议等。

（2）涉外业务会议。邀请的范围不同，名目繁多，包括从复杂的业务会议到半业务半社交的聚会等。

随着社会的发展，管理活动日益追求高效，会议方式面临一场严重的挑战。除了传统的会议方式外，产生了电子会议的新方式。所谓电子会议，是指采用现代通信手段，在各种电子设备的支持下举行的本地或异地会议。电子会议又分为电话会议、电视会议和计算机会议三种。电话会议是采用程控交换机提供的电话会议功能实现的。电视会议是通过摄像、录像设备，数字传真设备和慢扫描设备等实现的，它不仅提供了声音信息，而且提供了文字、图形和图像信息。计算机会议是通过计算机数字通信设备而形成的智能化的会议形式，它提供了计算机对会议的管理和信息交换的支持能力。当然，电子会议也有不足之处，如有的无法目睹别人的反应表情，而这些无声的反应常常是决定会议成效的重要因素。另外，若主持会议的人掌握不当，则会使电子会议变成一连串无聊的独白。一些举办过电子会议的企业认为，电子会议的成本比传统会议高。

三、会议的作用

尽管各级各类会议的具体作用不尽相同，但作为处理和决定问题的方式、方法，任何会议都是为了实现领导意图，达到一定目的而召开的。就会议的一般作用而言，大体包括下述几项。

（一）会议是实施领导、进行决策的重要工具

领导者实施领导有许多方式，其重要方式之一是开会。领导层的重要决策，包括各种方针、政策的制定，都必须通过会议来讨论和决定。这不仅有助于提高决策质量，而且也是民主政治的必然要求。

（二）会议是集思广益、推动工作的重要方式

通过会议上各种意见的交流，可就许多问题取得共识，形成具有更高价值的意见。对领导层来说，会议决定可体现集体领导；对领导和群众而言，会议决定可反映出领导走群众路线的作用，使会议决定具有更高的科学性和指导性。此外，会议可以互相交流信息，增进了解，加强不同部门和单位之间的联系，以达到促进合作、取长补短、共同发展的目的。

（三）会议是协调关系、增进了解的有效手段

会议可以协调上级与下级、局部与全局、部门与部门之间的各种关系，以避免或减少

工作漏洞，加强团结，完成共同的任务。

（四）会议是考察干部、发现人才的有效途径

在会议上，领导机关可以通过听取汇报、质询、查问等方式，考察下级干部。同时，会议也是人们施展才华的场合。领导干部在会议上的表现是他的工作经验、智力水平、文化修养、才能领导、口才技巧的综合体现。

四、会议质量保障

从社会价值的标准来看，所有的会议可以分为两种：一种是有效会议，能发挥会议的功能和作用；另一种是无效会议，失去会议目标和功能。会议的有效与无效，关键在于会风。会风不正的表现，一是会议过多。反复性会议多——贯彻上级指示，层层传达，反复开会。干部开会，党员开会，全体职工开会，小组开会，以示“重视”。虚求形式会议多——上级的重要文件，固然需要认真讨论贯彻，但有的却虚求形式，以会议代替行动，从上到下，召开各种学习会议，人人表态，个个表决心，不讲实施。二是会议过长、无目标。半天的会议要开一天，一天的会议要开成两天，会风松松散散，目的不明确。三是会议规模大、规格高。好开大规模、高规格的会议，动不动就邀请领导人出席，好像领导人来得越多越气派。四是会前不做充分准备，会上发言东拉西扯，长篇大论，空洞无物，浪费时间，无助于问题的解决。五是会议地点选在旅游胜地，开会为名，游览为实；吃喝超标准，巧立名目，滥发纪念品。

“会海”与“文山”是一对孪生姐妹，会议多文件必然多。因为大多数会议，会中少不了动员报告、典型发言和大会总结。散会时，与会者要抱走一大包文件。反过来，文件多会议也必然多。传达文件要层层开会，讨论文件要分片开会。“文山”与“会海”这样互相交织，愈演愈烈，必然造成严重的公害。就“会海”而言，一个个准备不充分的会，一个个轮流表态的会，一个个只图形式不顾实效的会，一个个吃喝游玩之风劲吹的会，不仅耗费了大量的人力、物力、财力，而且也使一些领导者陷入无效会议和无效劳动之中，影响他们进行有效管理，降低了他们在群众中的威信。

“文山会海”的产生，既有体制方面的原因，也有思想观念、工作作风方面的原因，需要进行综合治理才能克服。在加快建设小康社会步伐、集中精力搞经济建设的新形势下，必须精简会议，提高会议质量和效率。从实践来看，端正会风，控制会议可采取下述措施。

（一）坚决精简会议

首先是党委、政府部门要带头。领导干部要带头深入实际，实行面对面领导，现场解

决问题，把那些可开可不开的会议坚决压缩掉。

（二）压缩会议时间

必须提倡高效率，只要能在充分讨论的基础上达到解决问题的目的，就要尽可能缩短会期，开会搞“持久战”，只能是人、财、物的“消耗战”。

（三）控制会议规模

应尽量压缩与会人员，不要一开会就让各单位都派人出席。会议工作人员要精明强干。

（四）压缩会议经费

要贯彻勤俭办会的原则，尽量少花钱、多办事。杜绝讲排场、摆阔气、铺张浪费的现象，更不能借开会之名游山玩水，要最大限度地减少会议开支。

（五）科学安排会议

可将内容相近、参加人员范围相同的会议合并召开；在条件许可的地区和部门，可以推广电视电话会议。

（六）严格审批制度

开会要经过领导机关审批，以便全面平衡、掌握情况。年初、季初、月初，都应做好开会计划，统筹安排。要建立会议申报制度和会议经费预算制度，经有关部门核准，方可召开会议。

第二节　会务工作内容

会务工作，是专指由秘书部门承担的从会议筹备到善后总结的一系列工作。从协助领导制订会议总体方案、准备会议文件，到人员签到、车辆调度；从会前准备，到应付会议最后几分钟可能出现的变化等，会议期间包含的一切大小事务，都称为会务工作。会务工作的总要求是：充分准备，严密组织，服务周到，确保顺利。

按照会务工作的时间来划分，可分为会前准备、会中服务、会议善后三个方面的工作。

一、会前准备工作

确保会议的成功举办，关键在于做好会前准备。秘书人员一定要以认真负责的精神，缜密考虑会议的各个关键环节，细致地做好各项准备工作。

（一）安排会议议题

安排议题主要有三种情况：一是主管领导批示交办或指定有关部门汇报的问题；二是下级单位提请讨论决定的问题；三是上级领导下达指示，需要各部门贯彻执行的问题。安排议题要注意三点：一是“以点带面”，以中心议题深入广泛的讨论促进其他议题的讨论，也就是突出重点的安排方法。二是将同类性质的议题安排在一起，便于集中和充分的讨论，也就是分门别类的安排方法。三是按轻重缓急程度，重要的、紧急的问题先讨论；保密性强的议题可以放在会议后一阶段，让无关人员退席后继续举行。

（二）拟订办会方案

所谓办会方案就是会议预案。办会方案一般包括以下内容：

第一，确定会议名称，要能明确表现会议的性质和主题。

第二，确定会议时间和地点。

第三，确定与会人员及人数。

第四，会议筹备班子的职责分工。

第五，会议凭证。小型会议凭会议通知即可，中型以上会议需印发入场证。

以上五项是一般会议筹备方案的主要内容，有些会议还有选举、发奖、摄影等活动，筹备方案中也应考虑进去。

（三）准备会议文件

会议文件的准备工作，往往需要较长时间。有些大会报告在会前就得征求各方面意见，不断修改，几易其稿才能定稿。所以，在时间允许的前提下秘书部门要组织素质较高的人员撰写会议文件，并先在秘书层进行讨论、补充、修改后再送领导审阅。

会议文件一般不宜过长、过多。尤其是经验交流材料，一要真实，二要简短，三要富有新意。力求短、小、精（即篇幅宜短、题目宜小、内容要精），不要长、大、空，要产生使人听后有“看得见、摸得着、跟着学”的感染力。

（四）拟定会议程序

会议程序，即会议进程安排。有些会议如代表大会的议程需经大会通过。会议议程必须体现在妥善安排的日程中，也就是说，议程较概略，日程较具体；各项议程在会议期间何时进行，要在日程中显示出来。将日程具体分解可以看出某一天或半天会议内容的先后顺序，这就是会议进行的程序。

大型会议的议程、日程、程序必须划分清楚；小型会议则将三者合而为一，统称为议程。小型会议议程可由主持人掌握或宣布；大中型会议议程则应当印发给主席团成员或参加会议的全体人员。

（五）制发会议通知

会议通知一般分标题、主送单位、正文、落款四部分。要写清什么单位、什么时间、什么地方、开什么会议，会议的目的、主要内容、期限、报到日期及注意事项等。发放会议通知可采取文件通知、电话通知、广播通知或网络通知等多种方式。

（六）会议报到和配发文件

与会人员到达会议地点后持通知书向大会秘书组（或专设的报到处）报到。负责接待的会议秘书人员要向报到者说明会议的作息时间、注意事项、食宿安排等情况。重要会议还需向报到者收取照片，以便制发有关证件。报到时，一般应将会议有关文件一并发给与会人员。涉密文件，可以在每次会议召开前发，或通知与会人员到保密室领取。发放文件时要做好登记，会议结束后与会人员要将文件交回。

（七）与会人员编组

如召开大、中型会议，与会人员报到后就要安排编组。编组的方法大致有两种：一是按地区、单位编组；二是按行业编组。学术性会议以专业编组最为理想；经济类会议则以系统编组最为有效。编组的方法要根据会议的性质来决定。例如，经验交流会为了让与会者广博见闻、交流情况，不同地区或专业也可打破界限，有意识地把不同地区、不同行业、不同专业的人编在一组。

（八）会场选择布置和排列座次

选择会场，要结合开会人数和会议内容来综合考虑，做到大小适中——太大显得松散，太小又显得小气；地点适中——尽量离与会者的住所近一点，免受奔波之苦；附属设施齐全——准备好照明、通风、卫生、服务、电话、扩音、录音、摄像等设备。高级领导机关召开的会议，还要安排好汽车停车场。

会场选择确定后，还需要周密布置。不同的会议，要求有不同的会场气氛。人民代表大会会场需要隆重庄严，庆祝大会会场需要喜庆热烈，纪念性会议会场要肃穆典雅，座谈会会场要和谐亲切。布置会场涉及主席台、会场形式（包括座位）、附属性设施、装饰性设施（包括会标、标语口号、会徽、旗帜、花卉、字画等）等。下面着重谈主席台和会场形式。

大型会议的会场，大多设主席台，和与会人员成面对面的形式。由于多在礼堂、会堂召开，主席台一般设在舞台上。中型会议的主席台，设在舞台上下均可。如设在台下，要离与会者近一点，稍微垫高一点。小型会议不用设主席台。会场形式依会场的大小、会议的需要、与会人数的多少而定，还要符合美学原理和与会者的审美观，通常呈长方形、圆形、方形等。下面介绍几种座位安排范例。

（1）日常工作会、座谈会会场形式。规模较小，人数大多在十几人至二十人。大多布置成圆形（见图 11—1）、椭圆形（见图 11—2）、长方形（见图 11—3）、T 字形（见图 11—4）、U 字形（见图 11—5）、口字形（见图 11—6）等，令人感到亲切、轻松，拉近了主持人与参加人员的距离。

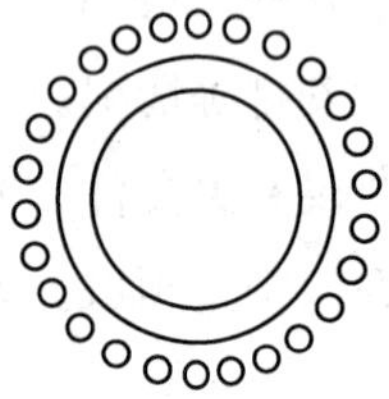

图 11—1　圆形

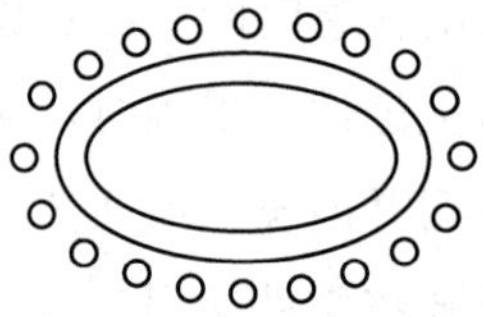

图 11—2　椭圆形

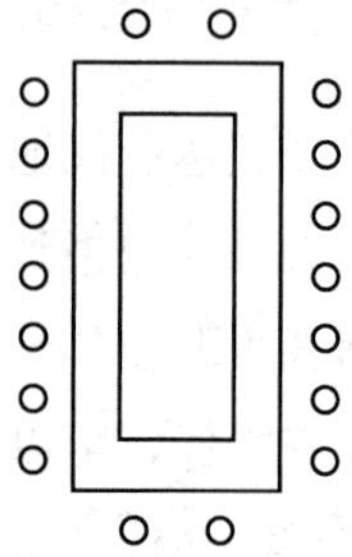

图 11—3　长方形

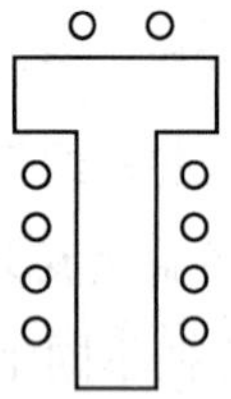

图 11—4　T 字形

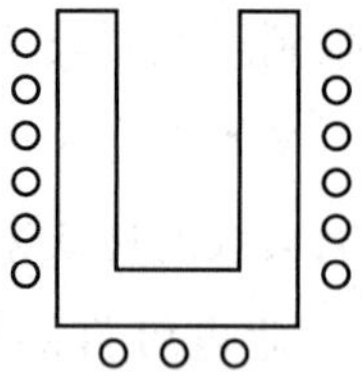

图 11—5　U 字形

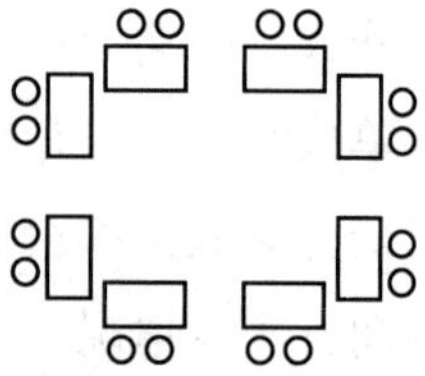

图 11—6　口字形

（2）中型会议的会场形式。人数一般在几十人至几百人，布置成而字形（见图 11—7）、倒山字形（见图 11—8）、半圆形（见图 11—9）较好。这些形式使人有正规、严肃之感，但要注意，使用图 11—7 的形式时，与会人员席的横排面不要太宽，以免主席台同两边就座的与会人员首尾两端，不能相顾。如果与会人员较多，可以适当往纵的方向多排几行。

（3）大型茶话会、团拜会的会场形式布置成星点形（见图 11—10）、众星拱月形为好。

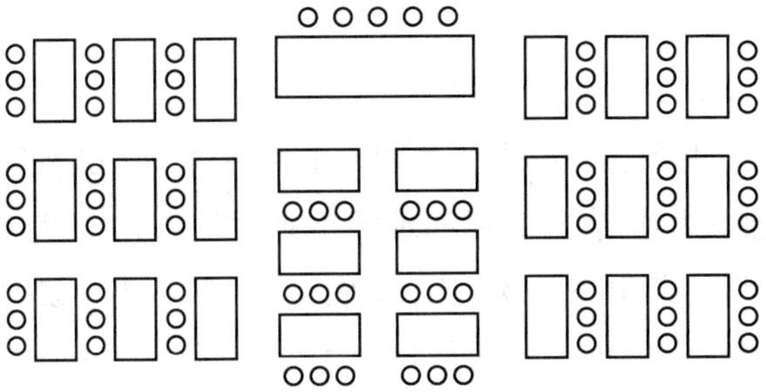

图 11—7　而字形

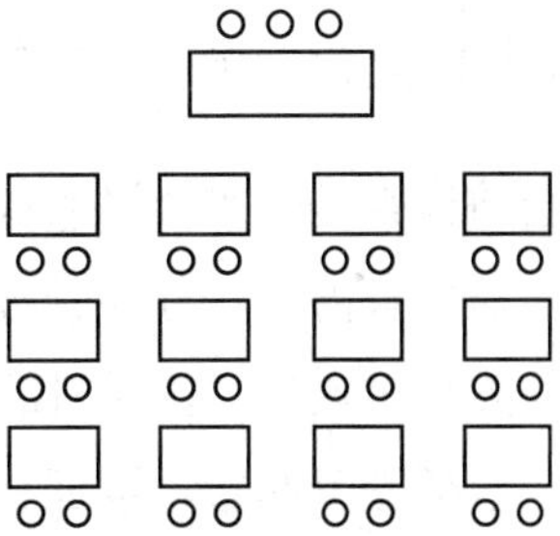

图 11—8　倒山字形

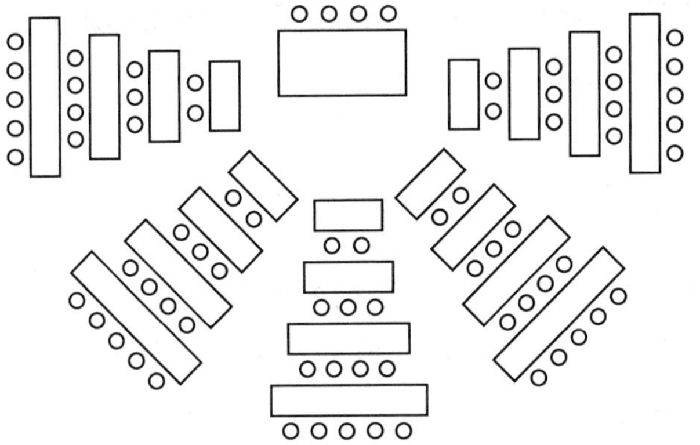

图 11—9　半圆形

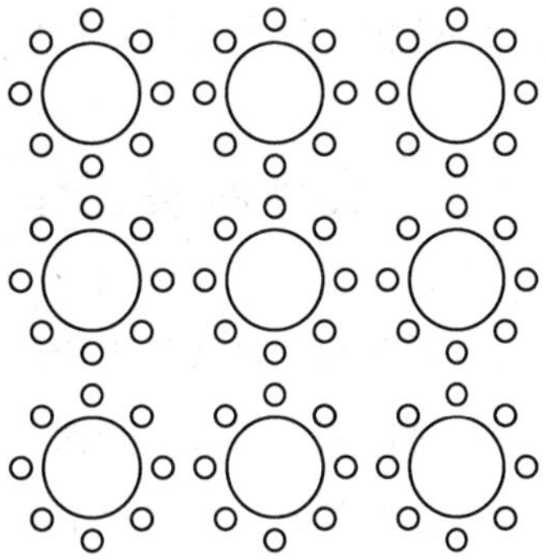

图 11—10　星点形

几百人以上的大型会议，一般都在礼堂、会堂、体育馆一类的地方召开，形式大多是固定的。

以上所述会场布置形式都是工作中常用的。具体运用时要从实际出发，选择适用的，还可以灵活变通，自创一些形式。

座次的排列包括主席台座次和与会者座次。主席台座次，以人员的职务（或社会地位、声望）高低排列，最高的排在主席台第一排正中间，其余按高低顺序，以正中间座位为点，面向会场，依左为上、右为下的原则排列。若有几排座位，其他各排的排位可灵活掌握。座位上要放置名签。主席台座次的排列须报领导审定。

其他与会者面对主席台，座次排列既要服从会议目的，又要体现平等精神。大致有以下几种办法：(1) 按汉字笔画排列。(2) 按地理位置排列。(3) 按惯用的单位顺序或行业系统排列。其他与会者的座次排列方案也要报领导审定。

(九) 落实会议有关细节

办会是很细致的工作，涉及很多环节。对于容易忽略的细节一定要认真落实。比如，对于播放音乐光盘的准备、花卉摆放的要求以及会议桌椅的摆放数量、形状等，都要逐项认真落实。

（十）全面进行会前检查

会前检查是落实会议准备工作、保证开好会议的重要步骤。重要会议在会前要反复检查。会前检查内容，分为领导人听取会议筹备情况汇报和现场检查两种方式，以后者为主。检查的重点是文件材料的准备、会场布置和安全保卫工作等。大中型重要会议的会前检查还包括警卫部署，票证检验人员的定岗定位，交通指挥及主席台服务人员的就位情况等。

会前检查不能放过任何细节。就会议设备来说，要保证做到随时提供有关的备用品，保证在任何意外发生的时候，机器可以更换或修理；主持会议者应熟悉所有电源插座和灯光开关位置，秘书可以把这些情况告诉有关人员。

二、会中服务工作

会议期间，是会务工作最活跃、最繁忙的阶段，秘书人员的工作能力受到最严格的考验。这时秘书工作的中心任务是：掌握会议动态，协助领导指挥与控制，并通过精心的组织和良好的服务，使会议沿着既定的目标运行。

（一）搞好签到工作

为准确了解与会人员的出席情况，会议开始前要做好入场签到工作。这项工作一般由会议登记处办理，有时也由秘书人员承担或负责监督。入场签到结束后，要迅速统计出席、列席和缺席人数，报告大会主持人。

（二）热情接待会议成员

大中型会议，一般设专门接待员。接待员要预先记熟与会者的名字、职务、单位以及住房号码，以便快捷地引导他们进入会场，会后及时向他们指示住处。小型会议大多由秘书人员担任接待。接待员的态度如何，关系到会议给人的印象。如果会议由某单位召开，秘书应是热情主人的代表，自始至终彬彬有礼，服务周到，让与会者有宾至如归的感觉。

（三）会议记录

会议记录是会议情况的真实反映，也是了解会议决定事项执行情况的依据和凭证。它包括两部分：

第一部分是会议组织情况，包括会议名称、时间、地点、主持人、出席人、列席人、缺席人（简单注明原因）以及记录人签名。前三项应在主持人讲话之前写上。

第二部分是会议内容，是记录的主要部分，要将会议议题、讨论发言、形成的决议以及主持人的总结发言等主要内容真实记录下来。

会议记录方法有：

（1）摘要记录，这是一般会议通用的记录方法。它不是有言必录，而是摘记发言要点、结论和会议上的问题，以及通过的决定、决议。

（2）详细记录，多用于党政机关领导班子的重要会议。它要求有言必录，不能只摘提纲挈领式的记录，也不能只记结论，而要尽量记原话，不改变原意。

（3）录音记录，开会时录音，会后立即根据录音整理记录。

（四）会场服务

会场服务一般由会务服务人员负责，如会场的清洁卫生、开水供应、灯光照明、扩音设施等。秘书人员要负责检查、督促他们做好各种服务工作。除此之外，会议秘书组也可做一些服务工作：

（1）在会议期间，准备一些纸、笔等必要的文具，以备不时之需。

（2）传接电话。开会的时候，不是特别紧急的电话，一般都不传呼。一般的电话，可记录下内容，待会间休息或散会后交给当事人。只有内容十分紧急的电话才用纸条通知当事人接听。

（3）协助领导掌握情况，控制会议进程。会务人员对会议中的动态，对与会者的建议和反映，对出现的苗头和倾向，都要心中有数，并及时向会议领导报告。

若会议依据某种错误信息或片面情况作出不正确的决定时，在征得会议主持人同意后，应向与会者如实反映真实情况。会议作出的决定与党和国家现行的政策或规定相抵触时，应主动介绍有关政策或规定，提请与会者注意。这是为了使会议不离题，不脱轨，顺利地进行。会议进行当中，视会场气氛情况，可适时向会议主持人建议休息若干分钟。

（4）晚上休会期间，适当组织看电影或其他文娱活动，以活跃气氛，开好会议。

（5）关心与会人员中老、弱、病、残者的健康状况，发现问题及时处理或请示有关领导处理。

（五）编写会议简报

会议简报是会议期间编印的关于会议情况的简要报道，包括代表们在讨论中提出的意见、建议和会议决定事项等。人数多、会期长的大中型会议都要编写会议简报；无须分组讨论、会期只有三四天的会议，只在会议结束后编写一期简报即可。

编写会议简报，可以采用归纳法、报道法、摘录法、排比法等不同方式。

（1）归纳法。通过对发言内容的综合分析，以梳理归纳成几个问题的形式来编写。

（2）报道法。借用新闻报道形式，其特点是板块结构，开头一块，先将要反映的内容用三言两语概括成十分精练的导语，然后一块一块从不同的侧面报道讨论的内容。

（3）摘录法。将会议发言摘要整理编排成简报，可一期摘要一个人的发言，也可同时分段摘发几个人或十几个人的发言。

（4）排比法。将发言内容按一定次序排比整理成简报。常用的有两种：一是按发言内容排比，如先写“大家首先摆出问题”，然后写“大家分析产生问题的原因”，最后写“大家还提出解决问题的办法”；二是按发言的内容归纳排比，即把相同、相近的内容归纳为一类，如某某人和某某人谈了些什么，某某人等的看法又怎么样等。

（六）调派车辆和安全保卫

会议即将结束时，要赶紧调派车辆。对会议代表一共需要多少车辆，哪些代表坐哪辆车，秘书人员都要了解清楚。这时，最忌讳只顾安排自己领导的车辆，忽略了来宾和其他代表的乘车。最好是让与会者在会议结束后，一踏出大门就能看到要坐的车。

三、会议善后工作

（一）整理会议记录

会议结束后，记录人要全面检查记录，对会上没弄清楚或发言者表达不清的地方，要及时找有关人员核对；对错漏字、字迹不清的地方和其他遗漏处，要及时修改正确、补充齐全。整理会议记录，不应像编写会议简报那样求新、求实、求短、求快，而要力求全面、准确、规范，并尽量保持原话风格。经过认真整理的会议记录要及时交文档人员收存、归档。

（二）拟写会议纪要

会议纪要的内容由三个部分组成：

（1）开头部分。概述会议名称、召开单位、时间、地点、参加人员、会议主题、主要程序等，用简要文字交代即可。例如××省《全省商业局长会议纪要》的开头语：“经省人民政府批准，全省商业局长会议于 2002 年 8 月 30 日至 9 月 6 日在××市召开。参加会议的有各地、州、市、县、区商业局长，各批发公司、贸易中心经理，省级有关部门负责同志。会议期间，学习传达了全国商业局长会议精神，研究部署了全省商业改革、市场供应、横向联系、队伍建设等工作。省委副书记张××同志、省人大常委会副主任李××同志、副省长王××同志分别发表重要讲话。现将会议主要精神和议定事项纪要如下。”总共不到 200 字，把会议概况介绍得清楚明了。

如果拟写一般性例会纪要，还应对会议主旨所依据的理由、背景，会议所遵循的指导思想，进行高度概括。这样，不仅使会议的重要性、必要性和会议主旨等跃然纸上，也使会议议定事项有明确的方向，使记述有顺理成章之势。

（2）主体部分。这是纪要的核心部分，既是对会议主要精神的阐述，也是会后贯彻执行会议精神的依据。写作要点是“纪实”和“扼要”。纪要应忠实于会议实际，不能将执笔者个人见解掺杂进去，不可随意增减和发挥，这是撰写纪要的基本原则；纪要又是对会议基本精神的提炼和概括，它既要反映会议讨论情况，特别是领导人重要讲话精神，又必须综理其要，提炼概括，不应成为会议记录的全面重复。

具体写法有以下四种：

一是记录式写法。有些学术会、讨论会，研讨的问题比较单一，可按与会人员的发言摘要整理；有些日常例会，研究的问题较多，比较具体，可按议题顺序，在会议记录的基础上逐项整理，并进行提炼和概括。

二是概述式写法。有些会议研究的问题比较集中单一，可把讨论的意见概括成几个方面或几层意思，依次阐发。

三是条款式写法。有些重要工作会议围绕会议主旨形成的意见、确定的事项比较多，带有决定性质，每条事项可以单列成文，不宜归并论述，就采取条款式写法，分别冠以“一、二、三、四”的标号，一条写一个意见或一项事情。每条的开段领句，就是本条的中心意思，也可视为小标题。

四是归纳式写法。有些工作会议涉及内容较广，讨论的问题较多，实际上是某一部门业务工作的全面安排部署，这就要按讨论的问题、议定的事项分类整理，分别列出序号、标题来叙述。每个标题下面，视内容多少，或分段、或分条来写。

（3）结尾部分。许多会议纪要，写完主体部分的最后一个问题即止。有些会议纪要，写完主体部分之后，还要另写一段诸如希望、号召和对未尽事宜加以说明等一类的文字。到底采用何种写法，要依据实际情况来确定。

（三）文件制发

秘书部门会后的文件制发工作，不同于会前的文件准备和配发。相对而言，会后的文件制发工作整齐、简明；会前的文件准备复杂、配发严格。会后的文件制发工作要注意两个方面：

（1）文件名称和标题。一般来讲，召开什么会议，会产生一组会议文件。因此，需要标名一组会议文件名称，例如“全县优质产品评选工作会议文件”。如果会议文件较多，为了便于管理，应给文件编定顺序号，例如“全省整顿行业不正之风会议文件之一”、“全省整顿行业不正之风会议文件之六”等。有时，一组会议文件的名称可以会议地点命名，例如“北戴河会议文件”等。每份文件的标题可以与会议期间使用文件的标题一样，也可适当变通处理，例如“张××同志在全省商业局长会议上的讲话”；“乔××同志在××会议上的发言摘要”；“王××同志关于改革销售制度的报告”等。

（2）文件的分发。首先，会议文件分发前要编号。编号方法有二：一是编文件总号，有多少个文件就按顺序编排多少号；二是编文件份号，一个文件印发多少份便编多少号。其次，会议的每份文件必须准确地发给固定的户头。分发时要封装、登记后才进行投送。

（四）材料的收集与立卷

会议结束时，凡属有机密性质的会议，会议文件一律要收回。有些会议虽然不属机密性质，但参考性的文件也应收回。秘书处可按文件登记的清单收回所有该收的会议文件。这些文件必须收集归档：会议的正式文件，如决议、决定、通知、纪要、报告等；会议的参考文件；会议的各种发言稿；会议文件的各种修改稿；会议上的各种速记稿、记录稿；选举材料；会议的各种证件；会议的记事表；其他有关材料。收集齐全后，要按照类别分类归档。

（五）搞好会议总结

会议总结是不断提高办会质量的重要环节，没有深入的总结，难有真正的提高。会后的总结讲评是不可少的，可以达到“开一会，进一步”的效果。既要总结成功和出彩的地方，也要总结遗憾之处和今后努力的方向。每一次会议总有个别疏漏的地方，及时总结疏漏的环节、疏漏的原因，避免在下一次会议中出现，可以起到举一反三的作用。

第三节　会议筹备工作技巧

要做好会务工作，除了掌握会务工作的基本内容和流程外，还必须掌握一定的技巧，特别是一些重点环节的技巧。办会技巧是人们在实践中逐步总结摸索出来的，不同的会议会有不同要求。但是也有一些基本的、具有普遍性和规律性的认识，需要很好地把握。对于会务工作人员来说，三个阶段的关键在于做好会前筹备的工作，因为大部分工作在这个阶段完成。筹备工作做好了，等于会议成功了一半。下面，重点就会前筹备的几个主要环节的工作技巧做简要介绍。

一、领会领导精神

领导关于举办会议的整个精神，包括内容的和事务的，整体的和重点的，这是筹办会议的源头。筹办者要把领导对会议交办的意见、想法、授意等全面了解，了解得越透彻、越准确、越详细越好，切实做到全局在胸。每次会议召开之前，领导都要对会务分工作出具体安排和部署，部署的内容实际上就是会务负责人所领取的第一道原始指令，既是制定会务方案的主要依据，也是筹办会议的前提条件。

领会领导精神要注意下述三点。

（一）主动

领导关于一个会议的大体意图交代后，办会人员要及时主动了解与会议主题有关的情况，供领导决策时参考。在会前准备过程中，要及时主动与领导沟通，避免在领会精神上出现偏差。

（二）详细

领会领导精神越详细越好。详细是指对会议的内容、方式、参加人、主持人、注意事项、会场要求、细节要求、特殊要求等，尽可能详细了解。

（三）透彻

透彻指的是要深入体会领导对这次会议的想法，或者是关于会议表层背后的一些其他考虑、想法、意思，这对于办好一个会议具有重要作用。有时领导对于一个会议的主要想法没有明确表示出来，作为办会人员要多请示、多揣摩、多领会。

二、拟定筹办方案

会议筹办方案是会议筹办工作的总体计划安排，也是筹办会议的依据。这个方案要线条分明，思路清楚，详细周到，简洁明快，科学可行。既要清楚明了，又要把应该考虑到的所有问题都包括进去，避免漏项。拟定会议筹办方案要把握下述原则。

（一）整体性原则

务求作出整体设计，并在整体基础上精心考虑每个细节。既注意明确分工，又必须讲究协同配合，尤其是要加强关节点的配合。一次比较重要的会议，往往在会议筹办方案的落实上，要开一次到几次协调会议。由办公室召集相关人员参加，说明会议的整体考虑和目的，讲清各单位的分工与配合事项，提出办会质量和时间要求，布置检查措施，分头落实。办会人员真正领会了这些事项，是成功办好一次会议的重要保障。

（二）动态性原则

筹办一个会议要考虑的相关因素很多，其中一个就是随机因素。比如颁奖会，主席台上奖品按次序已摆放妥当，突然一个领导缺席，或一个领奖人出缺，就需要快速调整，避免颁奖过程中出现差错。这些工作都要在会前的短暂时间内准备就绪。

（三）超前性原则

主要在于会前的计划性和计划的周密性。即遇事都有准备，有应变措施和方案。

构思办会方案时要注意以下几点：一要全面，即对会议相关的所有工作必须全面覆盖，关键细节不能忽略。二要明确，即对每项会务工作都要讲清楚，思路要清晰，让人一目了然。三要有序，即对各项会务事项要科学运筹，安排规范合理。四要严密，对方案的设计要反复思考，务求严密周到。

三、拟定落实程序

拟定落实程序要把握整个会议，突出什么，孰先孰后，要有合理次序。各个环节要环环相扣，扣得自然合理，使会议开得紧凑，开出气氛。落实会议程序时要把握下述三个方面。

（一）重点程序重用力

凡召开一次会议，必然有重点程序。比如召开表彰大会，重点程序一是开始，主持人在主持词中要很好地介绍这次大会和来宾，这对于会议气氛的形成极为重要，起到入题、点题和提神的作用；二是向获奖人员颁奖和献花，这是形成会议良好气氛的重要组成部分，需要精心安排。每一个程序用多长时间都要精确把握，重点程序尤应如此。比如中央领导接见会议代表，对于会议组织者来说，领导到来的时间要计算到分到秒。

（二）会场布置要精心

开好一次会，落实好会议程序，还在于对会场的精心安排布置。一般来说，会场安排重在以下三点：一是把握整个会场，把握总体。会场要庄重、整洁，桌台排放符合会议要求，整个会场和主席台要整体呼应。二是把握主席台，把握重点。主席台是会场的脸面，总体上要庄重、热烈、得体、大方、合理、有序。比如，主席台座次排列就有很多讲究，要摆正名签，放好会议程序，让人一目了然；根据台口宽窄，适当安排座位，不要过于松散或拥挤；座位排序要将职务最高的排在第一排正中间，其余以正中间为起点，按照面向会场左上右下的标准排列方法排出。座次排序要得到主持人认可，才能正式安排。还需要考虑背景、色彩、灯光、花卉等要素的衬托，重视场景的表现力。用花卉表现是一个方面，用彩色灯光和背景色彩装饰也很重要。一般常规是，红色用来表示热烈、豪迈、喜庆；蓝色是冷静、和平的象征等。另外，场景的表现要注意时代感。除了色彩烘托气氛以外，现代影像技术、多媒体及音响技术的运用都不可缺少。三是把握会标，把握看点。会标是会议的眼睛，具有传神作用，与会人员看一眼会标，就对会议一目了然。会标是会议的主题性布置项目之一，是显示会议名称的标志，要精心制作，精心悬挂。字要醒目精神，端庄大方，严禁使用不规范的文字；悬挂要平直，不能出现褶皱、歪斜等现象。

（三）细节刻画巧用心

为了把会开好，程序安排上的细节刻画是不可少的，它是会议出彩（开出效果和气氛）的重要条件，这就要巧用心。抓细节刻画，一是在会场布置上突出细节安排（如很有创意的背景刻画，主席台上的实物点缀等）。二是在程序安排上突出某项内容，这往往也是一种细节刻画，给表彰对象献花就是一个很好的例子。三是在会前落实程序规定的有关细节。逐项检查乃至演练、论证都是必不可少的。比如对音响和音乐光盘的精心检查要到位，才能保证会议的良好效果。再如颁奖过程中的奏乐，要提前注意衔接。还如颁奖人员上台领奖环节容易散乱，要提前演练，统一要求。

四、准备会议文件

会议准备阶段，动手最早的是对会议文件的起草准备，这也是筹办工作的重要内容。一般来说，会议的主报告是会议的灵魂，是会议成功的主要标志。召开一次会议，要准备的文件主要有领导讲话、主持词（相应的会议有欢迎词、欢送词、答谢词、开幕词、闭幕词等）、有关人员发言等。比如一所大学每年都要召开教师节庆祝大会，需要准备的文件有主持词、校长讲话、上级领导讲话、师生代表发言等。稿件在准备阶段需要及早组织人员起草，经过修改几稿才能定稿。文件起草工作对筹办者有很高的要求，要有写作水平，要了解领导意图，要了解大政方针，要了解实际情况，这样才能基本胜任工作。

（一）主持词写作要点

主持词的写作要点如下：

(1) 正文要首先介绍会议出席人员情况。介绍的顺序，在一般情况下，按照职务高低顺序介绍；先介绍来宾，后介绍本单位主要领导人。在一些特殊情况下，参加会议人员虽然职务不太高，但他（她）是当年事件的主要参与者，也应先予以介绍。

(2) 介绍来宾之后，主持者以东道主身份对上级的关怀和来宾的支持表示谢意。接着全面介绍整个会议的主要程序。

起草主持词要注意三点：第一，主持词是在整个活动程序中穿插进行的，有穿针引线的作用。尽管主持词文字不多，但却能画龙点睛。因此，要注意主持词表达的准确性。第二，会议程序是预先安排的，如果会议内容、人员临时变动，主持词要作相应调整。第三，主持词的文字表述要切合现场情况。必要时在不违背原意的情况下，可以增减某些内容。

（二）会议报告写作要点

会议报告的主要特点表现在主题的集中性、形式的灵活性和语言的通俗性三个方面。

(1) 主题的集中性指报告或讲话应该紧紧围绕会议的主题。有些材料虽然很好，但是只要是脱离会议宗旨，与会议无关，就应该坚决删除。

(2) 形式的灵活性指在形式上无固定的格式和要求。特别是领导的讲话，内容可长可短，可以全面论述，也可以就其中一点发表自己的看法。

(3) 语言的通俗性指语言要适合听众的水平，容易为听众理解和接受。因为会议报告主要靠口头语言来传达，而且声过即逝，具有“一次性”的特点，听众不能像看文章那样，看不懂再翻过来看一遍，而必须当场听清听懂。

会议报告一般由标题、称谓、正文、结束语四部分构成。

第一部分，标题。写法有两种。一种是直接写成“××同志在××工作会议上的讲话”；另一种是揭示讲话主题的标题，如“当前的经济形势和今后经济建设的方针”。标题之下写讲话的时间，再下一行写讲话人的姓名。

第二部分，称谓。写在报告的开头，要根据讲话对象而定，恰当得体。在讲话进程中也可以适当穿插称谓，提示听众注意。每次称呼的出现，标志着讲话进入了一个新层次。

第三部分，正文。总结和部署工作的讲话，内容结构一般是：分析形势，总结经验、教训，分清主流、支流；指明今后的任务；阐明完成任务的方针、政策；对下级或干部、群众提出要求。会议讲话的结构形式，要根据实际需要而定。

第四部分，结束语。这里从略。

五、组建办会队伍

能不能办好一次会，关键在于有没有一支高素质的办会队伍。办会的质量在于人的素质，在于认真投入的程度，在于细密严谨的程度。

（一）思路清楚

要做到“全局在胸，主线明确，行云流水（不可拖泥带水），简洁明快”。

（二）责任明确

办会要有一个良好的工作机制，即分工明确，责任明确，要求明确。大家分头行动，情况明才能决心大。

（三）作风严谨，工作细致

是否严谨细致，既与办会人员投入程度有关，也与对办会人员要求程度有关。每办一次会议，都在会前组织有关人员演练一遍，心中有数，才有可能把会议开得高质、高效。

思考练习题

1. 会议具有哪些作用？
2. 会务工作有哪几个阶段？不同阶段分别有哪些服务工作？
3. 加强会议管理的具体措施是什么？

第十一章

秘书调研与信息工作

第一节　秘书调研概述

秘书部门的调查研究（以下简称秘书调研），是为领导工作服务的一种重要手段和方法。正确认识秘书调研的特点和作用，深入理解秘书调研的原则和要求，掌握秘书调研的程序和方法，进而掌握大量真实、具体的材料，对于秘书人员更好地行使参谋和辅助职能具有重要意义。

一、秘书调研的含义

秘书调研是指秘书人员根据领导指令和工作需要，运用各种方法或技术手段，对某一客观事物或问题进行系统的考察和分析，从而把握事物的本质特征及发展规律，寻求科学的解决方法的一种社会实践活动。

秘书调研的过程，由调查和研究两个阶段构成。

调查，即通过各种方式了解事物的实际状况，占有第一手材料，获得大量感性认识，以便搞清“是什么”的问题；研究，即把调查所得材料进行“去粗取精，去伪存真，由此及彼，由表及里”的科学分析和综合，从中发现事物之间的相互关系，将感性认识上升到理性认识，旨在探究“为什么”和“应该怎么办”。调查是研究的前提和依据，没有调查就谈不上研究；研究是调查的发展和升华，没有深入研究就找不出事物的本质和规律。虽然调查与研究属于认识的两个阶段，但是两者相辅相成，关联密切，体现了马克思主义认识论关于感性认识和理性认识的辩证统一，是人们的认识达到主客观相符合的主要桥梁。

二、秘书调研的特征

(一) 秘书调研的特点

秘书部门处于机关的中枢地位，承担着为领导人和领导部门提供综合服务的重要任务。因此，秘书调研具有自身的突出特点。

1. 被动性

秘书调研取决于领导工作的需要。各级领导在实施决策、加强管理和解决某些重要问题时，除了亲自了解有关情况外，往往需要由秘书部门提供大量第一手资料或重要信息，这是因为领导人时间、脑力、精力都很有限，他们不可能事必躬亲。所以，领导者必须依靠秘书部门开展工作。秘书调研活动，常常是由领导人定调研课题，定调研内容，定调研方针，定调研对象，秘书部门必须按照领导决定或审定的方案开展调研工作。由于秘书调研要紧密围绕领导工作需要这样一个特点，使得秘书调研成果更加容易被领导关注。反过来说，如果秘书部门撇开领导工作这个“轴心”而主动调研，这样的调研活动不仅难有成效，甚至无法进行。从根本上说，离开领导的需要，就没有秘书调研的活动。

2. 随机性

由于领导工作中的许多不确定因素，加之社会实践活动的丰富多样，决定了秘书调研活动很难有一套稳定的计划得以遵循。而常常是根据领导意图，针对突发事件开展调查研究，领导指到哪里，秘书部门打到哪里。所以秘书调研具有随机性强的特点，秘书人员要时刻准备按照领导人的要求投入调查研究工作。秘书人员必须具备较高的素质和娴熟的调研技术，掌握过硬的本领，才能招之即来，来之能战，战之能胜。

3. 政策性

秘书部门以其特有的地位和职能，赋予了秘书调研活动以突出的政策性特点。秘书人员必须深刻领会这一点。这是因为，秘书部门的调研活动，主要的和经常的内容是政策调研。领导机关在制定政策之前，或研磨政策过程中，以及政策发布之后，都要指示秘书部门深入调研，旨在使新出台的政策更加科学务实，现行政策更加趋于完善，需要修订、调整、补充的政策早日完成。秘书人员必须深入学习和模范执行现行政策法规，不能在调查过程中公开发表与现行政策相抵触的意见。

（二）秘书调研与其他调研的区别

1. 秘书调研与领导人调研的区别

（1）秘书调研是一种参谋行为，只能策划调研活动或拟订调研方案待领导定夺，不具备调研的直接组织权以及对同级部门和人员的指挥调度权，因此，秘书调研活动必须征得领导同意或授权方可实施；领导人调研是行使权力的行为，调研过程包含现场办公，可以直接决策并解决问题。

（2）秘书调研是围绕领导工作开展的，必须领会领导意图，明确调研的真实目的，否则可能与领导工作的需要南辕北辙；领导人调研，是实现领导决策的重要工作方式和推动决策落实的有效手段。

（3）秘书调研所形成的结论或解决方案带有建议性质，仅供领导人决策参考，是否采用取决于领导，秘书不能“越位”、“超权”去推行方案或迫使领导采纳；领导人调研所形成的结论和解决方案，领导人有权决定取舍和决断推行。

秘书部门必须妥善处理调查研究与领导工作的关系，要通过调查研究提高参谋质量和辅助领导工作的水平，为领导人的科学决策提供有价值的参考依据，而不能妨碍领导工作的开展。

2. 秘书调研与专业调研的区别

（1）秘书调研是发挥秘书职能的一种重要手段和方法，不是秘书工作的全部内容；专业调研机构的主要工作内容就是调研，靠调研体现自身存在的价值。

（2）秘书调研主要是为领导者和领导机构制定科学决策或了解决策质量提供服务，服务目标明确，服务对象固定；专业调研是公共咨询服务工作，面向社会各个领域、各个行业，服务目标变化不定，服务对象范围广大。

（3）秘书调研是不讲条件地为领导工作服务；专业调研是商业行为，以盈利为目的。

总之，秘书调研是为领导决策提出建议和方案，作出分析和判断，发挥咨询、参谋作用的工作活动，这是由秘书工作的性质决定的。秘书调研对建议和方案的科学性负责，领导则对决策的执行后果负责，他们追求调研结果的客观性、现实性，而不是追求纯学术性。

三、秘书调研的功能和意义

秘书人员承担着“三服务”的重要职责。搞好服务的基本前提就是有的放矢，熟悉情况，这就离不开调查研究。

（一）秘书调研的功能

秘书调研旨在为领导者决策提供咨询和参谋服务。在领导决策过程中，秘书调研发挥着举足轻重的作用。

（1）科学预测。对领导工作中遇到的问题，在全面深入调研的基础上进行科学预测，为领导者提供预测分析和预测结果，做好超前服务工作。

（2）提供方案。当领导者进行重大决策时，秘书人员通过调查研究出谋划策，为领导者提供最佳决策方案。

（3）反馈信息。在实施决策方案的过程中，可能会产生一些新情况和新问题，通过调查研究，能够比较客观地将新情况、新问题等重要信息及时反馈到领导机关，给领导人协调工作，控制局面，解决问题，提供重要参考。

（4）修正失误。在决策实施过程中，通过秘书调研，了解贯彻实施决策的客观效果，可以直接发现决策的成败得失情况，熟悉人民群众的意愿和需求，总结工作中的经验教训，为领导者调整决策提供修正方案，以保证领导工作的有效性，避免更大的失误。

秘书调研在领导工作实践中功不可没。可以说，在社会主义市场经济环境下，各级各类领导机关的领导和管理活动，越来越离不开秘书调研的辅佐。当然，离开领导活动和管理活动，秘书调研也就失去了存在的价值。

（二）秘书调研的意义

秘书调研是一种科学的工作方法，也是秘书部门优良传统和作风的体现。调查研究对于做好秘书工作具有重要意义。

（1）秘书调研是为各级领导者制定方针、政策、法规提供依据的重要环节，是秘书部门发挥辅助职能的根本途径。

科学管理的核心内容就是科学决策，然而科学决策来源于调查研究。从实质上看，决策过程就是不断搜集和处理信息、反复调研的过程。至今，调查研究仍然是领导决策的重要前提和一种不可缺少的工作方法。因为只有经过调查研究，才能发现问题，改进工作。

（2）秘书调研是解决实际问题的重要方法。在领导工作实践中，有大量的矛盾和问题需要研究解决，矛盾无处不在，无时不有。而所有问题和矛盾的解决，都是以调查研究为基本前提的。毛泽东在《反对本本主义》一文中讲过：你对那个问题不能解决吗？那么，你就去调查那个问题的现状和它的历史吧！你完完全全调查明白了，你对那个问题就有解决的办法了。可见，调查研究是解决问题的根本途径和有效方法，是一切科学决策的基础性工作，是搞好各项工作的前提条件。

（3）秘书调研是防止和纠正主观主义、形而上学的有效方法。主观主义和形而上学是领导工作和管理工作的大敌，其主要危害就是一切从主观愿望出发，严重脱离实际，孤立、静止、片面地看问题。要防止和纠正主观主义、形而上学，最有效的方法就是开展调查研究。

第二节　秘书调研的实施

一、秘书调研的类型

秘书调研活动，按照调研目的、调研对象和调研内容的不同，可以从多角度分类。调研类型不同，具体的调查方法也有较大区别。以下是几种秘书部门常见的调研类型。

（一）宏观调查

宏观调查就是为领导机关制定长远战略规划而进行的一种预测性调查。它关系到全局工作和长远发展方向。宏观调查综合性强，涉及面广，影响力大，因此经常由一个地区、一个系统、一个行业的领导机关负责统一规划、统一领导，由秘书部门出面组织实施，然后再由下属单位的秘书部门担负其中某个方面的具体调查任务。开展宏观调查，需要投入较多的力量，需要较长的时间，尤其需要上下左右各方面的通力协作。

（二）微观调查

微观调查是相对于宏观调查而言的。调查范围较小，调查对象比较单一，通常是以一个单位为调查对象。调研题目一般都是局部范围的问题。通过微观调查，可以详尽了解到某个调查对象某一方面的情况，找出问题症结所在。并通过综合分析，为解决局部的微观的问题制定决策。宏观调查与微观调查是相互关联的。宏观调查常常以微观调查为基础，宏观调查的结果往往反映出微观调查的普遍性。

（三）专题调查

专题调查是指围绕某一专门问题进行的调查。其特点是，从调查开始就有明确的目的，调查内容比较单一，以当前迫切需要了解和解决的问题为调研对象，而不是以单位和个人为对象。专题调查不仅需要蹲点，还要跑面。不论哪个单位，不管是什么人，凡是与所要调查的问题有关，都要进行了解。最终都要为所要解决的专题服务。专题调查必须提出解决问题的总体方案和提出有关建议。

专题调查是在秘书调研中经常运用的一种调查类型，比较简单适用。因为专题调查的范围和内容较为单纯，调查的具体项目有限，调查研究的工作量不是很大，容易操作。再有，领导下达的调研任务，通常都涉及具体的某个问题、某项工作、某项政策，调查工作往往是项目明确，对象单一，针对性强。因此，秘书人员必须掌握好专题调查的要领。

（四）综合调查

综合调查是对某个单位、部门或地区某一系统的全面调查。旨在掌握这些单位、部门、地区的全面情况，并且通过分析调查对象的各方面、各种问题之间的相互联系，找出主要问题，制定全面、系统的方案。

（五）典型调查

典型调查就是根据调查目的和要求，在对一定调查范围内的事物的总体情况进行初步分析的基础上，从调查对象中选择一个或几个有代表性的特定单位作为典型，进行深入、全面、周密、细致的调查研究，由此认识所要调查的同类事物本质和发展变化的规律。

（六）普遍调查

普遍调查是在一定范围内，对所有对象的全面调查，以便准确无误地了解情况，其特点是调查对象的整体性，调查材料的完整性，调查结果的普遍性和直接性。

普遍调查有两种形式。一种是以经常性的统计工作为基础，按照一定的时间、地点和指标要求，由调查对象填写表格，然后汇总分析，构成全面的普查资料。另一种是组织成立专门机构，逐级布置调查任务，下达调查项目和格式要求，统一步骤，统一时间，集中力量实施调查。

（七）抽样调查

抽样调查即按照科学的随机原则，从所要调查的对象总体中，抽取一定数量的调查对象（样本）作为总体代表进行调查，并以抽样调查结果推断出调查对象总体情况的调查方法。抽样调查以概率论与数理统计为科学依据，具有较高的准确性和客观性。

上述调查类型是秘书部门和秘书人员经常运用的。尤其是专题调查和典型调查，已经形成了一套比较完整的调查方法。可以说，专题调查和典型调查是秘书人员必备的基本功。

二、调查方法和研究方法

（一）调查方法

1. 会议调查法

即由调查者亲自召集或委托被调查单位的领导代为召集了解情况的人员参加座谈会，依据事先准备的调查项目提出问题，进行调查。

采用会议调查法，必须做好充分的准备。会前，要拟定详细的调查提纲，必要时预先发给被调查者；要研究确定参加调查会的人选和人数，以三五个人，至多七八个人为宜；对调查对象的情况要熟悉，尽可能做到心中有数。

2. 个别访问法

即调查者直接向被调查者单独询问有关情况。被调查者应当是非常熟悉有关情况的人员。

3. 专家调查法（国外称特尔菲法）

即为了预测某种事件在将来可能发生的演变，通过邀请专家，或以匿名方式向专家进行几轮函询，征求专家们的意见，或成立专家小组，对某一事件进行研讨并作出判断。

实施专家调查法，秘书部门应当先将调查内容写成若干条含义十分明确的问题，规定统一的评估方法，再将这些问卷寄给有关专家。收回专家意见后，秘书人员要对每一轮意见进行定量统计、归纳，再将结果反馈给专家，请专家根据统计结果，慎重考虑其他专家意见，或修改自己的意见，或提出新的结论。反复数次后，专家的意见逐渐统一。

近年来，我国在很多领域和很多重大决策制定过程中，采用的专家评估的方法，就是在借鉴“特尔菲法”的基础上形成的一种调查意见方法。

4. 文献调查法（又称书面调查法）

即秘书部门通过收集现成的书面材料（文件、报刊资料、统计报表、情况简报、各类档案等），进行调查；还可用制发问卷即书面文字、表格的形式，进行调查。

5. 实地考察法

即秘书人员到有关事件的现场或调查区域进行实地观察，深入到调查对象中间，与被调查者一起生活，按照调查主题，直接了解有关情况。

调查方法灵活多样，此外还有民意测验法、追踪点查法、通信调查法、蹲点调查法、定点调查法、头脑风暴法（国外流行的利用会议形式邀请专家围绕特定议题现场发表意见的调查方法）。

（二）研究方法

在秘书调研的研究阶段，有几种常用的比较科学的研究方法。

1. 矛盾分析法

运用矛盾分析法，首先要找到事物的矛盾；其次要坚持一分为二的观点，不能孤立地看问题，切忌绝对肯定或绝对否定；再次要坚持“重点论”，抓住事物的主要矛盾，分清主流和突出重点；最后要坚持“矛盾的普遍性和特殊性相结合”的观点，既要分析矛盾的具体情况，也不能把具体事物从普遍联系中割裂开来。

2. 系统分析法

系统分析法就是对调查对象的整体状况进行系统分析，找出它的结构、层次及其构成要素。详细分析各构成要素对事物的影响，并把每个要素和细节放在事物的整体背景中，从它和其他问题及其各个方面的互相制约、互相影响的关系中去认识其性质、地位、作用，以便找出问题的症结所在，提出解决的措施和方案。

3. 比较分析法

即对调查对象各方面情况进行区分，以认识其差别、特点和本质的一种辩证分析方法。客观事物总是变换多样的，只有进行比较，才能发现其不同之处，得出比较正确的认识。比较的方式很多，例如历史和现实的比较、此地和彼地的比较、正面和反面的比较、经验和教训的比较等。经过比较，很多原来不清楚的认识可以变得清晰透明。

4. 因果分析法

即围绕调查对象所呈现的各种现象之间的因果关系，认识事物产生的原因和导致的结果的辩证分析方法。在研究过程中，只要能够揭示问题产生的原因，找到了问题产生的影响，也就明确了事物之间的因果关系，进而也就能够提出解决问题的建议和办法。需要注意的是，一个结果的形成，可能存在不同层次的几个原因。在进行因果分析过程中，必须注意寻根问底，特别是要认准导致结果的主要的和关键的原因。

5. 定性和定量分析法

定性和定量分析法，是通过确定事物的质的关系和数量关系，以认识问题和解决问题的辩证思维方法。任何事物都是由质量和数量两个方面构成的，都是质和量的辩证统一，这是一个普遍规律。在研究过程中，要正确认识和反映客观事物，就必须自觉地发现和运用这个规律，搞清质量和数量两个方面的情况。在研究过程中，还要注意定量分析和定性分析相结合。定量分析要求精确，不能搞“大概齐”，否则就会得出错误的结论。定量分析是定性分析的基础，定性分析是定量分析的结果。

三、秘书调研的基本程序

秘书调研是一项具体工作，既具有高度的政策性，又具有很强的业务性。为了提高调查研究的科学性，保证调研工作的条理性，在长期的调研活动中，领导机关和秘书部门不断总结调研工作的经验，摸索出了一套切实可行的工作程序。调查研究活动通常分为准备、实施和完成三个阶段，各阶段又分为若干个环节。

（一）准备阶段

准备阶段主要是做好调查研究的组织落实工作。按照工作顺序分为下述六个环节。

1. 确定调研题目

调研是目的性、针对性极强的工作，总是围绕一定的题目来进行。因此，确定调研题目是调研过程中具有战略意义的首要环节，关系调研的成败。确定调研题目要注意三点：

首先，要有限定性，即选题范围明确，不能漫无边际，要从本地区、本单位领导工作的具体需要出发，选准突破口。

其次，要有现实性，即考虑选题的现实意义与价值，应当是现实工作中有重大影响的，为人民群众普遍关心的，切实急需解决的重点、难点或热点问题。

最后，要有可行性，根据主客观条件量力而行，题目太大、条件限制、短期内无法完成的题目不能选，以免半途而废，造成人力、物力、财力、时间的浪费。

在秘书调研工作中，调研题目可能由领导人直接下达，属于“命题作文”，秘书部门没有选择余地，必须无条件完成；也可能由秘书部门按照领导工作规律和对实际工作的科学预测，“自命题作文”，但是，这必须征得领导同意才能实施调研；还有一种情况，是由上级领导机关批量下达的参考性、指导性题目，有选择余地，并且可以在一定程度上适当调整变通，这就像“半命题作文”，秘书部门应当根据实际情况，既要发挥主观能动性，又要量力而行。

2. 选择调研对象

调研题目确定后，要选定调研对象，即确定外出调研的地点、单位、范围、被调查人员等。既要服从调研目的需要，还要考虑调查对象内部的情况限制以及秘书部门人力、物力、时间的约束等因素。

3. 确定调研人员

根据调研题目的特点和要求，选配熟悉情况、工作踏实、作风正派以及具有专业知识、政策水平较高和写作能力较强的人员组成调研小组。对于专业性较强的题目，还应当适当抽调相关专业的人员参加，要保证调研人员结构合理，数量适当。

4. 熟悉情况，收集资料

调查之前，要组织有关人员熟悉调查对象的历史、现状、业务特点、相关统计数据、政策规定情况，收集必要的资料，具备与调研题目有关的起码知识，提前进入角色，避免调查过程中出现太外行的言行举止。

5. 拟定调研计划和调查大纲

调研计划是调研工作的实施方案，主要根据调研任务确定。应当包括以下内容：调研目的和要求；调研对象和项目；调研的组织分工；调研的方式和方法；调研实施步骤、时间安排以及交通食宿事宜等。

调查大纲是围绕调查项目和调查内容，按照一定的逻辑关系罗列而成的准备调查了解的主要问题，要有层次、讲条理、主次分明、顺序合理、重点突出。调查大纲可以直接列入调研计划之中，也可单独开列或制成调查表格形式。根据题目情况，有时可以将调查大纲提前告知调研对象，以便对方准备充分，积极配合，取得丰富的调查成果。

调研计划和调查大纲要反复推敲，集思广益，特别要征求领导意见，获得最大的支持；还要避免抽象笼统，忌讳带有倾向性的意见，或先入为主地带着结论和框框去装材料。

6. 联系调查对象

即与调查对象取得联系，使其明确调研目的、意图、步骤、时间安排以及需要配合的方式，保证调研工作顺利进行，达到预期效果。

综上所述，准备工作相当于调研活动的整体策划，各个环节是否扎实细致，是调研工作能否顺利进行并取得预想效果的关键。其中，正确选择调研题目是搞好调研的前提；科学合理地设计调研项目和内容，是保证调研成功的核心因素；配备好调研人员，是顺利完成调研任务的基本保障。此外，充分估计调研过程可能遇到的困难和问题，也是准备阶段不能忽略的事情，这样才能最大限度地做好调研工作。

（二）实施阶段

实施阶段就是实际要进行的调查和研究活动。为了方便叙述，现将其分为调查和研究两个阶段。

1. 调查阶段

就是进入调查现场，按照调查方案，运用各种方法直接收集耳闻目睹的第一手材料或原始材料，这些材料多多益善。调查工作的组织者，要善于做好与有关方面的协调工作，全力争取调查单位或地区有关组织的积极支持和协助，尽可能在不影响或少影响他们正常工作的情况下，安排调查工作的任务和进程。同时，要密切联系被调查对象，争取他们的理解和合作。如果调查题目涉及范围较大，组织者还应注意做好整体协调和分工指导工作。

2. 研究阶段

就是对原始材料进行归纳整理、综合分析，进行统计分析和理论分析。这就是通常所说的“去粗取精，去伪存真，由此及彼，由表及里”的加工制作，确保调查材料的真实、准确、完整和简明。统计分析旨在对事物作量的分析，揭示事物的规模、数量、水平、比例等方面的状态，说明事物发展的方向和速度；理论分析旨在对事物作质的界定，揭示事物的本质特征，即内在联系，说明事物的因果关系和发展趋势。

实施阶段，从整体上分为调查和研究前后两个阶段。而实际上调查与研究是不能也无法截然分开的。正确的做法是从工作开始，就边调查边研究，即一边摸情况，收集资料；一边分析材料，归纳整理。以明确下一步的方向和目标，发现遗漏及时弥补。可谓调查中有研究，研究中有调查。随着调查的逐步深入，材料的日益丰富，经过综合分析，人们头脑中如同照片的显影过程一样，逐渐形成了对客观事物状况的认识。事物的主流与支流、正面与反面，就会变得清晰透彻起来。

（三）完成阶段

调研的完成阶段，是出成果的重要阶段。主要应做好下述三项工作。

1. 总结评估调研工作

调研活动结束后，要从宏观的角度，对整个调研工作进行系统总结，找出调研过程的主要问题；要运用正确的立场、观点，评估整理调研结果，得出符合实际的调研结论。为今后继续开展调查研究工作，积累经验和知识。

2. 认真撰写调查报告

调查报告是调研成果的集中体现，也是调研完成阶段的主要工作内容。只要调查和综合分析做得卓有成效，起草调查报告就能水到渠成。要本着对领导机关、对人民群众、对历史和现实极端负责的态度，组织得力的人员认真撰写。由于调查报告要呈交领导，甚至公之于世，所以要确保调查报告的质量。既要以事实为依据，又要符合有关方针政策和法律规章，充分揭示事物的本质和规律。

3. 推广应用调研成果

调研的目的不是提交调查报告，而是为了辅助领导解决实际问题，推动各项工作。因此，必须考虑调研成果的推广应用问题。当然，以什么方式、方法和手段应用，通过哪些途径应用，都必须按照领导人的明确指示和具体要求操作。秘书部门要善于出谋划策，辅助领导把调查报告中的建议转化成具有可行性的实施方案，以便最大限度地实现调研价值。

要想使调研成果发挥应用价值，务必做到：第一，调研工作必须紧密结合当前的中心工作，贴近领导工作的“兴奋点”，想领导之所想，做领导之所需。第二，调研过程中积极争取领导的关心、支持和指导，吸引领导注意力的调研结果，往往容易获得领导的认可，有更多的推广机会。第三，注意与调研对象及其主管部门的协调配合，引起他们的关注。尤其是总结典型经验或有助于保护调查对象切身利益的调研活动，其所形成的建议或方案，自然容易受到调研对象的关心，他们呼唤这样的调研成果得到推广运用。第四，注意调查报告结论意见的可行性分析，避免脱离实际的“花架子”和“唱高调”现象。

四、秘书调研的原则及注意事项

（一）秘书调研的原则

调查研究是一种具有科学性要求的、比较复杂的认识活动。调查研究过程也不是一帆风顺的，由于不利因素的存在，可能会增加调查研究的难度。因此，为确保调研成果的科学有效，秘书部门不仅要熟悉调查研究的基本程序，还应当遵循调查研究的基本原则。

1. 坚持客观性原则

秘书调研活动，都是针对客观存在的某种事物、社会现象、突发事件或问题而展开的。这些事物是不以个人意志为转移的。因此，秘书调研要坚持客观性原则，真实地反映事物的本来面貌。反对从调查者的主观愿望出发，随心所欲地摆弄客观事实。

坚持客观性原则，首先要贯彻实事求是的思想路线，不唯上，不唯书，不唯主观判断，不唯权威是从，只唯实。其次要充分估计调查过程中可能出现的误差。调查对象或许会受多种原因影响，人为地扭曲事实，或制造假象，或掩盖真相，或为调查设置障碍。为此，秘书人员要善于排除假象干扰，不被假象所迷惑，透过现象看本质，加强误差分析和评估，尽量消除由于主观因素造成的偏差和错漏。

2. 坚持科学性原则

科学是建立在系统的经验观察和逻辑推理基础上的，是对事物的本质和内在规律的正确认识。坚持科学性原则，就是在整个秘书调研过程中，坚持以辩证的、系统的、整体的、综合的观点考察事物。调研结论要以准确的、充分的、全面的、具有内在逻辑联系的事实材料为支撑，而不是用虚假的、个别的、杂乱无章或偶然出现的事实材料推出结论。例如，在对全县农村基层党组织的党建工作状况进行调研时，如果调研人员只看到个别边远乡村基层党组织党员数量递减、党员严重老龄化、党建工作严重削弱甚至名存实亡的情况，就难以得出反映全县农村党建工作状况的科学结论。

坚持科学性原则，不仅要保证调研工作在收集材料方面做到客观、全面、公正，找到事实之间的内在联系，还要注意由材料到结论必须经过正确的逻辑推理。不能凭借个别事实就简单地下结论，导致以偏概全，以局部带整体。要学会采用科学的调查统计方式，运用系统分析的方法，全方位地分析客观事物。还要按照既定的总体方案和调查活动程序与规范办事。

总之，调查研究是一项科学性很强的工作，不能靠感情用事，不能凭想当然办事，要用科学研究和探讨真理的执著精神对待秘书调研工作。

3. 坚持理论与实践相结合的原则

坚持理论与实践相结合的原则，就是在秘书调研的整个过程中，以马克思主义世界观和方法论为指导，既要防止只顾大量罗列事实，而不做任何理论分析的“经验主义”错误；又要防止热衷于用空洞的理论或抽象的议论，来解释客观事物的“教条主义”错误。

坚持理论与实践相结合的原则，关键是要正确处理理论和实践两个方面的关系。首先，要在辩证唯物主义和历史唯物主义的指导之下，完成对事实材料的收集和整理工作，从事实的逻辑联系中，发现客观事物的内在规律。其次，要尊重物质决定意识的原理，明确科学的理论来源于社会实践的道理。当客观事实与主观认识发生矛盾冲突时，调查者要勇于纠正自己的思想观念，一切结论都应当建立在确凿的客观事实的基础上。

人们在调查研究的实践中积累了丰富经验。下面的“十要十忌”，就是对于调查研究的原则的通俗简洁的说明。

一要有客观的观点，切忌凭主观想象；

二要有全面的观点，切忌从片面出发；

三要有深入的观点，切忌浮于表面；

四要有具体的观点，切忌过于抽象；

五要有灵活的观点，切忌搞“一刀切”；

六要有比较的观点，切忌自以为是；

七要有反复的观点，切忌操之过急；

八要有辩证的观点，切忌形而上学；

九要有发展的观点，切忌一成不变；

十要有群众的观点，切忌个人独断。①

① 参见卢斌、刘永成主编：《信息工作与调查研究》，184页，北京，高等教育出版社，2001。

（二）秘书调研的注意事项

1. 注意端正指导思想

坚持为解决实际问题、为探索事物发展规律而进行调查研究的思想。牢记“一切结论产生于调查情况的末尾，而不是在它的先头”。注意防止先入为主、以偏概全的主观片面性。那种为了某种需要，先有框框，再按照框框去套现实；或先定调子，然后依据调子寻找论据的所谓“调查”，不仅有损秘书调研的初衷，而且对实际问题的解决是极其有害的。

2. 注意如实反映情况

有的领导好大喜功，为了维护本单位的利益或积累所谓个人“政绩”，只愿意听赞扬、奉承的话，不愿意听反对的话；只喜欢看成绩，不喜欢看缺点。这种不正之风，迫使一些秘书人员产生只唯上不唯实的消极心理。他们为了迎合领导，只做片面调查，或遵照领导意愿“按图索骥”，或发现问题避重就轻，或颠倒是非，弄虚作假。这严重破坏了调查研究的真实性和科学性，必须坚决反对。要避免这些不良作风的影响，必须坚持实事求是的思想路线，尊重调查结果，有一说一，有二说二，有喜报喜，有忧报忧。敢于讲真话，讲实话，不能为讨好领导或上级说违背实际情况的昧心话。

3. 注意安排适当场合

安排调查的时间和地点，要为被调查人着想，充分考虑对方是否便利，以引起被调查者的配合兴趣。

4. 注意维护被调查者的利益

调查者不仅要记住调查工作的要求，而且要牢记被调查者的利益，不能对他们有任何利益损害和欺骗，这是保证调查成效的重要条件。

5. 注意掌握谈话技巧

调研中的谈话技巧可以看作调研艺术。秘书人员要注意在实践中锻炼。首先要学会当小学生，这是秘书人员对自己的正确定位。例如，提问对方要带着学习和请教的态度，而不是审问和讯问的态度；是共同探讨问题，而不是对立面；询问情况时，要考虑对方的年龄、性别、阅历、文化程度，要注意自己的口吻、语气、表情、声调和内容；开座谈会或个别走访，不要被人家牵着鼻子走，要掌握调查的主动权，要设法创造轻松和谐的谈话环境，使对方言其欲言，充分发表意见；忌讳反问调查对象或轻率表态；等等。这些具体细节，对调查结果都有直接影响。

6. 注意遵守调查纪律

调研过程要严格遵守组织纪律和相关法规，尊重当地调研单位领导的意见，尊重不同地区、不同民族人民群众的风俗习惯，严守保密纪律，妥善保管调查资料。不能带有主观倾向或随意表明个人态度，不能暗示调查对象如何表态，更不能介入调查单位的具体事务以及与调查内容无关的矛盾纠纷之中。

第三节　信息工作概述

21 世纪的人类社会，已经发展到了以计算机和通信技术为核心的信息时代，人们时时处处都在与信息打交道。由于领导者在制定决策和实施管理时，比以往任何时候都更加依赖信息支持，所以为领导工作提供信息服务是新时期秘书部门的重要职责。

一、信息的含义与种类

（一）信息的含义

“信息”是什么？不同的学科有不同的表述。控制论的创始人诺伯特·维纳认为：信息是我们适应外部世界，并且使这种适应为外部世界所感到的过程中，同外部世界进行交换的内容的名称。意思是说，信息是人感知到的外部世界的东西。此外，有人认为，信息是指通过文字、数据或信号等形式来表现的、可以传递和处理的对象；有人认为，信息是可以用来通信的消息和知识；有人认为，信息是一种传播材料；等等。尽管表述不一，但是却有共同之点，即信息是人与人、人与物乃至生物和生物之间交流的信号。这种信息存在于物质世界，来自于物质世界，也来自于精神世界，人类就生活在信息世界，我们的身边到处就有信息。

我们认为，信息是通过物质载体反映出来的接收者预先未知的有用知识，是物质的一种存在形式。信息可以通过文字、符号、图像、数据、声波、电磁波等载体反映出来，并通过载体传递和存储。

在科学技术突飞猛进、社会生活瞬息万变的信息社会，人们在工作、生活和学习中，随时随地在产生新的信息。信息已成为一种崭新的知识型的生产力，对人类社会的发展和进步发挥着强大的推动作用。

（二）信息的种类

秘书部门所说的信息大多是指领导决策信息。所谓领导决策信息，是指发源于某个事件，能在一定时间对领导决策行为发挥依据作用的数字或文字信息。决策信息有多种类型：

（1）按照载体形式，分为文字信息、声像信息等。

（2）按照加工程度，分为原始信息、初级信息、深层信息。

（3）按照涉密等级，分为公开信息、内部信息、秘密信息。

（4）按照应用领域，分为政务信息、经济信息、科技信息、文化信息、军事信息等。

领导决策所需要的信息内容丰富，并将随着改革开放的深入和各项建设事业的发展不断变化。领导者必须紧密围绕中心工作掌握信息，并善于把各种信息有机结合起来，进行综合分析，运用到决策中去，提高决策的科学化水平。

二、信息的特征

（一）信息的客观性

信息是一种非物质形态，但它是物质的产物，先有信息反映的对象，后有信息。不论借助何种载体或以何种方式传输，信息都不会改变其反映对象的属性。因此，信息具有客观性。

（二）信息的有用性

信息是一种特殊资源，具有使用价值，在决策过程中能够发挥重要依据作用，并带来可观的社会效益和经济效益。信息的有用性，依赖于人们对有价值的信息进行加工、传递，并选择最合适的传递工具和最合理的传递渠道。同时，信息只有在与人们的某种有目的的活动相互联系时，其价值才能体现出来。

（三）信息的时效性

信息的时效性是指信息从发出、接收到利用的时间间隔及其效率。事物总在不断变化，变化越快，信息的时效性就越强；获取信息越及时，信息价值就越大。“及时信息，一字千金；滞后信息，一文不值”，就是这个道理。信息的价值取决于信息的时效性。此外，信息的时效性也包含着先兆性。事物在变化前，总会显现某种迹象。自然界的“山雨欲来风满楼”，就充分体现了信息的先兆性。在人类社会中，某些情况变化之前也往往发出先兆性信息。

（四）信息的共享性

一般资源如被一方占有，另一方则不能享用。信息可同时为多方所利用，这就是信息的共享性特征。这是信息交流与实物或能量之间交换的一个根本区别。信息的共享性体现在，对于输入者即获取者来说得到了新的信息，对于输出者来说并不减少信息，双方可以一同享用信息。这就提醒信息获取者，要充分开发利用信息资源，发挥信息资源的共享优势。

（五）信息的可开发性

虽然信息资源具有客观性，但是其质量与作用如何，主要取决于信息利用者对信息的过滤、提炼和利用水平。同样一条信息，由于利用者在社会阅历、社会地位、知识水平、感悟能力等方面的差别，从中发掘、派生、推断出的信息及利用信息的效果就会大不相同。由此看来，信息工作对信息价值的实现，发挥着重大作用。

三、信息工作的功能

这里的信息工作，是指秘书人员围绕信息的收集、加工、传递、存储和利用等环节所进行的全部活动的总和。秘书工作的重要地位和作用决定了秘书部门必然成为本单位、本部门内外联络、上下沟通、左右交流的信息集散地。

当今世界进入了信息爆炸时代。秘书部门担负着提供和全面管理领导信息工作的重要职能。秘书信息工作成了领导人了解外部情况的主要渠道。

（一）信息工作是领导者科学决策的依据和基础

领导者决策过程时刻离不开信息。没有真实、准确、及时、足够的信息，就难以实施科学决策，就不能指挥政治、经济、科研、生产等各项实践活动。

领导者的根本职能之一是制定决策。然而，现代决策不是靠领导者“拍脑门”产生的，而是通过各种渠道和方式，获取足量信息之后制定的。决策自发现问题开始，至解决问题结束，没有问题就没有决策。发现问题的过程就是获取信息的过程。为了解决问题，领导者需要确定决策目标，而决策目标是在掌握大量信息，并作出科学预测和分析之后确定的。同样，决策方案的制定和优选，也要以足够的信息为基础。当决策方案进入实施阶段，领导者更要依靠信息反馈情况，以便控制决策的实施或及时修正与调整决策，保证决策目标的实现。决策效果如何，不能由领导者“想当然”，而要通过直接或间接信息予以检查、总结。

可见，信息贯穿于决策的全过程。领导决策科学与否，符合客观规律与否，关键取决于能否及时准确地获取和利用大量的高质量信息。离开信息就是脱离实际，就丢掉了决策的起码条件。一个闭目塞听、孤陋寡闻的领导者不可能作出正确决策。同样，不善于综合分析和驾驭信息的领导者，也不可能制定出正确的决策。信息已经成为领导决策不可或缺的重要依据，是检验决策正确与否的重要尺度。

(二) 信息工作是领导者实行科学管理的重要依据和条件

无论是行政管理还是现代企业管理，都离不开信息工作。秘书部门必须加强信息工作，充分发挥辅助管理的重要职能。

在行政管理实践中，一切计划、组织、指挥、协调、控制、决策等管理活动，都依赖大量信息，并且都是在信息的有序流动中实现的。现代社会的行政管理工作，离开信息工作的辅助和支持，是难以设想和无法实现的。

现代企业管理，包含着对信息的认识、处理和综合开发利用的全过程。人们认识到，企业的生产经营过程贯穿着四种流：第一种是劳动者组成的“人流”；第二种是以生产资料、劳动资料组成的“物流”；第三种是随着物流而体现为价值形态的“资金流”；第四种则是伴随着人流、物流、资金流产生的，由大量数据、资料、指标、图纸、报表、计划等组成的“信息流”。前三种流是企业生产经营活动的主体流程。为了追求经营的最优效果，必须对人流、物流、资金流加以科学的计划、组织和调控，使其按照应有的规律运行。而人流、物流、资金流畅通的前提条件是信息流的畅通。信息流出现阻塞，必然导致人流、物流、资金流的混乱。

因此，现代企业的科学管理，必须建立在及时、准确、畅通、足量的信息基础之上。信息工作是现代企业管理的重要条件和依据。

(三) 信息工作是现代企业与市场联系的纽带

在市场经济机制运行中，企业的兴衰取决于管理质量和把握市场的能力。企业走向市场的核心问题在于以信息为导向的经营机制。可见，企业秘书要把做好信息工作当作基本职责来看待。

要使自己的产品进入并占领市场，必须了解自己产品在市场上的供求情况，了解市场占有率和市场覆盖面，以及市场需求发展趋势，还要了解影响市场变化的相关因素。不掌握这些信息，不进行市场预测，就不能使自己的产品顺利进入、占领和扩大市场。不掌握市场现状、发展趋势以及先进科学技术发展动态，企业就不能及时改造老产品，开发新产品，难以实现产品结构的调整，很快就会失去市场竞争力。信息还是检验产品质量的尺度。新产品进入市场后，必须及时和全方位地收集用户的反映和期望，开展售后服务，通过信息反馈改进和提高产品质量。如果企业忽视市场信息反馈，同样也会使产品失去市场竞争力，直至在竞争中被淘汰出局。

因此可以说，市场导向实际上是信息导向。信息是企业的第二经营资源，信息是企业的生命。离开信息工作这条“黄金纽带”，企业就会最终失去市场。信息工作对于企业领导的决策与管理，对于企业自身的生存和发展，都是举足轻重的。

总之，信息工作对辅助领导决策、加强科学管理、促进企业发展、密切各社会单元之间的联系，都具有极为重要的作用。秘书部门就是一个单位的信息部门，其转变自身职能，通过信息工作发挥参谋和助手作用，是时代发展对秘书部门提出的必然要求。

四、信息工作的原则和要求

（一）信息工作的基本原则

1. 真实原则

信息工作的价值在于上报真实信息。真实信息有助于制定科学的决策；虚假信息必然造成决策失误。所以，秘书人员要尊重事实的本来面目，一丝不苟，喜忧兼报。要认真核实信息来源和内容，注意信息加工方法和传递渠道的科学合理。一句话，就是要坚持实事求是。不能掺杂造假、投人所好，更不能见风使舵、捕风捉影，甚至无中生有、编造信息。

真实原则也包括准确的内容。反映情况要尽可能精确无误，原始信息与加工后的信息，难免存在片面、粗糙、失准、矛盾等情况，秘书人员不可盲目报送，必须认真辨识。例如，上报矿井发生爆炸事故，这是真实的信息。但是，事故原因怎样，人员伤亡、财产损失等情况如何，都必须仔细调查核实，确保准确，不能含糊。

2. 时效原则

时效原则包括及时和适时两方面含义。“及时”是强调信息工作要迅速。由于现代社会科学技术发达，生活节奏加快，信息数量剧增，就需要秘书人员强化效率观念，头脑灵敏，手疾眼快，及时捕捉、处理、输送信息。“及时”才能得到最新信息，否则，重要的信息就成了昨天的天气预报和去年的日历，作用不大。“适时”是讲究处理、输送信息的“火候”，要审时度势，选择最佳时机。因为在一定时限内，领导机关对某些信息需求迫切，吸收能力强；时机不成熟，尽管信息很有用，却得不到领导重视，有用信息也可能变成无用信息。对于领导人来说，信息不灵，没法拍板；信息失实，拍板失误；信息滞后，就错过了拍板时机。所以，秘书人员要把握领导工作脉搏，及时、适时地提供信息很重要。

3. 实用原则

实用原则最基本的内容就是有的放矢，适用对路。信息具有使用价值，但并非越多越好，主要看信息质量和针对性。良莠不分的信息会使领导者无所适从，造成决策迟缓或失误。还要看信息是否针对不同服务对象，是否有助于解决问题。不同层次和职责的领导机关，需要不同的信息。秘书部门必须提供针对性强的信息，才能保证信息工作效果。如果不顾领导机关的差别，忽略信息的适用范围，无的放矢、不加选择地胡乱输送无用信息，那么，就会严重干扰领导机关的正常工作，降低工作效率，甚至会给领导决策帮倒忙，造成决策失误。必须坚决克服信息工作中的形式主义作风。

4. 系统原则

信息是随着事物的发生发展而产生的，地区之间、单位之间，甚至国家之间的许多事物都有千丝万缕的联系。这决定了信息生成的系统性。系统原则要求秘书人员眼观六路，耳听八方，全方位、多层次地收集和处理信息，并使信息的传递具有衔接性和连续性。这样才能充分发挥信息的综合与整体功能。当然，要注意信息的重点与一般、主要与次要、本地与外地、正面与反面、上级与下级等多方面的关系，把信息当作一个有机的整体来对待。

5. 保密原则

秘书信息工作的目标十分明确，都是针对具体单位或具体问题。对党政机关而言，由于信息处理量很大，经常涉及大量带有机密性质的信息，甚至涉及一些核心机密。即便是企业单位的信息工作，其科技与经济信息也经常关系到企业生存和发展的重大利益，有许多属于商业机密范围。因此，秘书人员必须加强保密观念，严守保密制度，正确选择信息传递方式与传递范围，把保密信息严格控制在规定范围内。

(二) 信息工作的基本要求

1. 建立一支信息意识强、综合素质高的信息工作队伍

秘书部门处于机关的中枢部位，是机关的信息集散地。秘书人员必须清醒地认识到信息工作的重要地位和作用，不断强化信息意识，提高信息服务水平，为党政机关全面了解情况、指导工作提供有力的信息保障。

有无信息意识，能否为领导工作提供充足有用的信息，已成为衡量现代秘书人员工作水平的重要标志之一。尤其在竞争激烈的情况下，信息已不是可有可无，而是一刻也离不开。凡具有远见卓识的现代领导者，无不把能否及时获取和充分利用信息放到重要位置上予以高度重视。

日本前首相三木武夫说：日本有三大骄傲，其中之一就是发展了信息。在日本，人们真正把信息系统变成了国家的中枢神经系统，并触及日本和世界各个角落，以最快的速度获取信息，用来指导经济活动，创造利润。日本提出，美国搞发明创造，日本就搞信息情报，要用信息情报去创造效益。日本的发展经历提示我们，一个领导者，耳目不灵，不能

及时获取信息；思维迟钝，不能充分利用信息，就很难在激烈的竞争中立于不败之地。现代领导者必须强化信息意识，提高获取和运用信息的能力。

但是，领导者不可能直接接受所有的原始信息，大量信息要靠秘书人员收集和处理。随着现代科技不断进步，经济建设迅速发展，信息量的增长越来越快。这无疑对秘书人员提出了更高的要求。秘书部门要从维护中央权威、确保中央政令畅通的大局出发，发挥“耳目喉舌作用”，强化信息服务意识，不断提高信息服务水平。

秘书人员要具备信息工作所要求的综合素质。其中从事信息编写的人员要具备下列素质：掌握党和国家的方针政策，有一定的理论水平；熟悉信息工作知识，熟悉本单位业务并有一定的工作经验；富有强烈的事业心、责任感及从事信息工作的热情；善于发现和判断新问题，有选择、加工、分析、综合、积累材料的能力；有较强社交、组织能力和语言、文字表达能力等。

信息意识强和综合素质高的信息队伍，才能真正担负起为领导决策提供信息服务的重要使命。

2. 健全和完善信息工作系统

信息工作系统（简称信息系统）是产生和提供信息的工作系统，它以收集、加工、处理、传递、存储、利用信息为基本功能，是信息工作存在和发展并发挥其重要功能的基本物质保障。健全和完善信息工作系统的主要内容包括：

（1）建立信息机构。信息机构是信息系统存在的物质基础，是信息网络的载体。现代社会迫切需要健全和完善与社会组织、经济组织发展需要相适应的信息机构。这些机构往往形成一个单位信息传输的最终转换机构，成为一个组织信息传输和交换的总枢纽。

（2）组成信息网络。秘书部门是机关信息集散中心，对信息的收集要尽量全面。要实现这个目的，就必须建立四通八达、高效畅通的信息网络。这个网络应当以领导机关设置的信息中心为一级，下属单位子中心为二级，向下延伸为三级，最终形成一个立体交叉式的信息集散网络。其中与信息中心相连的领导机关各部门的网点组成横向信息网络；上下级之间的网点联结成纵向信息网络；在决策系统之外的网点联结成扩散信息网络。每个网点由一批信息员、计算机和通信设备组成。

建立完善的信息网络，旨在建立党政机关、企业、市场之间的“多重纽带”，架起党政机关之间、党政机关与各单位之间、单位与市场之间、单位与单位之间、单位领导层与基层职工群众间的“多层立交桥”，形成一个反应敏捷、联系紧密、调控灵活、高效运转的信息工作系统。

（3）配备信息人员。领导者的信息需求是否能够得到满足，主要取决于是否能够建立一支思想、业务、知识、技能过硬的信息队伍。这支队伍应包括从事信息业务、技术保障、信息科学研究等方面的专职人员，也可由秘书人员兼任。

（4）创办信息刊物。信息刊物是信息的载体，是信息服务的窗口和手段，也是信息工作者的阵地。例如《每日汇报》、《每日快报》、《信息专报》、《综合与摘报》等，是提供信息的最经常、最直接、最快捷的信息渠道。

总之，信息系统的建设是一个系统工程。它应以领导决策需求为目标，以人—机系统为基础，以高质量的信息服务为宗旨。满足这些要求的根本保障是科学管理，特别是要重视信息工作规章制度的建设。在信息管理体制、信息开发调研制度、信息的管理和发布、信息机构和人员的职权范围、法律责任以及信息使用者的权利、义务等一系列问题上，制定严格可行的规范和约束机制，这是开展信息工作和加强信息系统建设的根本保证。

第四节　秘书信息工作的实施

一、收集信息

（一）收集信息的范围

收集信息是信息工作的首要环节，也是整个信息工作的基础。从党政机关信息工作的角度看，收集信息的范围应该覆盖我国政治生活、经济建设和社会发展的各个方面，并服务于领导决策的全部过程。具体而言，收集信息的范围可以依照信息应用领域划分为下述几个方面。

1. 政务信息

（1）党和国家以及各级政府发布的有关方针、政策、法规、法令等信息。

（2）贯彻落实领导决策的重要情况。包括上级机关和本地区、本单位对有关重大决策的贯彻执行情况，主要思路，安排部署，落实措施；干部群众的反映、意见和建议；贯彻落实中出现的新情况、新问题以及取得的新成绩。

（3）上级领导及各界知名人士参观、访问、视察、检查等主要活动情况。

（4）上级领导机关交办工作的落实情况。

（5）本地区、本单位改革、发展与建设中的新鲜经验以及具有重大影响的成就和事件。

（6）本地区的重大社会动态和重要的社情民意，重大突发事件、事故、灾情及解决与处理的措施、办法、成效等。

2. 经济信息

（1）国家发展经济的重要方针、政策、法规的贯彻和执行情况。

（2）政府及各经济决策部门有关经济发展的战略规划、重大决策与部署。

（3）国民经济发展中的重要情况及动态、趋势。

（4）中国加入 WTO 后，经济发展过程中出现的重大变化情况。

（5）本地区、本单位生产发展、改扩建工程及对外经营活动中的有关情况。

（6）国内外劳务、资金、外汇、物资市场等有关信息。

（7）国内外经济发展中的重要情况、动态及趋势等。

3. 科技信息

（1）科技政策、科技发展战略和科技体制改革情况。

（2）科技成果、技术革新、技术改造、新设备引进、工程建设和科技攻关方面的情况。

（3）提高产品质量、调整品种结构、知识产权管理、采用国际标准、计量检测、新产品技术开发、推广和利用方面的情况。

（4）国内外有关科技发展状况和趋势预测。

（5）国内外科技市场有关情况等。

此外，还有军事信息、文化信息等。

（二）收集信息的途径

1. 利用信息网络收集信息

这是党政机关收集信息的主渠道。目前全国党政系统已经建立了覆盖面广泛、布局比较合理、反应灵敏、高效运转的信息网络，形成了一大批素质较高的专兼职信息工作人员，为辅助领导决策和实现信息工作现代化奠定了良好的物质基础。

2. 利用会议收集信息

会议是交流情况、部署工作、商讨对策、传播信息的重要场所，是领导机关领导和指导工作的重要手段之一。因此，会议往往成为重要的信息源。秘书人员要充分利用会议收集重要信息。

3. 利用新闻媒体收集信息

广播、电视、报刊等新闻媒体具有信息来源广泛、传播快捷等突出特点，是收集国内外、地区内外各方面信息的重要渠道。

4. 利用群众来信来访收集信息

信访是国家政治生活的“气象台”，是反映党政机关工作的“晴雨表”。信访接待工作能够反映来自基层的大量真实情况。

5. 利用调查访问收集信息

这是秘书人员有目的、有重点、主动收集信息的重要途径，并且常常能够得到许多具有预见性的重要信息。

6. 利用观察走访收集信息

调查研究、观察走访是人们获取外界信息的最基本的途径。秘书人员要十分重视观察在收集信息中的作用，善于从这个渠道获取第一手信息和有用资料。

7. 利用机关公文资料收集信息

机关公文是信息的重要载体，蕴含着大量信息，是收集信息的常规途径。秘书人员要随时注意公文中反映的重要信息。

总之，收集途径多种多样。秘书人员的视野要开阔，要掌握多种信息来源，尽可能广泛地、有目的地收集信息，善于从具体工作的需要和客观实际出发，灵活地加以选用。

二、信息的加工

由于信息量猛增，大量的原始信息源源不断地涌入秘书部门。秘书部门作为信息处理的枢纽，必须对汇入机关的信息进行加工处理工作，通过鉴别、筛选、提炼、综合、编写、审核等环节，提高信息“产品”的质量和价值。

（一）鉴别和筛选

鉴别和筛选是指根据工作需要，对信息内容的真伪、时效进行判别和过滤，从大量繁杂的信息中提取和捕捉有效信息，以提高信息的准确性、时效性和利用率。鉴别筛选工作要精心细致，严格把关：第一，信息构成的时间、地点、人物、事件、因果等要素必须准确；第二，引用的数据资料不得有误；第三，反映的事情要真实客观，不添枝减叶，不修饰渲染；第四，提出的观点要从事实中产生；第五，文字表达要符合常理。鉴别和筛选时，要剔除重复、失效和无价值的信息，重大的紧急信息要作紧急处理，急事急办。

鉴别筛选信息的过程，要进行定性和定量的分析；要注意点面结合，突出重点信息，具有全局观念，真正把有价值的信息筛选出来。

（二）提炼和综合

秘书人员收集的原始信息中，有的只反映某种现象，没有分析；有的只反映事物的片段，不太完整。这些信息比较肤浅或零散，还不能直接提供给领导机关，必须进行深加工。提炼是指从内容和文字表述上进行“去粗取精，去伪存真”的加工处理，使之更加准确精练。综合是对内容相近或相同的多条信息进行适当归纳，形成一条内容更全面、说理更充分、反映事物整体和全貌的价值含量更高的信息。

信息加工是提高信息质量的重要环节。秘书人员必须高度重视信息加工过滤，确保原始信息更加集中化、条理化和系统化，为领导决策提供高质量的信息服务。

三、信息的传递

这是把信息由一点传输到另一点的过程。传递信息必须具备三个基本要素，即信源、信道、信宿。信源是信息的来源，分为原生源和再生源。前者生成的信息以原始信息形式直接传递；后者是指收集、加工之后以二次信息的形式传递。信道是信息传递的通道，包括信息传递的媒介和运行方式。信宿是信息传递的终点，包括接收信息和利用信息。一般来说，领导机关是秘书部门的信宿，是接收和利用信息的主体。信息只有经过传递过程才能到达利用者手中，成为领导决策的依据。因此，秘书部门一定要重视信息传递工作。

秘书部门的信息传递渠道主要有计算机网络、机要通信、电话电报、传真、邮寄等方式。采用何种方式要视信息的具体情况而定。做好信息传递的基本要求是准确无误、安全保密、快捷及时、简便易行。

四、信息的存储

这是把收集到的和经过加工处理的信息资料以文字、图像等形式，借助计算机手段和各种媒介记录系统地贮存下来，以备需要时查找利用。当然，贮存信息不仅是保存信息以便再用，而且是信息收集与提供之间的纽带。经过妥善的存储，可以保证信息的完整性和系统性，为综合利用信息、专题调研、汇编资料和再次查找利用奠定基础。

秘书部门信息存储的方式，包括计算机信息库存储、档案式保存、汇编资料保存等多种不同方式。无论哪种方式的贮存，一定要注意完全可靠和满足检索方便、输出迅速、使用及时的需要。秘书人员要做好信息贮存工作，保证信息贮存的系统性和完整性，以便为领导决策提供准确、及时的信息服务。

五、信息的输出

信息收集、加工的目的不是为了贮存，而是为了输出和提供给领导决策使用。输出信息一要准确无误；二要及时快速，不可贻误时机。

信息输出一般表现为三种情况：

第一，利用计算机预先编制并贮存信息集合入档，建立信息数据库。当领导决策需要时，通过检索途径，迅速从数据库中提取有关信息，用打印或显示的方式输出，提供给领导者。

第二，利用人工智能加工处理的综合分析和预测性的文字信息及有关情况反映，要及时输出，传递给领导者，供决策参考。

第三，领导者的决策一经形成，也应作为一种信息适时输出，以便贯彻实施。因为决策本身就是决策者输入信息、处理信息、输出信息的过程。决策的适时输出直接关系到决策实施的有效性。

六、信息的反馈

领导决策的贯彻落实需要监督，这就要加强信息反馈，及时了解和掌握决策实施的情况。信息反馈就是指控制系统把输出信息的结果送回原输入端，对信息的再输出产生影响的过程，使系统保持稳态或达到预定的目的。信息反馈对于领导决策是十分必要的。重视信息反馈，提高信息反馈效率，有助于及时改进工作质量，转变工作作风，不断修正决策，使之进一步完善，克服官僚主义和形式主义作风，关系到各方面工作的长期发展。

信息反馈是决策信息生成的一个重要组成部分。决策系统要求反馈的信息要及时、准确、充足，以期对重新决策或改变原决策发生作用。

七、信息的利用

在秘书信息工作领域，信息的利用价值主要体现在领导者制定决策方面，秘书部门的责任就是及时、准确地向领导者提供充足优质的信息，至于领导者如何利用信息，主要是领导者的职责。但是，对信息工作来说，信息人员要关心信息的利用效果，即信息的实际价值。目前，我国的信息开发利用工作，与世界发达国家相比，仍然处于初级阶段。许多地方信息闭塞，政府部门和科研单位将信息视为“私有财产”，致使很多信息被垄断，失去用武之地，信息开发和利用水平比较低。这从另一个角度说明，我国信息开发利用工作还大有潜力可挖。

八、信息文稿的编写

（一）信息文稿的内容结构

一篇完整的信息文稿，在内容结构方面应当具备标题、导语、叙事、结论、建议等。

1. 标题

标题是信息文稿的眼睛。除专题信息、专报信息设有单独标题外，一般信息条目的标题，都是以“领头话”的面目出现，标题后面紧接具体内容。有的标题属于内容的一部分，有的标题本身就是一条信息。信息标题的写作要注意：

第一，直观明白，一目了然，切忌形容夸张，含蓄晦涩；

第二，简练概括，揭示全篇，切忌拖泥带水，以偏概全；

第三，醒目新颖，明快朴实，切忌故弄玄虚，啰唆冗赘；

第四，严肃深刻，见解独到，切忌哗众取宠，俗套呆板。

要善于从标题起就抓住读者，增加参考价值。

2. 导语

导语是信息内容的高度浓缩。信息的开头要有个导语，可谓“立一篇之警策”，用来交代“总的情况”，即一个事物的现状、发展概况、结果等，借以说明观点。如果将观点用作标题，文章开篇就要说明观点的总的情况。这样可以节省笔墨，使信息更加简洁明快。

3. 叙事

就是陈述信息所含的具体事实，进一步说明观点。

4. 结论

用定性或定量的方法分析事物发展结果。这是以结论的形式使信息的观点更加鲜明，更具有依托性。

5. 建议

即对事物发展方向、趋势等提出建议。这是信息高质量、高价值、高层次、完整性的体现。因此，必须有鲜明的见解和准确的判断。特别短小精悍的信息，不需要这个部分；包含较多分析和预测性的信息，则有必要作出预测。

编写信息文稿，可以说是一种高层次的服务。在思想内容上有较高的要求，不仅能为领导提供情况，而且也能以自己的思想、观点和见解去影响领导，促进领导决策思想的形成。

（二）信息文稿的编写要求

1. 立意要新颖

一则好信息必须在求“新”方面下工夫，当然不是追求怪异新奇，故意弄花样，而是要善于发现新事物、新情况；勇于提出新观点、新见解；乐于总结新做法、新经验。要敏锐地发现人们不曾注意到的新东西，靠立意的新颖抓住人心。

2. 主题要集中

大多数信息都是短文，主题的表达更要集中和凝练，一则信息始终贯穿一个主题。要挤掉杂质和“水分”，保留精华和“干货”，不能贪大求全，面面俱到，坚决清除一切大话、空话、套话。

3. 表述要完整

一篇文稿，要把事件时间、地点（或范围）、主体、事件、结果诸方面表述完整。以便利用者明了事件的来龙去脉，对信息所反映的事件作出完整、准确的认识和判断。

（1）时间，就是信息发生的具体时间，关系到信息的时效，要准确交代。

（2）地点，就是信息发生的地点或范围，是一个点上的个别情况，还是面上的较为普遍的情况，这在一定程度上影响着信息的价值和代表性。

（3）主体，就是事件的参加者，是个人、是群体，还是一个单位，要交代得清楚、准确、具体。

（4）事件，即信息反映的核心问题，包括事件的背景、事件与主体的关系、事件发展的主要过程。

（5）结果，就是事件的发展状态，是一个阶段，还是已经终结，要有定量分析和定性的判断。对事件状态、严重程度、波及范围、造成后果等，要有所预测，提出处理建议等。

4. 行文要庄重

党政信息是为党政机关的领导决策服务的，内容都比较严肃，因此在语言风格上要庄重平实，宁朴毋华。语言要精确，用词要稳妥，表达手法要用直笔，不用曲笔。语句要以陈述句为主，少用或不用反问句、疑问句、倒装句；要用规范的书面语言，少用或不用口语、俗语、俚语等。

一篇好的文稿，是好的内容和好的表达形式的完美统一。编写信息时，要注意标题新颖、观点鲜明、叙述清楚、文字精练，具有吸引人的力量。这样就增加了被采纳利用的机会。

（三）信息文稿的编写技巧

编写出高质量的文字信息，关键要把握以下九个着力点。

1. 编写综合性信息

综合就是创造，综合才能反映事物的全貌，综合便于揭示事物的本质。综合性信息既有深度，又有广度，具有代表性，信息含量大，容易受到领导关注，更易作为决策的依据。

2. 加工高层次信息

要善于站在领导高度看问题，把握领导的注意力，加工领导需要的、影响全局的信息。反馈信息也要站在领导的高度，这样的信息易被领导采纳。

3. 捕捉高价值信息

信息具有使用价值，但是在不同时空范围，对不同的人和事有着不同的意义，并且这种不同的意义还可以引申、派生出更多的意义，使信息价值发生增值，在决策中起到举一反三、由近及远的作用。这样高价值的信息往往能够启发人提出一个观点，引出一项政策，解决一个重点、关键或难点问题。因而它的价值往往高于一般信息。高价值的信息需要秘书人员的敏感与主动性才能捕捉到。

4. 采集针对性信息

即根据使用对象有针对性地编发信息。没有针对性，就没有利用率。要结合本单位的实际情况，根据不同层次、不同序列人员的需要，经常研究确定信息编发的主攻方向，编发出针对性强的信息。

5. 提供预测性信息

超前观察并提供预测性信息，更能体现信息工作的价值。秘书人员在广泛收集信息的同时，要研究和预测本系统、本单位可能出现的新情况、新问题，分别拟定初步对策与建议，及时提供给领导。

6. 反馈专题性信息

秘书人员要根据领导决策的需要，抓重点，抓关键，抓难点，抓“热点”，列出专题，组织力量搜集有关信息，进行跟踪分析，整理编写，及时予以报道。

7. 整理专业性信息

一个行业可以分为若干专业系统，一个序列一个序列地搜集信息，再汇总整理。这样的信息易被领导者或上级部门用来指导工作。

8. 挖掘“鲜活”信息

秘书工作者要深入实际，发掘和搜集尚未采编而又是领导急需的“鲜活”情况，充分利用《信息快报》、《简报》等媒体及时反馈和报道，这样更能体现信息的新意。

9. 把握信息反馈技巧

根据采编和反馈信息的实践，掌握信息反馈的五个技巧：一是对普遍信息，注意系统整理编写，综合反馈；二是对重大信息，注意重点分析编写，及时反馈；三是对个别信息，注意典型分析编写，专题反馈；四是对一般信息，注意提炼分析，挖掘深度编写，定期反馈；五是对多种信息，分层分类、筛选加工，分别反馈。无论哪类信息，都要遵循信息处理的基本流程及时编发。这样才能提高信息质量，收到预期效果。

思考练习题

1. 怎样理解秘书调研的特征？
2. 秘书调查和研究的方法有哪些？
3. 秘书调研的准备、实施和完成阶段各有哪些工作？
4. 秘书调研应当遵循的基本原则是什么？
5. 信息工作的基本内容是什么？
6. 编写信息的要求与方法是什么？

第十二章

信访与督查工作

第一节　信访工作概述

一、信访和信访工作的含义

信访是指人民群众通过写信或直接走访形式，向社会组织或管理者反映个人或集体意愿的一种社会活动。处理人民来信和接待人民来访，简称信访工作。信访工作是各级党政机关和企事业单位的一项经常性工作，也是秘书部门日常工作的重要内容之一。

信访工作由下述五个基本要素构成。

（一）信访者

就我国现阶段而言，信访者的范围十分广泛，有以工人、农民、知识分子和其他阶层为主体的公民，也有港、澳、台同胞和海外侨胞、外国人士等，还有社会团体、民主党派、群众组织和基层单位等。信访者是信访活动的发起者，是信访工作的对象和基础。

（二）信访受理者

即受理来信来访者，主要指各级党政机关和企事业单位的秘书部门或信访机构，是信访工作的主体，也是决定信访工作成效的关键因素。

（三）信访事项

即信访者所反映的具体问题。信访事项涉及社会生活的各个领域，包括申诉求决、检举控告、意见建议等，是一定社会关系的综合反映。

（四）信访方法

即信访者所采取的方式、方法。主要是书面信函和口头访问两种形式，也有派生的其他形式。

（五）信访结果

即受理信访活动后的结果。我国《信访条例》规定：各级行政机关直接办理的信访事项，应当在 30 日内办理完毕，并将结果答复信访人；对交办的信访事项，应当自收到之日起 90 日内办结，并将办理结果报告交办机关；对转办的信访事项，也应当在 90 日内办结。这些规定都是为了增强信访工作的效果。

总之，这些重要因素体现了信访工作的性质、目的、态度、作用、效果等。由于信访内容不同，处理结果也表现为多种多样。

二、信访工作的意义

（一）做好信访工作，有助于密切联系群众

通过信访，可以了解党和国家方针、政策的落实情况，了解各阶层群众的情绪和要求，了解党风和社会风气。因此，接待人民来信来访是党和政府密切联系群众的桥梁，是了解民情的“窗口”。

（二）做好信访工作，有助于克服官僚主义

人民群众在来信来访中，对某些领导干部高高在上、不深入基层、不了解群众疾苦的官僚主义作风、违法乱纪行为和社会不正之风，提出尖锐批评。因此，处理好来信来访，有助于改进领导作风，克服官僚主义，打击违法乱纪行为，纠正不正之风。

（三）做好信访工作，有助于维护民主权利

人民群众可以通过信访，向党政机关反映情况、提出问题、表示愿望、提出批评和建议。这不仅是人民群众享有的民主权利，也是人民群众参与国家政治生活和监督国家机关

工作的一种良好方式。因此，做好信访工作，就是维护人民当家做主的权利，对发扬社会主义民主，建设法治国家，具有重要意义。

（四）做好信访工作，有助于加强信息反馈

信访工作，是各级领导机关获取信息和反馈信息的一条重要渠道。人民来信来访的内容十分丰富，几乎涉及社会生活的各个方面，其中有对党和国家有关方针、政策执行情况的反映，有对政治、经济、文教等各方面工作的建议。许多反映和建议很重要，有较大参考价值。信访工作人员可以从中采集有用信息，传递给有关领导者和部门参考。可以说，信访是观察社会的“晴雨表”，是检验党和政府工作的“测量表”，是了解群众情绪的“温度计”。反馈信息，是信访工作的一项长期的、经常性的重要工作，对于领导者正确决策、改进工作有着十分重要的作用，每个秘书人员必须努力做好这项工作。

综上所述，信访工作是倾听人民呼声、关心群众疾苦、保护人民利益的一项重要工作；是健全民主和法治、维护人民民主权利、监督国家工作人员的一种重要形式；是了解人民意愿、反馈真实情况的一条重要渠道；是听取人民的建议和批评、提高党政机关工作水平的一种有效方法。

三、信访工作的特点

（一）群众性

信访工作是一项群众性很强的工作。人民群众来信来访，绝大多数是向各级领导机关反映情况，陈述意见，表示愿望，提出批评或建议，申诉、揭发、检举、控告与自己切身利益相关联的问题，期望获得明确答复或者解决问题。一旦得到满足，就会停止信访。但是，由于社会环境的变化，新的矛盾又会产生，反映新矛盾的信访者又会出现。这一特点要求信访工作者必须牢固树立群众观念，贯彻执行党的群众路线，真正为群众排忧解难。

（二）政策性

政策性体现在信访工作者要依照党和国家的各项政策、法规来处理信访问题。大量统计数据表明，涉及政策问题的信访占有很大比例，或对某项政策有意见；或反映政策执行中的问题；或要求落实有关政策；或要求平反冤假错案；或要求解决历史遗留问题等。这都要求信访工作者认真学习和深刻领会党的方针政策与法律法规，这是妥善解决信访问题的关键。

(三) 长期性

社会矛盾的始终存在决定了信访工作的长期性。在社会生活中，各种矛盾不断产生，而且永远不会终结。可见，信访工作的任务十分繁重，信访工作的地位更加重要。信访工作者必须树立长期思想，克服临时观念，真正把信访工作纳入法制轨道，加强调研，探索规律，搞好预测，把问题解决在萌芽状态，掌握信访工作的主动权。重视和做好信访工作决非权宜之计，它具有明显的长期性。

(四) 思想性

信访工作是一项重要的政治工作，人民群众来信来访内容纷繁复杂，涉及面很广，有的关系到人民群众的切身利益；有的对现行政策不了解或疑虑；有的对不正之风和违法乱纪现象不满；有的关系到党和国家的盛衰成败；当然，也有的提出了不切实际和不正当的要求；等等。信访工作者有责任向信访者宣传党和国家的方针政策，要善于掌握信访者的心理活动规律，有针对性地做好思想工作，真正使他们带着情绪而来，带着满意而归。

四、信访工作的任务

党政机关信访工作的基本任务有以下几点：

(1) 受理本地区、本系统和上级领导机关交办的来信来访。

(2) 定期综合研究人民群众来信来访的情况和问题，及时向有关领导机关反映，并提出解决问题的建议。

(3) 向有关地区和单位交办来信来访反映的问题，并有责任督促检查，直到妥善解决为止。

(4) 协助领导机关检查本地区、本系统的信访工作，发现问题及时解决，组织交流经验。

五、信访工作的原则

信访工作涉及面广，情况复杂，内容纷繁，是一门科学性、政策性很强的工作，必须遵循下述原则。

(一) 以政策为准绳

处理人民来信来访，必须以党的政策和国家法律为准绳。群众提出的各种问题和要求，必须纳入政策许可的轨道之中，决不允许超越政策、法令规定的范围去处理问题，不能随心所欲，自行其是。信访工作中，执行政策和依法办事的水平，是衡量工作好坏的重要标志。

当然，信访中反映的有些问题，有具体政策规定，处理起来比较容易；有的虽有政策规定，却只是原则精神，处理比较困难；有的没有政策规定，又确实需要解决，处理的标准就不好掌握。所以，处理信访问题，既要有政策的原则性，又要有在中央总的方针政策指导下的适度灵活性。对具体情况做具体分析，采取变通手法，积极主动地解决问题。

（二）以事实为根据

来信来访反映的情况和问题，是否属实、客观、全面，还有待于核查。信访部门必须以事实为根据，实事求是地处理。尤其属于申诉、控告和检举一类的信访，更要确保事实确凿。一般来说，人民群众的来信来访，多数是抱有真诚的态度反映问题，但由于种种原因，有些情况与实际有出入，甚至会出现“恶人先告状”的现象。这就要求信访工作者对人民群众来信来访所提出的问题、反映的情况，做深入细致的调查研究，抓住问题的症结，弄清事实真相，以准确可靠的事实作为处理问题的依据。这样才能正确回答群众提出的问题，满足群众的正当要求。

（三）以分级负责、归口办理为原则

信访工作分工处理的原则是分级负责、归口办理、就地解决。所谓分级负责，即中央、省（市、自治区）、地（市）、县（区）、乡（镇）及基层各级组织，信访涉及哪一级分管范围，就由哪一级负责处理，不能上交矛盾。所谓归口办理，即按来信来访反映问题的性质，根据业务范围，如文教、财贸、纪检等系统分类交办。信访人员一定要熟悉机关系统的归口情况及分工，准确认定归口对象，防止归口不准，往返传递。如果遇到比较复杂的问题，需几个部门共同处理的，则由秘书部门、信访部门或主管部门牵头，邀请有关部门参加，共同研究处理。还可以由党政有关部门协调，主管部门和有关部门共同派人调查处理。坚持分级负责、归口办理，有利于克服对群众来信来访层层照转、互相推诿的现象。

（四）以就地解决问题为原则

所谓就地解决，是指把问题解决在基层。人民群众来信来访所反映的问题，大量发生在基层，只有在基层才能解决。能不能把问题解决在基层，是信访工作主动与否的关键，是信访部门有没有威信的标志。采取分级负责、归口办理、就地解决的原则，可以增强领导者和信访工作者的责任心，各负其责，改进工作作风，把问题解决在基层；方便群众，

避免往返奔波，劳民伤财；及时调解纷争，防止矛盾激化；克服互相扯皮、顶着不办的现象，有利于提高工作效率。可见，就地解决问题也是信访工作的一条重要原则。

六、信访工作的制度

（一）登记、呈阅制度

对于人民来信来访，均应逐一登记，写明来信或来访者的姓名、工作单位、职业、家庭住址、反映的主要问题。如是重复来信来访，可加记次数，有新内容时补充记录在案。如信访者要求保密，应尊重他们的意见，不得泄露。

对于信访中反映的突出问题或带有政策性、普遍性、倾向性的问题，信访工作人员要及时用“信访简报”、“情况反映”、“呈阅”或专题报告等形式，呈报领导者及时掌握了解。

（二）交办、转办制度

上级机关可用发函形式，将信访问题交对口负责的下级机关调查核实，限期汇报处理结果。

根据分级负责、归口办理的原则，将信访原件转给有关单位处理，并直接答复信访人。但应注意，凡属揭发、控告性质的来信来访，应转给被揭发、被控告单位或个人上级领导机关处理，决不可转给被揭发人的所在单位，更不许转给当事人。

（三）催办、回告制度

信访部门将问题转交下级或有关部门后，要及时检查和催办。催办的方法有多种形式，如定期或不定期地发催办信和催办单、电话催办、派人下去催办、请人上来汇报办理情况等。不能一转了事，不闻不问。

承办单位对于上级机关或领导者交办的信访事项，一般要在三个月内汇报处理结果。到期若未能处理或正在处理，不能回告的，也应主动回告情况和原因。

（四）总结、归档制度

信访部门一般应当每月将人民群众来信来访分类统计分析一次，每季要综合分析研究，向有关领导者报告一次，每半年或一年做一次全面的总结。肯定成绩，找出问题，总结经验教训，制定改进措施。

信访档案，是信访工作的珍贵记录，是党和国家档案的重要组成部分，是重要的历史资料。因此，信访工作者平时应分类立卷，妥善保管，年终（或翌年初）要统一归档。

第二节　信访工作的实施

一、处理群众来信的方法与要求

按照各级领导机构的规定和实际情况，处理群众来信的方法和要求有下述几点。

（一）及时拆封

当日来信，当日拆封，加盖收信日戳。拆封前，首先要检查一下来信，看是否属于自己受理范围，以免拆错。拆封后，先浏览一遍，对要信、急信及时处理。拆封时应注意：

（1）随信寄来的证件、现金、各种票证及其他物品，要逐一清点核对登记，妥善保管，防止丢失。

（2）保持信封和邮戳完整，以便佐证投信时间和地点，若发现原信封无邮戳，应予注明。

（3）将信封和信纸一并装订。有来信、转办单位或另套有信封的，也应装订在一起。

（4）来信缺张少页时，要注明。发现误投，要及时同来信人联系。

（二）详细阅读

阅信的目的，是为了弄清来信反映的主要问题和性质。因此，阅信时要集中精力，认真细致。即使对篇幅较长、内容繁杂、字迹潦草、表述不清的来信，也要不厌其烦，直到弄清来信的全部内容为止。这是处理人民群众来信的基础，如果对内容的理解稍有差错，将会给办理造成严重后患，所以不可粗心大意。

（三）认真登记

在来信摘要单或登记簿上，按照项目逐项认真填写。必须用钢笔或毛笔，不得用铅笔、圆珠笔。摘录来信内容时，要言简意赅，准确无误，字迹清楚，条理分明。来信登记的项目主要有：

（1）来信人的姓名、地址、工作单位及职务。

（2）原信日期、收到日期。

（3）来信的性质、内容摘要。

（4）领导批示。

（5）转至机关、转发日期。

（6）处理结果。

（四）妥善办理

根据来信内容，采取呈送领导者阅批、直接查处或按分级负责、归口办理的原则转有关部门处理等方法，分别妥善处理。

呈送领导阅批的重要来信，要填写“人民来信呈阅单”，连同原信及时呈递领导者阅批。重要来信送批时，应按领导者的分工，分别呈阅。基层单位收到人民群众来信较少，应将全部来信送主管信访工作的领导者阅批。

根据分级负责、归口办理的原则，除本单位直接处理的来信外，一般均应转交有关归口地方或单位处理。转交时应注意以下问题：

（1）检举揭发信要转给被告单位、被告人的上一级机关处理，决不允许转给被检举、被揭发的单位或本人。原信也可不转，而用摘抄件代替，不披露揭发人的姓名甚至笔迹。

（2）批评信一般转给被批评单位或个人的上级单位处理。有的可以隐去反映者的姓名地址，只把内容抄给被批评的单位或本人，要求其作出检查和说明。

（3）上级指定不宜下转的信件，不再往下转；来信人要求不下转的信，不下转；确实需要转办的，用隐蔽写信人身份、姓名的誊抄件下转。

（4）附有证件等物品的信件，转办时用挂号发出；涉及机关内部事宜和检举揭发的事件，转办时用机密件发出。

（5）对于内容反动的信件，应直接转公安机关查处，尽量减少传递环节，避免扩散。

（6）对于转错的信件，收信单位可直接转交有关单位，并将情况通知错转的单位或部门。

（五）慎重复信

群众向领导机关和负责人写信反映问题、提出建议和要求，总希望有个结果，这是密切党和政府与人民群众联系的一种好形式，也是对人民群众民主权利的尊重，应力求办好。

一般来说，遇到下列情况，应予以复信：

（1）反映的问题或情况重要，而且比较可靠，要复信给信访者，告知已转有关部门处理。

（2）提出发明创造、合理化建议，有参考价值的来信，应复信鼓励，并说明处理情况。

（3）对领导机关及工作人员提出批评意见的，当领导者作出正确处理后，复信表示感谢，告知处理情况。

（4）属于认识问题或其他可以直接答复的问题，要复信宣传党的政策，或针对来信所提问题，予以准确解答。

（5）来信查询所附各种证件、票证、现金、物品等去向的，应复信告知已转何处，并告诉下次不要再附类似证件或物品。

（6）对于群众申诉，要求解决具体问题的信件，一般都要予以答复，力求做到件件有着落，事事有结果。

二、接待群众来访的方法与要求

接待群众来访，体现了党和政府同群众的直接联系，也是面对面直接做群众工作的一种好方式。接待人民群众来访的方法与要求有下述几点。

（一）热情接待

来访群众满怀希望而来，表明他们对上级组织的信任，信访人员一定要热情接待，主动招呼，对来访者应一把椅子、一张笑脸、一杯热茶、一腔热忱，使其有一种宾至如归的感觉。切忌冷语、冷脸、冷板凳。坚决克服那种门难进、脸难看、话难听、事难办的不良作风。

（二）来访登记

来访人员来到接待室后，要先填写“来访登记表”，包括姓名、性别、单位、住址、职业、职务、职称、政治面貌、文化程度、来访次数、来访人数、来访时间、反映问题等，应一一问明记准。对于有一定文化程度的来访人员，可让本人逐项填写，由信访人员复核补缺。登记的样式，一般有簿式登记、卡片登记、活页登记三种。

（三）来访归口

按照分类负责、归口办理的原则，分类归口，接待办理。凡是属于有关部门的业务问题，分别请有关业务部门接待；凡属综合性的问题，归口不明确则由信访部门接待；凡集中在特定时期内的专门业务问题，则由各专门业务部门指派专人定期接待；凡属集体来访，一般由有关业务部门指派专人接待，有的要由负责人亲自接见。

（四）来访接谈

来访接谈是受理工作的主要内容，应认真对待，一丝不苟。首先，要集中精力，倾听来访人的申述，耐心听完。来访人谈话扯远时，应有礼貌地引上正题；其次，要耐心地进行必要的询问。例如对事情经过、主要情节、以前是否上访过、如何处理的、这次来访的要求和理由等，都要问清楚；最后，仔细做好记录，对来访者反映的主要问题和关键情节，务必详细记录，为分析情况和处理问题提供充分的原始材料。总之，接谈的主要任务是听明情况，查明事实真相，问清来访的问题和具体要求。因此，每个信访工作者必须耐心听取、仔细询问、认真记录。同时，应注意谈话艺术，语调平和，涓涓细流，循循善诱。切忌流露出焦躁的情绪或冒昧失言。

(五) 恰当处理

对来访者所反映的问题，要作出符合党的政策的处理，满足群众的正当要求。如果反映的问题比较单纯，事实清楚，政策规定比较明确，接待人员可直接予以答复处理；如果要求合理合法，而长期得不到解决，上级信访部门可向下级交办或直接调查，查明属实后，督促有关单位处理；如果反映的问题重大，需请示领导者或集体研究后才能答复，可请来访者等候处理结果，力求使来访者放心、满意。

(六) 礼貌回访

回访，是受理信访的部门登门拜访来访者。回访的过程就是调查研究、解决问题、了结案件的过程。回访的重点，一般应放在问题虽已恰当处理，而本人还有不同意见者。通过回访有针对性地做好疏导工作，按照有关方针、政策、法律和法规，准确回答当事人提出的各种问题，该鼓励的，满腔热情地给予鼓励；该开导的，心平气和地予以开导；该批评的，理直气壮地批评。如果属于机关工作中的缺点和不足，则应虚心地当面自我批评。这样可以澄清事实，沟通思想，消除隔阂，使当事人能够体会和感受到党和政府的温暖。

三、来信来访的立案查处

立案查处，是对重要的来信来访，立案查办。要求做到手续完备、案情清楚、定性准确、处理恰当、善后工作落实。立案查处，一般包括下述程序。

(一) 立案交办

信访部门立案，就是将信访反映的问题函交有关部门或单位办理，并要求汇报处理结果。一般来说，以下几种情况应立案交办：

(1) 上级机关或本级领导者批示交办的问题。

(2) 揭发检举国家工作人员违法乱纪，情节比较严重的问题。

（3）发明创造、批评建议涉及国家或地方较为重要的问题。

（4）对群众的生产、生活有重要影响的问题。

（5）对所受处分或政治结论提出申诉，并有正当理由的问题。

（6）按政策应予解决，但涉及几个单位，互相推诿，需要协调解决的问题。

（7）涉外的统战人物来信来访的问题等。

（二）直接查处

由受理信访的部门直接调查处理。对于立案查处的问题，办案人员必须调查研究，核实情况，判别案件的性质，提出处理意见，报请党政负责人审批，或请主管机关审处。如果涉及几个部门的问题可由信访部门牵头召开协调会，或由上级机关指定一个部门负责，会同有关部门研究处理。如果有关部门持不同意见，可及时报请上级定夺。查处案件时，一定要实事求是，确实弄清案情，按照有关政策积极主动地解决问题，满足群众的正当要求，并做好思想疏导工作。

（三）结案和上报

结案和上报是处理信访案件的两个不可分割的重要环节。结案是从受理到查处全部过程的终结；上报是报请上级审批结案的开始。结案的标准是：案情清楚，结论正确，处理符合政策，手续完备，并有申诉者的意见。对于负责人批办和上级领导机关交办，并要求上报处理结果的，要及时上报。

（四）督促和检查

督促检查是使信访反映的问题件件有着落、事事有结果的重要措施。特别是对交办的信访案件，更应加强督促检查。督促和检查的重点是抓逾期不报的信访积案；报而不结的信访要案；结而不报的信访老案；久拖不决的信访难案。督促检查的方法有多种形式，如派人督促检查、电话督促检查、发函催办等。总之是直到问题解决为止。

四、几种不同信访情况的具体处理

对于一封群众来信，一起群众来访，处理是否恰当，直接关系到党和政府能否取信于民，关系到人民群众的民主权利是否得到尊重和保护的大问题。因此，要坚决反对和克服那种“来信转转，来访谈谈，结果如何，一概不管”的官僚主义态度和不负责任的工作作风。要深刻认识到这种态度和作风危害党的事业的严重性。

具体处理信访问题时，要区别不同情况，分别对待。

（一）对正确意见和合理要求的处理

对于人民群众来信来访中反映的正确意见，包括对党和政府中工作人员的各种合理化建议和正当批评，一定要热情欢迎，虚心采纳；对于有重要倡议者，应当予以适当的鼓励和表彰。

人民群众信访中所提出的各种合理要求，只要政策允许，又有条件解决的应及时处理，尽可能给予满足。有一种情况值得注意，群众提出的一些要求，既不能说不合理，也不能说要求过高，但限于目前条件，一时难以解决。对于这种情况，信访工作人员要做好深入细致的思想工作，只要我们工作做得合情合理，群众会通情达理并谅解的。

（二）对不符合政策但确有困难的问题的处理

对于不符合政策但确有困难的来信来访者，既要按政策办事，又要尽可能协助解决实际困难。如果一时确实无法解决的，要诚恳地讲清国家的困难，耐心做好思想工作，劝信访者顾全大局，并在可能的条件下，协助他们解决实际困难。

（三）对群众申诉、控告和检举的处理

人民群众来信来访中，有一部分是申诉本人权益受到侵犯，或控告、检举他人的不良作风和违法乱纪行为的。对于这一类问题，信访工作人员应深入了解，弄清事实，分清界限，认真处理。如系事实确凿，应严肃查处。需要转交者，一般应交给被控告和被检举者所属的上级领导机关或政法、监察、纪检部门处理。凡控告和检举的信件，非经一定的组织批准，不得转至被控告和被检举的单位或本人。对人民群众正当的控告和检举，要严禁被控告和被检举的单位或人员采取报复行为，发现报复者，应予以严肃处理。情节严重者，应送司法机关依法惩处。如系道听途说、不了解情况而误告者，应予以解释说明。如系挟嫌诬告，陷害好人，或故意挑拨离间者，应按有关法律，转送公安、司法机关依法查处。

（四）对无理取闹者和诈骗分子及其他坏人的处理

来信来访中，绝大部分群众是抱着爱护、信任党和政府的态度，实事求是地反映各种问题，有的不顾个人安危，向党和政府检举揭发违法者，这是信访中的主流。然而，也有极少数人，或因思想觉悟不高，或是别有用心，利用来信来访，企图达到不可告人的目的。

所谓无理取闹，是指某些人没有正当理由，企图借来信来访满足个人不合理要求；或是对有关部门已经合理解决的问题，仍然纠缠不休。对这些信访者，要在弄清事实的基础

上，予以适当的批评教育；如果经耐心说服无效者，可会同公安机关，予以教育和制止；对违法乱纪、干扰和破坏工作秩序、社会秩序和生产秩序者，可送公安机关依法处理。

信访工作人员，对于假借人民群众来信来访名义，进行犯罪活动的诈骗分子和其他坏人，要会同有关部门，依法惩处。但要注意，对这类人的处理一定要慎重，必须调查确实，并要有严格的审批手续，有法可依，切不可任意扩大范围，造成工作上的被动。

(五) 对匿名、化名来信来访的处理

对匿名、化名来信，要弄清问题的真相，区别处理。这类来信来访多属于揭发检举的。匿名或化名，一般是出于害怕打击报复的畏惧心理。如果查证属实，应予以处理。如果不是十分必要，不经有关领导或部门批准，信访工作人员不得追查来信来访者的真实姓名，也不许搁置不理。

当然，也有极少数人假借来信来访名义，用匿名或化名进行诬告、诽谤、诈骗或其他犯罪活动，如查明确实属犯罪分子所为，就要报请领导者和司法部门批准，追查其真实姓名和身份，并追究其法律责任。

五、处理来信来访应注意的事项

(一) 对待来信来访群众要热情、诚恳、耐心

从事信访工作的人员，对于来信来访的群众，都要热情接待，以同志式的平等态度与他们诚恳交谈，以高度负责的精神认真处理他们所反映的各种问题。当然，对来信来访的处理，并不完全是一帆风顺的。许多问题都要付出一番精力，经过几番波折才能解决，而对于处理的结果，有些信访者还会不满，要求重新调查。这就需要信访工作人员有极大的耐心。真正使信访者感到：政府门好进、接待员亲切、心里话愿掏。切忌那种盛气凌人、居高临下、官气十足、态度生硬、目中无人的不良作风。

(二) 冷静分析，防止主观片面，先入为主

在受理、调查和处理人民群众来信来访过程中，信访工作人员要始终保持清醒的头脑。对所提出的问题，认真调查核实，既不能偏信一面之词，也不能轻易判断谁是谁非。对来访者的申诉，要虚心倾听，冷静分析，不要轻易表态，以免使自己的工作陷入被动。在调查过程中，要防止先入为主的倾向，不能抱着成见去调查，以免发生偏差。一定要冷静、客观、全面地去处理各种问题。

（三）认真负责，防止发生意外

由于种种原因，来信来访者情况复杂、性格各异。有些来访者情绪激烈，动辄呼号，甚至摔东砸西；有些来访者相互打骂，甚至双方扭打着前来评理；有些人干脆声明，如不解决，就要绝食、自杀；等等。这些情况，应引起信访工作人员的特别警觉，以防意外事件发生。对于这类来信来访，一方面要尽可能及时处理；另一方面要提醒来信来访者所在单位加以注意。受理和处理这类案件时，信访部门和信访者所在单位应采取必要的防范措施，防止意外事故的发生。

（四）坚持原则，秉公办事

处理人民群众来信来访，必须坚持党性原则，出于公心，秉公办事。如果所提出的批评与自己有关，应敢于承担责任，虚心接受。如果所批评、控告或检举的事涉及自己的亲友、同事、同学或上级机关的领导人，决不能徇私包庇，拖延不办，通风报信，化大为小，甚至私自销毁来信。应坚持在党纪和国法面前人人平等的原则，无私无畏地维护国家和人民的利益。

（五）反对官僚主义、拖拉推诿作风

信访部门的大多数工作人员，都能够忠于职守、认真负责、一丝不苟，迅速及时地处理各种信访案件，受到了群众的好评。但是，那种照抄、照搬、照转，不负责任拖拉推诿的官僚主义作风，并没有绝迹。有些该表态的不表态，该答复的不答复，该解决的不解决，该督办的不督办，该上报的不上报，左一个“调查调查”，右一个“商量商量”，再来一个“研究研究”，最后不了了之。还有些人怕麻烦，怕负责任，怕得罪人，自己能解决的问题，硬是推给别人或别的单位；或者根本不研究，一推了事，结果形成公文旅行，批来转去长期不办，甚至石沉大海。这种极不负责的工作作风和官僚主义态度，与党对信访工作的一贯要求，与目前社会的发展极不适应，必须坚决克服。

第三节 督查工作概述

一、督查工作的含义

督查工作既是一种领导行为，也是党政领导机关赋予秘书部门的一项重要职责和任

务，在秘书活动中，督查工作就是秘书部门协助领导，将看到、听到、查到的一些无人过问或解决不了的重大问题，自上而下地进行督促、检查，使之得以有效办理和落实。

督查工作有广义和狭义之分。广义而言，所有对领导机关的重大决策和部署的实施情况进行的督促检查，都属于督查工作的范畴。狭义而言，督查工作专指对领导专门批示或交办的事项催促办理落实。广义的督查也称“大督查”，狭义的督查也称“小督查”。“大”与“小”的划分是相对的，它们之间并没有严格的界限，而是密不可分、相互关联的。

督查工作是秘书部门的一项重要工作，在新中国有着优良的传统。早在1951年，政务院就明确地把“检查和督促政府决议执行情况”列为各级政府机关秘书部门负责人的工作任务之一。1985年，在全国秘书长、办公厅主任座谈会上，明确了建立查办工作是秘书部门的一项重要改革，是秘书工作的一项重要内容，是秘书人员发挥参谋助手作用的重要手段，也是改变工作作风，提高工作效率，保证工作质量的重要措施。

1990年1月，中共中央办公厅召开了全国省、区、市党委秘书长座谈会。会议就如何落实中央领导同志关于加强督促检查和信息调研工作的指示进行了认真研究。根据中央领导同志的指示精神，秘书长座谈会确定把督促检查和信息调研作为办公厅工作的重点，决定在原来工作的基础上，根据新形势、新任务的需要，加强对党的重大决策和重要工作部署贯彻落实的督促检查，不断开拓新的工作领域，并且从组织上、制度上加以完善，使之走上规范化、制度化的轨道。

二、督查工作的特点

秘书部门的督查工作，不同于纪检、监察部门的督查，它是领导机关赋予秘书部门的重要职责，是一项围绕领导活动需要而展开的辅助性、服务性工作。具体来说，秘书部门的督查工作具有下述特点。

（一）严肃性

秘书部门的督查工作，通常是围绕党和政府的中心工作和大政方针而展开，针对领导机关和领导者的决策指令而进行。其成效如何，不仅影响全局工作，而且会带来广泛的社会反映，是一项政治性、政策性很强的工作。秘书人员必须以对党、对人民高度负责的态度，严肃认真、一丝不苟地对待督查工作中遇到的各种问题。

（二）权威性

督查是上级机关对下级单位存在问题所发出的指令，是上级对下级执行决策情况的检查和督导，这里面无疑包含着很强的权威性。秘书人员“受命于上”而“行权于下”，是根据领导机关的指示、代表领导机关或领导人进行督查的，其肩上负有领导机关和领导者的权威，可代表领导了解、检查下级单位的工作，可列席下级单位的相关会议，可阅读密级较高的重要文件，可对所督查的问题提出办理的意见和建议，这些都表明秘书部门的督查工作是以党的方针和国家法律法规为准绳，有严格的制度可依据。

（三）间接性

秘书部门展开督查动作，必须经过领导机关或领导人批准，根据领导机关的指示精神进行办理。其原则是"领导同志负责，秘书人员协助"，秘书人员发挥的是间接性的辅助作用。对于领导机关批准督查的事项，主要由有关的下级单位具体办理，秘书人员做得更多的是沟通协调。秘书部门通常并不直接参与办案和处理问题，更不能替代下级单位的工作，只是协助领导做好交办、催办、调查和整理材料、审查材料、上报结果等具体工作。

（四）层次性

温家宝同志曾在全国省、自治区、直辖市党委秘书长座谈会上发表的讲话中指出：督促检查工作是中央办公厅根据中央和中央领导同志的指示进行的，是领导授权进行的工作，要严格工作制度和工作程序。比如，要健全分级责任制度，哪些事项由哪一部门、哪一级负责督促检查，要分清责任，既不推诿扯皮、无人负责，也不要越权。中央办公厅要充分依靠和尊重地方和部门，涉及地方和部门的工作，首先要由有关地方和部门进行督促检查，中办要做好情况汇总。中央办公厅进行督促检查工作，以了解情况为主，不直接处理问题，不代替地方和部门的工作。① 可见，秘书部门的督查工作应实行分级负责制，按照相应的管理层次来开展督查工作。

（五）时效性

督查工作是一项时效性很强的工作。督查的目的是促进各项工作加快办理的速度，在规定的时限之内完成工作任务，秘书人员在督查工作进程中，必须树立强烈的时效观念，及时、高效、不拖、不误，严格按照所规定的时限要求进行办理。

三、督查工作的作用

督查工作在领导活动和秘书工作中占有重要地位，发挥着重要作用。随着决策科学化、民主化进程的加快，督查的作用将更加突出。这些作用主要表现在下述几个方面。

---

① 参见温家宝：《切实改进作风，进一步做好办公厅工作》（1990 年 1 月 8 日），引自《秘书工作文萃》，20 页，北京，中国大百科全书出版社，1993。

（一）保障决策实施

在科学管理中，一项决策通常需要通过调查、咨询、执行、监控、反馈等环节来完成，而督查工作正是保障领导决策实施的有效监控手段。督查工作的重点包括：党和国家的路线、方针、政策、法律、法规及重要决策的实施，本机关、本单位的中心任务及领导批示、交办事项的落实等。没有贯彻实施，再好的政策也只能是一纸空文。而在贯彻实施的过程中，有时会因种种主观原因出现梗阻现象，特别是涉及一些地方和部门的利益时，会遇到阳奉阴违、顶着不办、“上有政策，下有对策”的难题，少数单位和部门甚至把自己的地方变成“针插不进，水泼不进”的“独立王国”。只有强化督查工作，才能消除梗阻，解决“有令不行，有禁不止”的不良风气，保障政令的畅通和决策的实施。

（二）改进工作作风

对党和国家的方针政策的贯彻执行，对上级决策和指示的落实实施，对群众的意见和要求的研究解决，都反映了各级领导的工作作风。没有良好的工作作风，必然导致对党和国家的方针政策的阳奉阴违，对上级决策和指示敷衍了事，对人民群众的意见和要求视而不见，形成脱离实际、推诿扯皮、行动迟缓、办事拖拉、议而不决、决而不行的不良习气，造成官僚主义和效率低下。只有进行督查工作，才能及时发现问题，解决问题，使得工作作风得以改进，工作效率得以提高。

（三）加强队伍建设

督查工作是保障领导决策执行的一个重要环节，是领导机关赋予秘书部门的一项重要职能。秘书人员围绕领导工作的目标和需要开展督查工作，不仅会促进领导工作的绩效，而且会变被动为主动，化消极为积极，发挥秘书部门应有的参谋和助手作用。在督查工作的实践中，秘书人员的思想水平、政策水平、工作作风、工作能力等，都会逐渐得到锻炼和提高，从而促进秘书队伍自身建设的不断加强。

四、督查工作的任务

督查工作涉及面较广，情况复杂多样。秘书部门和秘书人员在开展督查工作时，不能事无巨细，事事督查，“眉毛胡子一把抓”。原则上说，应当围绕那些典型性的、关系全局性的、影响比较深远的问题。根据这个原则，秘书部门的督查工作任务可表述为：

（1）协助领导机关督促检查党和国家的方针、政策、指示、决定等在有关地区和部门的贯彻执行情况。

（2）督促落实上级机关和领导同志批办交办的事项，并在督促检查工作中及时发现问题，经常总结经验，适时提出建议，为领导决策服务。

（3）督促有关部门对下属机关请示事项的办理和答复。

（4）督促新闻单位披露的或群众反映强烈的问题的解决。

（5）督促秘书部门在日常工作中主动发现的问题。

五、督查工作的范围

根据中央的指示精神，督查工作的范围大体包括以下几个方面：

（1）督查工作需按照党中央、国务院的要求，紧紧围绕党的中心工作，重点是党和国家的路线、方针、政策、法律、法规和重大决策，重要工作部署以及各级机关、单位中心任务的贯彻落实情况。

（2）上级领导机关或业务主管部门交办的要求汇报执行情况和办理结束的事项。

（3）本机关、本部门领导批示、交办的事项以及重要会议决策的事项。

（4）本机关、本部门发文的贯彻实施情况，下级的请示、报告办理情况及基层单位要求帮助解决的事项。

（5）新闻单位披露的或人民群众举报反映的有关本机关、单位工作上的问题或要求核查的问题。

（6）人大代表、政协委员等提出的需要由本机关、本部门答复的有关提案、议案的办理情况。

（7）秘书人员和秘书部门从各种信息渠道了解、掌握的本机关、单位的有关问题，经领导同意需要办理的事项。

（8）领导认为必须督查的其他重要事项。

第四节　督查工作的实施

一、督查工作的步骤

督查工作大体可分为四个步骤：项目确立、交办催办、情况审查、结果反馈。其中，项目确立是督查工作的前提，交办催办是督查工作的手段，情况审查是督查工作的关键，结果反馈是督查工作的终结。四个环节各自独立又相互关联，以循环往复的方式推动督查工作的不断进行。

（一）项目确立

督查立项是一项严肃的工作，必须坚持“立之有据，立则必办，办则必果”的原则。一般说来，督查的项目有以下来源：有关大政方针、重大决策、重要工作的部署；各项政策、法律、法规的执行；上级领导机关有明确督查要求的事项；本机关、本单位领导有明确督查指示的事项。对下级单位和社会各界反映的问题，能否列为督查项目，必须进行核查审理，报经有关领导批准，方可列入。秘书部门在日常工作中发现重大问题，认为需要列入督查项目，须提供相关资料，提出意见，呈报领导批准。确立督查项目，秘书部门和秘书人员通常只能提出意见和建议供领导参考，不能擅作主张。项目确立后，要明确项目内容、承办单位、完成时限、具体负责人等，填写“督查登记单”登记后，可根据领导批示的要求，在分析所立项目的基础上，提出拟办意见。已有领导明确批示意见的，可直接转承办单位办理。

（二）交办催办

督查立项之后，秘书部门应认真领会领导指示精神，向承办单位进行交办。交办的方式有：会议布置（适用于交办一批重要的督查事项）；发文通知（适用于一般的督查事项）；电话通知（适用于急件或地域较远的查办）。交办时一要注意保密，二要交代清楚督查的内容、领导批示意见、办理期限等。凡需两个或两个以上单位共同办理的事项，应指定主办、会办单位，由主办单位牵头，商同会办单位共同办理。

根据办理的时限要求，负责该项工作的秘书部门和秘书人员要采取相应方式适时地进行催促办理。催办的方式可灵活多样，既可面对面进行，也可用电话、口头传达、发催办通知的方式。所谓适时，一是指时效性强的要及时催办，急件要跟踪催办，掌握其进展情况；二是时限长的要分阶段催办；三是涉及部门多的要联合催办，由负责督查工作的机构会同有关部门联手共同完成督查任务；四是难度大的事项要深入催办，与有关单位、部门进行细致的调查、分析、研究，使催办切实深入下去；五是对一次检查催办不能奏效的，还应进行多次催办，并提出时限要求，谨防对方故意拖延或顶着不办。

（三）情况审查

当承办单位或承办人将办理结果报来后，要坚持认真审查的原则。审查的重点是：事实是否准确无误，处理结果是否符合政策，问题是否解决落实，行文是否清晰规范。审查时要对照有关政策规定，必要时要找相关单位或人员加以证实，甚至亲身到现场去查看、验证。对于处理不妥的，该改进的要改进，该重新办理的要重新办理，以确保催办工作的高质量。

（四）结果反馈

一项督查工作完成后，要及时向领导报告督查的结果，做到件件有结果，事事有回音。督查结果的反馈有三种情况：对上级机关交办的事项，要写出专题报告正式上报；对涉及面较广、内容较重要的督查项目，可以简报（如《督促检查情况简报》）的形式印送有关部门；对领导批示的督查项目，可用“领导同志批示件办理情况”附以原批示件和必需的材料，直接报送给作批示的领导。结果反馈要注意以下几点：一要及时，尤其是领导批示的项目；二是反馈的情况要有结果、有分析、有意见；三是要如实、客观地反映情况，比较复杂的可增加具体的附件。

二、督查工作的方式

督查工作可视督查事项的具体情况，选择不同的督查方式来进行。常用的督查方式有下述几种。

（一）日常督查

在上级机关与本单位决定和部署工作后，秘书部门要及时向各承办单位了解办理情况，进行督促检查。管理活动中的决策是不断的，周而复始的督查工作也必须与之相一致。秘书人员要树立和强化日常督查意识，尤其是对领导批示和交办的事项，一定要认真及时地督促承办单位贯彻落实。

（二）直接查办

属于下列情况的，经领导同意后，可由秘书部门和秘书人员直接进行调查办理：查办单位领导分歧太大，自身无力解决的；查办问题涉及其他单位，办理单位不便调查的；基层抵触情绪很大，久拖不决的；不尽快解决可能产生严重后果的；情况错综复杂，长期弄不清的。秘书人员在调查办理中，一要深入解剖，从多方面、多角度把握查办事项；二要实事求是，既报喜也报忧，力求真实、准确、全面地反映客观情况；三要善于进行综合分析研究，必要时能写出有价值的专题报告。需要指出，秘书人员直接查办的目的是弄清情况，而不宜当场表态。

（三）以点带面

督查工作应注意点上核查与面上推动相结合。决策下达后，可选择以下几种情况的问题进行深入的调查研究：一是一些带有全局性、倾向性、规律性的问题，可向有关领导提出解决同类问题的建议；二是一些影响较大、涉及面较广的问题，可利用文件、会议等形式进行沟通和通报，以引起有关单位的重视，避免类似问题的发生；三是一些具有典型意义和代表性的督查事项与结果，可借助新闻媒体等形式进行宣传，扩大影响，推动督查工作的开展。实践表明，这种“办理一件，带动一片”、“举一反三”的督查方式是十分可行而有效的。

三、督查工作的制度

建立健全督查工作制度，是保证督查工作规范化、高效化、科学化的强有力的手段。这些制度主要有下述几种。

（一）岗位责任制度

要加强对督查工作的组织领导，明确主管领导，建立工作机构，配备工作人员，并向上级主管机关报送联系电话号码，明确责任范围，加强业务联系，形成督查工作的网络系统。定岗、定人、定任务，保证督查工作落到实处。

（二）目标责任制度

在岗位责任制的基础上，运用目标管理的理论和方法，对督查工作实行目标管理。一次决策下达后，各单位应按照“领导负责、秘书协办”的原则，把督查工作以责任制形式分解到各单位，落实到部门和个人，做到事事有人负责。共同商办的事项，要明确牵头单位和具体负责人。要根据激励原理，制定出相应的考核制度，以便进行对照和实施奖惩。

（三）审批制度

领导审批是督查工作中的关键环节。上级领导机关批给本单位的督查事项，本单位领导的批示是确定是否将其列为查办件的标志。上级领导机关秘书部门转给本单位秘书部门的督查事项，本单位秘书部门领导的批示也是确定是否将其列入查办件的标志。秘书部门和秘书人员主动督查的案件，须经主管督查工作的领导批示同意后方可进行。案件办结上报之前，也应经主管领导审批，否则不能上报。

（四）请示报告制度

督查工作是一项重要而严肃的工作，秘书人员在督查中的主要职责是协助领导，因此要及时、适时地向领导进行请示报告。请示报告制度要求参与督查工作的秘书人员应及时向上级和本级领导请示报告，承办单位或承办人须及时向指令发出机关请示报告。各机关和单位可根据实际工作的需要，制定承办单位或承办人接到督查任务后，必须报告进展情况或结果的时限要求，以及哪些督查事项须请示报告，哪些事项可酌情处理。

（五）工作检查制度

对各承办单位尤其是重要决策和部署的承办单位，要经常检查其办理工作。正在落实的以查进度为主，已经落实的以查效果为主，没有落实的以查原因为主。对办理工作成绩突出的，应及时帮助其总结经验；对办理任务重、进度慢、质量差的，应进行重点督查。经常检查应和定期考评相结合，可利用季度、半年或年终进行总结和考察，时效性强的查办事项则应进行随时查询。检查时可通过统计、图表、记分等量化方法，使考评逐步实现项目化、标准化，具有可操作性和科学性。

（六）督查通报制度

必须加强督查工作的情况沟通，建立督查工作通报制度。一方面对贯彻落实工作取得良好成效的单位和部门，要总结经验，进行通报表彰，使典型事例和经验通过及时通报得到迅速推广；对贯彻落实工作滞后或不力的单位和部门，要查明原因并通报批评，对造成严重后果的，要追究领导者的责任。另一方面，秘书部门应当对自身督查工作情况及时通报，表扬先进典型，推广先进经验，批评不良工作态度和作风，对严重违纪的秘书人员予以公开通报批评。建立通报制度，才能使秘书部门的督查工作取得更好的效果。

（七）保密归档制度

督查工作必须坚持保密法规，凡违反保密规定者，轻则受纪律处分，重则受法律惩处。查办的案件，应视情况将有关材料立卷归档，定期交文书档案部门保管。要防止督查材料整理的混乱和管理上的丢失，保证档案材料案卷装订整齐，目录清晰，便于查阅，齐全完整。应设立专夹专柜，由专人管理，保持这项工作的连续性。一项查办工作结束后，需要对相关信息划分密级，控制传播范围，防止泄密。

四、督查工作的要求

督查工作在实际中应该注意下述几点要求。

（一）围绕中心，突出重点，推动决策落实

秘书人员和秘书部门要在党政机关的领导指导下，积极探索常规督查与专项督查相结

合的新路子，不断加大督查力度，确保领导决策的落实。在切实做好党和国家各项方针政策贯彻执行情况的常规督查工作的同时，要突出重点，进行专项督查。一是要针对有法不依的现象，开展专项督查，为建设优良的法制环境服务；二是要针对轻诺寡信的现象，开展专项督查，为建设良好的信用环境服务；三是针对个别机关工作中的服务质量低、服务效率低的现象，开展专项督查，为建设优质高效的服务环境服务。

（二）加强对督查工作的领导，不断提高督查实效

各级领导都要高度重视督查工作，要主动承担本单位、本部门工作的领导责任，抓好督查工作的规划、组织和监控。分管领导要亲自阅批，过问重要的督查事项，督促其落实，对于重大问题的督查，领导要亲自带头，召开有关会议，进行分析研究，组织有关部门实施查办。领导者要经常听取督查人员的请示汇报，随时掌握督查工作进程，还要主动关心督查人员的思想和业务情况，帮助他们解决实际困难，从而能一心扑在工作上。

在加强对督查工作的领导的同时，既要针对新形势新任务，坚持过去的行之有效的方法，又要注意与时俱进，努力拓宽督查工作新领域，大力推进督查工作方式方法创新。一是要注重把督查成果制度化，从改进工作的实际效果中，总结提炼出相应的规范和制度；二是要注重广泛发动群众开展督查工作，调动人民群众的积极性，推动民主法制建设的步伐；三是要注意发挥新闻舆论监督作用，探索秘书人员和秘书部门的督查与发挥新闻舆论监督作用相结合的新路子，扩大督查效果，推进工作的落实。

（三）摆正秘书人员和秘书部门在督查工作中的地位

秘书人员要坚持“领导负责、秘书协办”的原则，在督查工作中把握好自己的位置和角色，不缺位、不越位、要到位，防止角色错位。上级领导作出的决定，是督查工作的依据。参与督查工作的秘书人员要认真领会领导意图，充分掌握机关情况，严守纪律，尽职尽责，按照督查工作的程序、制度、原则和方式，任劳任怨地完成任务。任何事项，都应经过领导的同意或批示，领导没有授权督查的事项不能自行督查办案。秘书人员一定要保持清醒的头脑，明确意识到自己在督查工作中主要起检查督促和协从的作用，而不是替代作用。

（四）改进秘书督查工作的作风

应该说，督查工作的好坏，集中体现了各级领导和秘书机构的政策水平、思想水平、理论水平和业务水平。只有不断改进工作作风，才能提高督查工作的绩效。首先，各级领导和秘书人员要提高对督查工作的重要性、严肃性的理解和认识，从内因上促进工作作风的改变。其次，要坚持走群众路线，从群众中来，到群众中去，一切为了群众，一切依靠

群众，将群众利益放在首位。否则，就不可能体察民情、广泛调研、掌握真实情况，也不可能得到群众的支持。最后，要注重实效，警惕和防止形式主义现象的发生。这些现象包括：表面文章做得多，实际成效问得少；走过场，一阵风，满足于发发文件，开开会议，文来文往，浮在表面，敷衍塞责，应付上级；不如实反映情况，说空话、套话乃至假话，糊弄上级，上有政策，下有对策等。这些不良现象不仅贻误工作，而且损坏了领导机关的形象和作风，务必加以防止和克服。

（五）加强督查工作队伍建设

督查工作有着很强的综合性，单靠专门负责的督查工作机构是很难完成任务的。需要按照业务分工，充分调动各业务部门的积极性，共同建立起内部横向的检查工作网络。同时，通过各单位建立督查工作机构和配备专职人员，按照分级、归口负责的原则，形成纵向的督查工作网络，力求上下左右协调一致，互相制约，高效运转，推动督查工作不断地由低层次到高层次发展。要选择那些政治可靠、思想敏锐、工作勤奋、作风严谨，有较高的政策水平和工作能力，尤其是文字综合能力较强的人员进入督查工作队伍。可以通过培训、考试等方式，提高督查工作人员的业务水平。督查工作的队伍要相对稳定，确需变动的，应及时调整并上报变动情况。

思考练习题

1. 信访工作的重要意义和特点是什么？
2. 信访工作的原则与制度是什么？
3. 处理来信来访的要求与方法是什么？
4. 督查工作有哪些特点？
5. 督查工作的作用体现在哪些方面？
6. 简述督查工作的主要范围。
7. 简述督查工作的步骤和方式。
8. 督查工作应遵循哪些基本要求？

第十三章

办公自动化及电子政务

我国电子政务在经历办公自动化、“三金（金桥、金关、金卡）工程”、政府上网工程之后，近年来开始进入政务流程的系统整合应用实施阶段。办公自动化的成熟和电子政务建设的发展，对秘书人员从思想观念、知识结构、专业水平、能力素质到工作方式等诸多方面提出了更高要求。学习和掌握办公自动化、网络和电子政务等相关知识与技术，适应信息化趋势，已成为秘书人员的当务之急。

第一节　办公自动化基本知识

一、办公自动化的发展

（一）办公自动化的含义

办公自动化（Office Automation，OA），是指在办公室工作中，采用诸如传真机、复印机、打印机、计算机等一系列现代办公设备和现代通信手段，把各地的设备连接起来，用于文字处理、文件传递、电子邮件、声像传递、材料查询和经济、社会发展模拟等，以更全面、更广泛、更迅速地收集、处理、加工、传输、使用信息，为科学管理与决策服务。

一个完整的办公自动化系统主要有六个要素：办公人员、科学技术、指导理论、网络通信、办公环境及信息处理。不同部门有不同的办公自动化要求，不同时期也有不同的办公自动化标准。

办公自动化是以计算机信息处理和计算机网络通信技术为核心的一项综合性的科学技术。近年来，计算机技术的飞速发展使信息处理技术向纵深发展，并不断拓宽了其应用范围；而计算机通信技术的发展，则使办公自动化超越空间、实现不同地点的办公室同时办公。信息处理和信息通信的紧密结合，促进了办公自动化飞速发展。

（二）办公自动化的发展过程

我国办公自动化的发展过程可分为以下三个阶段：

（1）20 世纪 70 年代，计算机进入中国市场；80 年代中期，汉字编辑输入技术和工具软件逐步发展成熟，各种汉卡、中文字处理机、中文出版系统、中文文档存储系统等技术得到相应的发展，这为办公信息处理技术的推广应用提供了良好的条件。70 年代到 80 年代中期，办公自动化主要以单部办公设备完成单项工作。如用电话机、文字处理机、复印机、传真机来完成信息传输、文字处理、文字资料复制、表格处理、文字资料传输等办公室工作。

（2）20 世纪 80 年代中、后期，数据库系统和网络技术的应用把办公自动化推向了信息管理和辅助决策阶段。此间，广泛应用局域网络、区域网络和远程网络技术，加强了办公信息的通信联系，使办公信息资源实现共享；同时由于数据库技术的应用，使办公自动化从事务处理迈向了信息管理和辅助决策。

（3）20 世纪 90 年代以来，我国计算机远程网络通信得到迅猛发展，信报处理技术、电子数据交换技术和多媒体信息传输技术的介入，将办公自动化系统技术推向了一个新阶段，使办公自动化技术向综合性的办公自动化系统和实现办公信息处理系统的一体化迈进。

（三）办公自动化的意义

科技发展，给人类社会带来了丰厚的物质文明，同时也促使人们不断更新观念，改进工作环境，提高工作效率。当社会的某些方面跟不上时代发展步伐时，变革就会发生。因此，办公自动化绝非个别人的臆想，而是社会发展的必然，是具有极其深远意义的。首先，办公自动化能促进办公效率的提高。市场需求多样化和市场变化复杂化，使市场信息不断增加；市场竞争日趋激烈和残酷，使企业对信息的需求越来越大。谁能及时、可靠、丰富地占有信息，谁就取得主动权。其次，办公自动化能促进管理水平的提高。随着市场经济的发展，企业的生产、财物、销售、技术、质量等，都需要管理变细、变严，才能使企业由粗放型向效益型转轨，而这种严格的、现代化的管理水平需要有现代化的办公自动化系统做后盾。要使企业具有现代化的管理水平，除了提高人的素质，办公自动化的水平也要加强。最后，办公自动化能促使对内对外的开放。企业要扩大国内外的交流和贸易往来，需要借助办公自动化系统，时刻关注国内外相关企业发展趋势。在浩瀚的信息世界，面对残酷的商战，企业的办公人员靠人脑难以对抗电脑，靠传统的工作方式难以对抗现代化的工作手段。

二、办公自动化系统的功能

办公自动化系统是由多种信息处理设备和多种软件组成的系统，是一个综合的信息系统，具备多种办公信息处理功能。

（一）数据库在办公自动化中的应用

办公过程从信息的角度考虑，就是收集信息、分类选择、加工处理、存储和传递的过程。大批的办公信息是由数据库集中统一管理的。办公自动化需要综合性数据库和专业数据库的支持。数据库是办公自动化系统的重要组成部分。

1. 数据处理

办公中有大量的数据要分类汇总、统计、生成报表，用手工方式要耗费大量人力、财力。用数据库对其统一管理，不仅省时省力，而且数据准确及时，提高了工作效率和办公质量。

2. 公文和档案管理

机关有大量的公文和档案资料，设有专门的管理机构和人员进行管理。用数据库技术对其管理，可大大节省人力、物力，把秘书从繁重的重复劳动中解放出来，为领导决策提供及时准确的资料信息。

3. 信息管理系统

它是按管理职能要求建立的，以计算机技术和现代通信技术实现信息收集、处理和辅助决策的控制系统。通过这一系统，电子通讯录、电子日程表和电子备忘录等信息管理变得轻而易举。

（二）文字处理及电子表格

文字工作是办公室日常工作的一项重要内容，加快文字处理速度是提高办公效率的重要环节。文字处理是指用现代化的电子技术代替老式的打字机处理（打印）文字资料，其内容包括文字的输入、校对、打印输出、存档等。还可利用网络中的办公自动化系统，将文件通过网络从一个办公地点传输到另一个办公地点。

办公室处理的信息常常以表格显示，这可以使信息一目了然。传统方法是由人工来制表、运算、汇总、填数，费时费力。电子表格是用计算机来完成制表、运算、汇总、填数、打印报表等几项工作，可使人们十分快捷地得到准确、美观的信息表格。

(三) 电子邮件

电子邮件（E-mail）又称计算机报文系统，是办公自动化的重要组成部分。它包括文字、图像和语音三种形式。文字电子邮件应用最广，它与电报、电传、图文传真既有相同之处，又有很大差别和突出的特点。它将对传统的邮递方式产生巨大冲击，也许不久的将来，“写信封、贴邮票、投信箱”的通信方式就会成为历史。

(四) 远程会议

会务安排是办公室工作的一项重要内容，计算机网络通信技术介入后，使会务安排翻开了新篇章，出现了远程会议。所谓远程会议，是指企业利用远程通信网举行的会议。远程会议又分为电话会议、电视会议和计算机会议。前文已有介绍，这里不再赘述。

以上几种功能，只是办公自动化系统的几种典型的功能，事实上在办公室的日常工作实践中还会发现有许多实实在在的工作可由办公自动化系统来完成，并且，随着办公自动化技术、计算机技术和多媒体技术的发展，办公自动化的功能还会日益增多和完善。

三、办公自动化的主要设备和技术

(一) 办公自动化的主要设备

办公自动化设备种类很多，基本可归纳为四类：主计算机、通信设备、各种工作站和其他办公自动化设备。

1. 主计算机

办公自动化系统中必须有一台或多台计算机的主计算机系统，称作办公处理机（Office Processor，OP），它可以通过局域网（Local Area Network，LAN）对全系统起控制作用，并为各工作站提供集中的数据库。

2. 通信设备

办公自动化的通信系统分为本地通信及远程通信系统两类。本地通信一般采用局域网或专用交换机，远程通信则是通过一些专用的通信装置与公用电话线、高速数据交换线路或卫星线路等组成的通信网连接。

3. 工作站

工作站是办公自动化系统中最基本的设备，种类很多，常用的有以下四类：

（1）文字处理机。这类工作站的特点是人机界面友好，并且处理功能多样化，具有多窗口、多文字、图文表格数据混合编辑及高质量的印刷功能。

（2）资料图像处理工作站。用于资料、文档的存储、编辑、检索。这类工作站的特点是采用光盘技术，解决大容量存储，采用高分辨率的图像扫描输入器、激光打印机和高分辨率的显示器，能复制和显示高质量的图像。

（3）事务处理工作站。

（4）声音工作站。一种声音工作站是带显示器的多功能电话机。电话机可以存储、转变、查询，还可将由键盘输入的信息同时传送。另一种声音工作站是声音编辑工作站，可对“声音文件”进行编辑、存储、检索和邮寄。

4. 其他办公自动化设备

主要是一些输入、输出设备和办公设备。

（1）输入设备。光学字符阅读器已商品化，大量用于传票、卡片等输入。图像扫描输入设备采用激光技术和电荷耦合器件，已在办公自动化中广泛应用。

（2）输出设备。激光打印机适用于办公中打印大量高质量文书、报告、资料。这种设备具有高速度、高质量和低噪声等优点。

（3）智能复印机采用激光技术、彩色复印以及由复印机、激光打印机和电子传真机集成的打印—复印—传真系统。

（4）传真设备。除了一些高性能的单独使用的电子传真设备外，还出现将传真机与计算机、激光打印机、图像输出设备、电话机等多种设备连在一起的智能打印传真系统。

（5）办公轻印刷系统。它由输入单元、编辑单元、处理单元、印刷或制版单元组成。这类系统操作简单，能及时并高质量地印刷各种资料，是一般单位印刷的理想工具。

（二）办公自动化技术

办公自动化技术主要有：系统集成技术、系统软件技术；局域网包括局域网集成以及远程通信技术；文字和图像处理技术；声音识别、字符识别技术；光盘技术和轻印刷等。

（三）建立办公自动化系统的注意事项

（1）要注意制定系统规划方案。

（2）开发的应用软件要具有实用性强、易学、易用、效果明显的特点。

（3）要重视对人员的培训。

（4）投资情况应根据单位的经济实力，做到既经济实用又有一定的超前性。

（5）要注意管好、用好办公自动化设备以及相应的消耗材料。

第二节　网络技术应用

一、计算机网络概述

计算机网络，即地理上分散的多台独立的计算机通过软、硬件设备互联，以实现资源共享和信息交换的系统。具有访问权限的用户可以通过计算机网络中的任何一台计算机去使用网络中的程序、数据和硬件设备。

（一）计算机网络的种类

根据网络的传输技术，可将网络分为广播式网络和点到点网络，而按照网络联结的距离即规模，又可以将计算机网络分为下述几种类型。

1. 局域网

局域网（Local Area Network，LAN）是处于同一建筑、同一校园或方圆几公里地域内的专用网络。局域网的覆盖范围比较小，通常使用一条电缆联结所有的计算机。广播式的局域网可有多种拓扑结构。

2. 广域网

广域网（Wide Area Network，WAN）是一种跨越大地域的网络，通常包含一个国家或洲。广域网包含运行用户程序的机器和子网两部分。

3. 互联网

世界上有许多网络，而且经常使用不同的硬件和软件。一个网络上的用户经常要和另一网络上的用户通信。这就需要联结不同的，而且往往是不兼容的网络，有时候使用被称作网关的机器来完成，并提供硬件和软件的转换。互联的网络就称为互联网（Internet）。

（二）局域网的基本知识

计算机网络作为信息技术的基础，是当今世界上最为活跃的技术因素之一。20 世纪 70 年代末期出现的计算机局域网，在 80 年代获得了飞速发展，90 年代步入更高速的阶段。目前 LAN 的使用已相当普遍，其主要用途是：共享打印机、绘图机等费用很高的外部设备；通过公共数据库共享各类信息；向用户提供诸如电子邮件之类的高级服务。

1. 计算机局域网络基本结构

局域网的结构主要有三种类型：以太网（Ethernet）、令牌环（Token Ring）、令牌总线（Token Bus）。

（1）局域网的基本部件。组成局域网需要这五种基本部件：计算机（特别是 PC 机）、传输媒体、网络适配器、网络连接设备和网络操作系统。

（2）局域网的网络拓扑结构。网络拓扑结构是指用传输媒体互连各种设备的物理布局。目前大多数局域网使用的拓扑结构有三种：星型拓扑结构、环型拓扑结构和总线型拓扑结构。

2. 常用的网络设备

组建计算机网络，网络设备是重要物质基础。在局域网环境下，通常涉及用于连接到局域网的网卡，构成局域网的集线器、服务器、工作站、硬盘驱动器、磁盘控制器、网络打印机、网络拓扑结构、电缆类型等。常用的网络连接设备有中继器、网桥、集线科、交换机、路由器、同关等。

根据网络设备的定义，服务器、工作站、硬盘驱动器、磁盘控制器、网络操作系统等都不应归类到网络设备，但在组建网络时这些设备都不可少。

二、国际互联网及其应用

（一）互联网的起源与发展

20 世纪 60 年代末，由美国国防部资助，美国国防部研究工程局承建，通过一个网络把几个军事及研究的计算机主机联结起来，这就是互联网的开始——阿帕网（Arpanet）。

1983 年，美国加利福尼亚大学把 TCP/IP 技术集成到互联网。20 世纪 80 年代中期，美国国家科学基金会决定资助互联网的发展和 TCP/IP 技术，开始建设 Nsfnet。很多大学、政府科研机构都纷纷将自己的局域网并入 Nsfnet 网，最终 Nsfnet 成为互联网骨干网。1992 年，成立了 Internet 协会，全球范围 Internet 形成。互联网发展非常迅速，以致目前已无法说清楚网上究竟有多少用户。

我国互联网的发展经历了两个主要发展阶段：

（1）电子邮件交换阶段。1987—1993 年是互联网在中国的起步阶段。在此期间，以中科院高能物理所为首的一批科研院所与国外机构合作开展一些与互联网联网的科研课题，通过拨号方式使用互联网的 E-mail 电子邮件系统，并为国内一些重点院校和科研机构提供国际互联网电子邮件服务。

（2）全功能服务阶段。从 1994 年开始至今，中国实现了和互联网的 TCP/IP 连接，从而逐步开通了互联网的全功能服务。互联网在我国进入飞速发展时期。

(二) 互联网提供的主要服务

1. 万维网

万维网（World Wide Web，WWW）是一个基于超文本（Hypertext）方式的信息检索服务工具。它将位于全世界互联网网上不同地点的相关数据信息有机地编织在一起。因此，WWW 为用户带来的是世界范围的超级文本服务：只要操纵电脑的鼠标器，就可以通过互联网从全世界任何地方调来用户所希望得到的文本、图像（包括活动影像）和声音等信息。

WWW 的成功在于它制定了一套标准的、易为人们掌握的超文本开发语言（HT-ML）、信息资源的统一定位格式（URL）和超文本传送通信协议（HTTP）。

2. 电子邮件

电子邮件（E-mail）是指互联网上或常规计算机网络上的各个用户之间，通过电子信件的形式进行通信的一种现代邮政通信方式。事实上，电子邮件是互联网最为基本的功能之一，在浏览器技术产生之前，互联网网上用户之间的交流大多是通过 E-mail 方式进行的。

E-mail 与传统的通信方式相比有着巨大的优势。主要体现在：发送速度快；信息多样化；收发方便；成本低廉；安全可靠；有更为广泛的交流对象等。

3. 文件传输协议

文件传输协议（File Transfer Protocol，FTP）是互联网文件传送的基础。通过该协议，用户可以从一个互联网主机向另一个互联网主机拷贝文件。

FTP 曾经是互联网中的一种重要的交流形式。目前，我们常常用它来从远程主机中拷贝所需的各类软件。

4. 远程登录

远程登录（Telnet）是互联网的远程登录协议的意思，它让用户坐在自己的计算机前通过互联网网络登录到另一台远程计算机上。但是，随着个人计算机的性能越来越强，致使在别人的计算机中运行程序的需求逐渐减弱，现在 Telnet 的应用已经越来越少了。

5. 电子公告牌系统

电子公告牌系统（Computer Bulletin Board System，BBS）已有多年的历史，它是随着网络的出现而出现的，也将随着网络的发展而发展。最初的 BBS 只是利用调制解调器通过电话线拨到某个电话号码上，然后通过一个软件阅读其他人放在公告牌上的信息，发表自己的意见，现在这种形式的 BBS 已经很少见了。另外一种是以互联网为基础的，用户必须首先连接到互联网上，然后利用一种 Telnet 软件登录到一个 BBS 站点上，这种方式使可以同时上站的用户数大大增加，使多人之间的直接讨论成为可能，国内许多大学的 BBS 都是采用这种方式。

现在许多用户更习惯的 BBS 可能是基于 Web 的 BBS，用户只要连接到互联网上，直接利用浏览器就可以使用 BBS 阅读其他用户的留言，发表自己的意见。这种 BBS 大多为商业 BBS，以技术服务或专业讨论为主。这种方式操作简单，速度快，几乎没有用户限制，是今后 BBS 主要的发展方向。

第三节　电子政务基本知识

一、电子政务概述

（一）电子政务的含义

电子政务，就是运用现代信息技术及网络技术手段，适应政府职能和管理模式转变的需求，打破政府机关的组织界限，在优化的信息系统的基础上，构建和整合为一个电子化的管理模型，形成政府和公众之间有机服务系统的集合，实现在网上交互办公，充分发挥行政、服务及内部管理等功能作用，有效地达到为公众、企业、社会团体和其他政府部门提供信息与服务的目的。

电子政务与办公自动化不同。办公自动化是利用现代化办公设备和现代通信手段，把各地的设备连接起来，用于文字处理、文件传递、电子邮件、声像传递、材料查询和经济、社会发展模拟等，以更全面、更广泛、更迅速地收集、处理信息，旨在最大限度地提高工作质量和效率，为科学管理与决策服务。办公自动化在政府各部门的信息化建设中，容易出现条块分割、各自为政，进而形成众多分散的、相互封闭的信息资源系统，难以实现信息资源共享，导致政府之间的互联互通无法实现，双方的互动更不可能。电子政务建设从技术层面，就需要解决这些问题，向更高层面发展，逐步实现全面的集成和全面的电子政务，解决政府部门之间、政府与政府之间、政府与社会之间在横向和纵向两个方面建立合理通道的问题，实现互通互联，使信息能够交换共享。

电子政务建设与一般的信息系统建设不同。电子政务系统所承载的信息流和数据更为重要，对安全性、可靠性要求更高。因而，安全建设是电子政务建设的必然选择和基本保证。电子政务建设无论是政府部门办公业务的“政务内网”，还是面向公众、企业及连接政府间的“政务外网”，都必须重视保障国家安全和政府工作的正常运转，要认真研究防范措施，确保电子政务的可靠运行。

电子政务建设是全社会信息化的重要环节和中心内容之一，是社会对政务改革的必然要求，也是政府职能由管理型走向服务型的内在需求。电子政务建设的最终目标，是提高政府核心业务运行的有效性和效率，充分发挥政府信息资源效益，增加政府工作透明度，促进政府与社会间互动，优化政府环境。

(二) 电子政务的发展

在我国，电子政务建设大体经历了以下四个阶段：

(1) 20 世纪 80 年代中期至 90 年代初期，提出办公自动化。1992 年国务院办公厅明确提出，在全国政府系统推出办公自动化。

(2) 以 20 世纪 90 年代初期，即 1993 年 12 月提出“三金（金桥、金关、金卡）工程”为标志，电子政务进入新阶段。1993 年 12 月，国家经济信息化联席会议，确立“实施信息工程，以信息化带动产业发展”的指导思想，启动“金桥”、“金关”、“金卡”等重大信息化工程，拉开了国民经济信息化的序幕。1998 年 4 月，青岛市在互联网上率先建立了我国第一个严格意义上的政府网站“青岛政务公众网”。

(3) 从 1999 年起，互联网普及并开始在政府部门应用。1999 年 9 月，在全国提出普遍实行政府上网工程，并以此为标志，全面推动政府信息化。

(4) 2000 年 10 月，电子政务被列为“十五”计划重要内容，以此为标志，电子政务建设进入新时期。到 2001 年，全国绝大多数乡级以上政府都设有站点，并通过网络，向社会发布信息，有的开始提供在线服务。2002 年 11 月，进一步明确了“信息化带动工业化”，“大力加强电子政务建设”的方针策略，并提出了具体的目标和要求，标志着电子政务建设成为推动我国信息化发展的重点任务，并推动电子政务建设步入“快速成长期”。

(三) 电子政务建设的意义

信息化是当今世界经济和社会发展的大趋势，也是加快我国现代化建设的关键环节。电子政务建设已成为今后一个时期我国信息化工作的重点。因此，加快发展电子政务具有十分重要的意义。

(1) 有利于提高各级政府机构的管理能力、办公效率和公共服务水平，增加政府管理的透明度，增强服务手段，拓展服务领域，为广大企业和公众提供便利。

(2) 有利于政府机构改革和职能转变。电子政务的迅猛发展，可以创造技术创新与管理体制创新相结合的典范，将为政府的管理方式带来深刻变革。在西方发达国家，尤其是在美国，电子政务的发展本身就是紧密与政府机构改革相结合、相促进的产物。

(3) 有利于促进国民经济和社会信息化的进程。由于政府是信息资源的最大拥有者和应用者，从而使电子政务成为社会信息化的“牛鼻子”，成为国民经济和社会信息化的核心内容和中心环节，电子政务建设必然会有力推动国民经济和社会信息化发展。

(4) 有利于带动基础设施建设和相关产业的发展。例如，2001 年政府采购中用于电子政务的基础设备额是 283 亿元，2002 年为 350 亿元，年增长率为 25%。电子政务市场还可以提供信息技术投资。另外，由于安全性和技术性的考虑，电子政务的采购中，国内自主产业所占的份额较大，对于振兴民族产业作用巨大，这种带动作用将随着电子政务发展水平的提高而不断增大。

二、电子政务建设的主要内容

电子政务建设的主要内容，重点包括下述三个方面。

（一）与政府机构改革和职能转变相结合，实施行政流程再造和政务信息资源整合

随着改革开放的深入，政府机构需要不断变革，政府职能需要相应改变，由过去的“管制型”转向“服务型”。电子政务的实施，为政府机构改革和转变职能、提高为公众服务的能力提供了有力手段。而实施电子政务工程，不可能将现有的政府管理、运作的框架简单搬到网络上，或者按照传统的政府管理方式，将电子手段加在其中，而是要按照社会主义市场经济和电子政务的要求，对现行的政府管理职能、组织结构以及行政流程进行必要的调整和改革。关键是要处理好政府组织结构、行政流程和政务信息的重组和整合等问题。

重组整合的主要内容，一是从政府组织结构上来看，要进一步深化政府机构改革，通过重组整合，使政府机构的运行更加符合市场经济发展和电子政务建设的需求；二是从政府行政流程上看，要对计划经济时期形成的传统行政流程进行大刀阔斧的改造，包括建设统一的政府部门工作规范，改革现行的行政审批制度，使政府管理和服务更加符合电子政务“简便、集中、高效”的客观要求；三是从政务信息资源上来看，要建设和改造政务数据库，打破部门对信息的垄断和封闭，实现政务信息资源的整合和互联互通，并推动政务信息资源对社会的开放。

（二）统一规划，统一标准，着力于电子政务业务和应用系统建设

(1) 进行统一规划。政府信息化建设要避免各自为政，单打独斗，必须对信息化建设统一规划，对信息资源优化整合，以取代过去的各业务部门分散建设方式，有效利用信息

资源，并带动相关产业发展。规划要注意加强可行性研究，制定切合各地政府本身实际的推进方案。对于重点业务系统，为了保障其应用的高效稳定运转，有关政府部门应注意建设或升级高性能的网络、硬件、系统软件等基础建设。

（2）制定统一标准。制定统一标准，对于我国电子政务建设发展规划、水平及安全等都具有重要的意义，将由政府和有关主管部门共同进行标准制定工作。标准制定后，各地区、各级政府应按照统一标准进行电子政务建设，并要明确项目责任，避免流于形式。同时，还要注意建立一个完善的安全体系，以保障电子政务工程可靠运行和较好的应用。

（3）着力于业务和应用系统建设。电子政务不能做表面文章，不能流于形式，应以业务为中心，以应用为目的，以统一平台为重点，进行系统建设。在电子政务建设的规划、方案设计、信息技术运用、项目实施等方面，一定要紧紧围绕业务、以解决业务问题为出发点。信息化的重点在于应用，而不是信息技术本身。如北京首都之窗、广州的网上采购、上海的网络服务等，都强化了其政务体系的运用，这样的电子政务体系，才能发挥其职能，对人民生活和经济发展起到实际促进作用。

（三）把握重点，建设电子政务统一平台

当前，电子政务建设工作，主要围绕“两网”、“一站”、“四库”、“十二金”重点展开。

“两网”，是指政务内网和政务外网。

“一站”，即政府门户网站。

“四库”，即建立人口、法人单位、空间地理和自然资源、宏观经济四个基础数据库。

“十二金”，是指重点推进办公业务资源系统等12个业务系统。这12个业务系统又可以分为三类，第一类是对加强监管、提高效率和推进公共服务起到核心作用的办公业务资源系统、宏观经济管理系统的建设；第二类是增强政府收入能力、保证公共支出合理的金桥、金关、金财、金融监管（含金卡）、金审5个业务系统建设；第三类是保障社会秩序、为国民经济和社会发展打下坚实基础的金盾、社会保障、金农、金水、金质5个业务系统建设。

以上“两网”、“一站”、“四库”、“十二金”，覆盖了我国电子政务急需建设的各个方面，涉及信息资源开发、信息基础设施建设与整合、信息技术应用等领域，其特点各异，又相互渗透和交融，初步构成我国电子政务建设的基础构架。

三、电子政务建设的关键环节

电子政务系统建设的关键环节是构建电子政务网络平台、打造电子政务应用系统、开

发利用信息资源。

（一）电子政务网络平台建设

我国电子政务网络体系的框架基础一般是“两网”、“一库”，即内部办公室业务网，称政务内网；政府对外公众信息网，称政务外网；政务信息资源数据库。电子政务网络平台主要是由政务内网和政务外网构成，两网之间物理隔离，政务外网与互联网之间逻辑隔离。建设电子政务网络平台，必须遵循标准统一、功能完善、安全可靠这三条基本原则进行，并要形成网络基础设施支撑体系、电子政务安全支撑体系和电子政务标准体系。在建设过程中，要注意遵循国家统一的技术标准和业务规范，建立域名管理、目录服务、信息安全服务和政务信息交换等系统，切实形成标准统一、结构合理、功能完善、管理规范、安全可靠、灵活实用的电子政务网络基础体系。

（二）电子政务应用系统建设

电子政务建设的关键是建造电子政务应用系统。电子政务应用系统建设的基本任务和指导方针是，要坚持需求主导，突出重点，加快主要业务应用系统建设；要从实际出发，逐步规范业务流程，增加网上业务应用，加强公共管理和服务；要按照统一规划要求，分工负责，明确主体，突出重点，分阶段稳步推进；要加快整合分散的业务系统，防止重复建设。

在电子政务应用系统的建设中，要注意在以下四个层面逐步展开：

（1）结合实际构建电子政务应用体系。电子政务应用体系是建立在电子政务数据信息及中间平台的基础上，由各类业务应用基础支撑组建，多个业务管理和政务信息应用系统等共同组成的复杂的应用体系，其体系构成主要包括：基础数据中间件层、基础应用组件平台层和业务应用系统层。

（2）围绕需求选定电子政务应用领域。应用领域的选择和确定是电子政务系统建设中十分关键的问题，其关键点在于要紧密结合政府职能转变和管理体制改革，根据需要有所选择地确定电子政务应用的重点领域。

（3）突出重点构建电子政务应用系统。目前，从应用需求和功能目标角度区分，事关全局的关键性电子政务应用重点，集中体现在这几个方面：核心政务领域增强宏观决策，管理、指挥能力方面的应用；增强管理部门之间协同能力方面的应用；推动各级政府之间信息交换能力方面的应用；改善和提升政府为公众服务质量方面的应用，重点是政务分开、行政审批、政府与民众沟通的“一站式”服务等。

（4）在各级电子政务建设中，要注意克服“重网络、轻应用”、“重硬件、轻软件”、“重新建、轻整合”、“重管理、轻服务”、“重电子、轻政务”、“重建设、轻养护”的倾向。

还要防止一哄而起、不注重实效的现象发生。

(三) 电子政务信息资源建设

电子政务系统建设，必须把开发利用信息资源摆在至关重要的位置予以高度重视。

(1) 要注意搞好数据库建设。目前，国家正在组织编制政务信息资源建设专项规划，设计电子政务信息资源目录体系与交换体系，并已正式启动人口基础信息库、法人单位基础信息库、自然资源和空间地理信息库、宏观经济数据库的建设。

(2) 要加快整合现有政务信息资源。主要是整合数据采集、信息积累、开发利用与交换共享等多个环节。一要确定信息源，建立信息采集机制，坚持数据采集与业务流程相结合，提高信息采集的质量和效率；二要建立政务信息资源目录分类体系，按照业务系统和政务工作实际开发积累信息资源，提高信息综合利用水平；三要充分发挥政府行政管理和市场机制的作用，培育信息服务业发展，从供给和需求两个方面促进政务信息资源的有效整合。

(3) 要着力抓好实现信息资源共享与升值这个环节的建设和运行。推进电子政务建设，必须以实现信息资源的社会共享为目标，以创造价值、提升政务工作服务质量和效率为目的。一要努力消除“数字鸿沟”和“信息孤岛”现象，要调动各方面积极参与，促使政府和民间联合共建信息资源，推动信息资源共享。二要发掘信息资源的内在价值，提升政务工作的服务质量。要广泛采用数据挖掘等技术手段，着力把隐藏在大量数据背后的重要信息及蕴含的丰富知识发掘出来，进行深加工，使之综合转化为信息产品或商品，进入政务领域流通并发挥更大的效用。

(4) 注意在开发利用政务信息资源中，培养和造就一支善于使用信息知识来创造价值，提高政务工作质量与效率的公务员队伍，切实改变技术人员不掌握技术手段的现状，从根本上解决电子与政务相互脱节的问题。

四、办公自动化与电子政务对秘书人员的要求

在任何一级政府、企事业单位工作的秘书人员，都处于事关全局的综合部门，其基本职能都是“三服务”；其工作环境大都是工作面广，事务繁重，情况复杂而又多变。在这种情况下，秘书人员如何充分运用电子政务系统做好秘书工作，提高工作质量和效率，已成为时代发展和秘书工作的实际需要，而办公自动化和电子政务的发展对秘书人员的素质也相应提出了更高的要求。

(一) 要提高技术能力

即应具有对电子政务系统运行和操作的能力，要学习相关的信息技术、网络技术等专

业知识，掌握应用计算机及专业软件处理与其工作相关的业务的能力。

（二）要提高“复合型”素质

电子政务系统建设要与政府机构改革和职能转变相结合，同时，电子政务系统建设又促进了政府组织机构重组、行政流程再造和政务信息资源整合，促使了政府机关精简机构、精减人员，提高工作质量和效率。在这种重组机构、精简人员的人才竞争环境中和任务繁重、要求较高的挑战中，唯有具有复合型人才素质的秘书人员，才更具有竞争的优势。因此，秘书人员必须适应这种新形势发展的需要，力求学习和掌握更多的专业技术知识及业务能力，从而不断地优化和丰富自己的知识结构、专业结构和能力结构。

（三）要提高认识全局的能力

秘书人员的服务对象主要是领导者，而领导工作是驾驭全局、控制整体、推动系统的工作。秘书人员必须善于站在领导者的高度，从全局和整体出发思考、认识和处理问题。特别是面对电子政务丰富多类的信息资源，更需要秘书人员善于从全局出发去筛选、利用信息为领导服务。因此，具有认识全局的能力，是在电子政务发展的新形势下，秘书人员必备的素质。

（四）要提高领悟能力

领悟能力体现一个人的敏感性、悟性和灵感。能不断根据内外部环境的变化和大量的信息资料而领悟产生与时俱进的新思想进而形成创新工作的新理念、新思路，能迅速反应、马上应对复杂的局面或突发的事件，这是一个人领悟力强的表现。领悟产生思想，思想形成理念，理念高于思路，思路决定出路。这就是悟性、灵感、领悟力的重要性。领导工作，关键在于能产生思想，形成指导工作的理念和思路。在电子政务系统办公中，尤其需要秘书人员具备这种领悟能力，否则就很难适应为领导工作服务的需要。

（五）要提高综合能力

领导工作的综合性决定了秘书工作的综合性。秘书人员常需要对信息资料进行综合，对调研情况进行综合，对领导交办的各种工作处理进行综合。这就需要秘书人员具有较强的综合能力，包括对日常工作的归纳，对调研情况和信息资料进行总结、概括、抽象、提炼，这是一种概念形成的技能。人与人之间、领导者与领导者之间，认识水平和文字水平的高低，在有领悟能力的基础上，在很大程度上体现在通过综合、概括、提炼而形成概念的能力。“综合就是创造”。综合能力强的人，才能形成较高的文字能力，才能产生新观点、新认识、新思路、新见解、新方案。尤其是在电子政务信息资源的开发利用中，具备很强的综合加工能力，才能把隐藏在大量数据背后的重要信息及蕴含着的丰富知识发掘出来，实现政务信息资源的升值，才能充分体现秘书人员的工作质量和价值。因此，秘书人员必须重视综合能力的提高和强化。

（六）要提高运作能力

实现电子政务办公后，秘书人员的工作内容、工作方式、工作环境将更加开放和复杂，信息量更大，新情况、新问题更多。如何应对这种复杂多变的局面，关键在于秘书人员的运作能力。运作能力包括了运筹、组织、协调、整合、沟通、控制和推动等能力，又体现在处理和解决问题的能力上。因此，电子政务的发展，要求秘书人员还必须增强运作能力，以不断提高为领导服务工作的质量和效率。

思考练习题

1. 结合实际熟悉办公自动化系统的功能。
2. 面对现代办公环境，秘书人员应当提高哪些方面的能力？
3. 关心和了解电子政务建设的实际情况，熟悉电子政务的内容。

参考文献

[1] 范立荣. 现代秘书学教程. 北京：首都经济贸易大学出版社，2005.

[2] 范立荣. 中国秘书岗位资格证书教程. 北京：中国人民大学出版社，2006.

[3] 姬瑞环. 秘书学教程. 北京：海洋出版社，2003.

[4] 陆瑜芳. 办公室实务. 上海：复旦大学出版社，2003.

[5] 金正昆. 社交礼仪教程. 北京：中国人民大学出版社，1998.

[6] 董继超. 普通秘书学. 北京：中央广播电视大学出版社，1997.

[7] 向国敏. 现代秘书学与现代秘书实务. 上海：华东师范大学出版社，1996.

[8] 王健. 文书学. 北京：中国人民大学出版社，2007.

[9] 傅西路. 秘书学论纲. 北京：中国档案出版社，1999.

[10] 史玉峤. 现代秘书学. 青岛：青岛出版社，2001.

[11] 宋继军，王洪仁，张建茂. 信息与秘书工作概论. 北京：冶金工业出版社，1998.

[12] 袁维国. 秘书学. 北京：高等教育出版社，1990.

[13] 杨树森. 秘书学概论教程. 合肥：安徽大学出版社，2008.

[14] 丁晓昌，杨剑宇，杨锋. 秘书学概论. 北京：高等教育出版社，2011.

图书在版编目（CIP）数据

秘书学概论/杨继昭主编．—2版．—北京：中国人民大学出版社，2013.12
21世纪高职高专精品教材．现代秘书系列
ISBN 978-7-300-18445-6

Ⅰ.①秘…　Ⅱ.①杨…　Ⅲ.①秘书学-高等职业教育-教材　Ⅳ.①C931.46

中国版本图书馆CIP数据核字（2013）第279126号

中国高等教育学会秘书学专业委员会“十一五”规划教材
21世纪高职高专精品教材·现代秘书系列
总主编　范立荣
秘书学概论（第二版）
主　编　杨继昭
副主编　王　林

出版发行	中国人民大学出版社		
社　址	北京中关村大街31号	**邮政编码**	100080
电　话	010－62511242（总编室）		010－62511770（质管部）
	010－82501766（邮购部）		010－62514148（门市部）
	010－62515195（发行公司）		010－62515275（盗版举报）
网　址	http://www.crup.com.cn		
	http://www.ttrnet.com(人大教研网)		
经　销	新华书店		
印　刷	北京昌联印刷有限公司	**版　次**	2009年1月第1版
规　格	185 mm×260 mm　16开本		2014年1月第2版
印　张	15.25	**印　次**	2021年9月第8次印刷
字　数	294 000	**定　价**	28.00元

教师信息反馈表

为了更好地为您服务，提高教学质量，中国人民大学出版社愿意为您提供全面的教学支持，期望与您建立更广泛的合作关系。请您填好下表后以电子邮件或信件的形式反馈给我们。

您使用过或正在使用的我社教材名称		版次	
您希望获得哪些相关教学资料			
您对本书的建议（可附页）			
您的姓名			
您所在的学校、院系			
您所讲授课程名称			
学生人数			
您的联系地址			
邮政编码		联系电话	
电子邮件（必填）			
您是否为人大社教研网会员	□ 是　会员卡号：__________ □ 不是，现在申请		
您在相关专业是否有主编或参编教材意向	□ 是　　□ 否 □ 不一定		
您所希望参编或主编的教材的基本情况（包括内容、框架结构、特色等，可附页）			

我们的联系方式：北京市海淀区中关村大街 59 号文化大厦 1508
中国人民大学出版社教育分社
邮政编码：100872
电话：010-62515912
网址：http：//www.crup.com.cn/jiaoyu
E-mail：cruplya@126.com